律师批注版

条款目的
风险提示
相关案例
法律规定

企业常用合同范本

运输、保管、仓储类合同

Contracts of Transportation, Storage and Warehousing

张念春 邱娟/编著

北京大学出版社
PEKING UNIVERSITY PRESS

丛书编写说明

经济活动中,合同无处不在。个人之间的交易需要合同,企业的经营活动更是离不开合同,合同是保障当事人权益的有效手段。

我们必须了解,在"白纸黑字"之间,每个合同条款的设置,到底有何目的?隐含着哪些风险?法律如何救济?

1. 丛书宗旨

摒弃简单合同范本罗列,从多角度批注合同范本条款:解读范本条款的设置目的;提示范本条款隐含的风险;提供可参考的相关案例;列出所依据的法律规定。

2. 丛书作者

本丛书各分册作者均由知名律师事务所具有相应业务专长的资深律师、高级合伙人律师担纲。

3. 丛书结构

(1) 基本结构:本丛书由作者根据自身的业务特长,给出合同范本,并从多角度逐条对合同范本进行以下几个方面的批注:

① 条款目的;

② 风险提示;

③ 法律规定;

④ 相关案例。

(2) 特殊安排:个别分册,写作时体例参照"基本结构"作了一些调整,以符合行业特点。

4. 提供合同范本免费下载服务

(1) 丛书文后一般附有完整的合同范本,便于读者整体把握、参考使用。

(2) 丛书出版一定时期后,各分册的"合同范本"将由北京大学出版社第五图书事业部官网(www.yandayuanzhao.com)提供免费下载。

5. 分批出版

本丛书在推出第一批作品后,会陆续推出后续分册。

本丛书可以帮助读者全方位、立体地掌握相关合同制定和审查的要领,是一套实用性极强的合同起草、签约工具书。

感谢大成律师事务所徐平律师对本丛书组织编写所做的无私奉献。

编者

2012 年 12 月 12 日

前　言

改革开放以来,我国的经济迅速发展,跨地域生产、销售已成为常态。随着地域交流的日渐频繁,作为支持产业的运输、仓储业也遍地开花。运输合同、保管合同、仓储合同这三类合同是市场经济生活中经常采用的形式,然而,由于运输、保管、仓储业的特殊性质,例如主体大多为个体工商户,规模较小,没有统一的行业标准,行业的成熟度不高,导致交易双方在实务中防控风险的能力较差,纠纷频出,损失巨大。实践中经常出现货物欺诈、仓储索赔的案例。因此,很有必要在合同签订之初即进行防范,最大限度地降低合同履行风险。

目前国内的图书市场上,有关运输、仓储类的教科书、工具书不胜枚举,让读者无从选择。绝大多数教科书偏重于理论研究、概念介绍,语言晦涩难懂,案例或是冗长复杂,或是不重视案例,而实际业务中,交易类型繁多、灵活性极强,因此,前述类型的图书对实际操作的指导意义很小。

而本书主要面向中小型企业的一般业务工作人员,选取了权威合同范本,结合业务实际,就合同范本逐条批注详解,以期阐明合同的概念、订立、效力、履行以及纠纷解决等问题,旨在让业务人员熟知合同条款对应的法律意义,在合同签署阶段即最大程度降低法律风险。同时,本书有针对性地选取了大量实例,便于读者理解和掌握。

本书的作者为实务经验丰富的律师,在熟练掌握法律规定的同时,在该专业领域也有非常多的实务经验,能够最大限度地提示风险、防范风险。

一、本书的主要内容与体例介绍

本书分四部分,分别介绍运输合同、保管合同、仓储合同这三类针对货物贸易类企业、运输型企业、仓储型企业常用的合同类型及各类合同范本,最大程度上涵盖了物流领域的各个主要环节,对企业防范物流环节的法律风险有着实际的参考意义。

运输合同是承运人将旅客或者货物从起运地点运输到约定地点,旅客、托运人或者收货人支付票款或者运输费用的合同。运输合同包括:客运合同、货运合同、多式联运合同。运输合同适用于货物买卖的各个中间环节,是现代社会经济活动中不可或缺的主要合同类型。

保管合同是保管人有偿地或无偿地为寄存人保管物品，并在约定期限内或应寄存人的请求，返还保管物品的合同。保管合同中，在有偿与无偿的情况下，保管人的义务不同，需格外注意双方的权利与义务。

仓储合同是保管人储存存货人交付的仓储物，存货人支付仓储费的合同。提供储存保管服务的一方称为保管人，接受储存保管服务并支付报酬的一方称为存货人，交付保管的货物为仓储物。仓储合同属于保管合同的一种特殊类型。

在每一部分中，都会选取多个经典合同范本，针对典型交易，提供可操作性的合同样本。大多数条款都附有律师批注，指出条款目的，提示风险，介绍相关法律规定，并重点详解有价值、有争议的合同条款，再附上经典案例加深理解。

二、本书的特色

1. 体现理论与实践的平衡

本书运用大量篇幅阐述几种主要合同的原理，同时又重点着墨于对实践操作的指导，在理论与实践之间实现了合理的平衡。作者秉持在理论中指导实践、在实践中理解理论的理念，借助大量鲜活实例，将理论讲解得通俗易懂，便于理解。无论是应用于教学，还是应用于企业的培训，都会让读者受益匪浅。

2. 以应用为主线，紧密联系实际

本书的作者是从事实务工作多年的资深律师，有着丰富的业务经验，所以在著作中侧重于实际应用，选取的案例贴近实务，代表性强，真正做到了以业务操作为主线，指导一线实务人员。通过对本书的学习，相信读者对这几种主要的合同已了然于心，并且能够防范常见风险，指导实践。

由于时间仓促，加之水平有限，书中难免有错误与不妥之处，恳请读者予以指正，提出建议，不胜感激。

张念春

2012 年 7 月

目　　录

第一部分
运输类合同范本律师批注

第一章　运输合同(通常版本一) …………………………………… 1
第二章　货物委托运输合同(通常版本二) ………………………… 10
第三章　铁路货物运输合同………………………………………… 20
第四章　公路货物运输合同………………………………………… 28
第五章　水路货物运输合同………………………………………… 43
第六章　海上货物运输合同………………………………………… 57
第七章　航空货物运输合同………………………………………… 72
第八章　多式联运合同……………………………………………… 81
第九章　快递服务合同……………………………………………… 97

第二部分
保管类合同范本律师批注

第十章　保管合同 ………………………………………………… 113
第十一章　车辆保管协议 ……………………………………… 130
第十二章　企业邮箱托管合同 ………………………………… 144

第三部分
仓储类合同范本律师批注

第十三章　北京市仓储合同(通用范本一) …… 159
第十四章　仓储合同(通用范本二) …… 179
第十五章　混藏仓储合同 …… 187
第十六章　委托储存合同 …… 193
第十七章　国家救灾备荒种子储备合同 …… 200

附录　运输、保管、仓储类合同范本 …… 203

第一部分　运输类合同范本律师批注

运输合同，也称运送合同，是指承运人与旅客或者托运人约定将旅客及其行李或者货物运送到指定地点，旅客或者托运人向承运人支付票款或运费的合同。根据运输合同，承运人使用运输工具，如汽车、轮船、飞机等，将旅客或者货物从一地运到另一地，实现地理上的位移。如果不是使用运载工具，也不是运送旅客或者货物，而是将其他标的物从一地运到另一地，例如电子邮件的发送等，则不是合同法上所谓的运输合同。

运输合同在日常生活中很常见，同时也非常重要。《中华人民共和国合同法》（以下简称《合同法》）第十七章专门规定了运输合同的内容，运输合同是承运人将旅客或者货物从起运地点运输到约定地点，旅客、托运人或者收货人支付票款或者运输费用的合同。本书主要介绍货物运输合同（不包括客运合同）。

运输合同多为格式合同。运输合同为承运人提供为了重复使用而预先拟定的格式条款，在订立合同时，旅客或托运人只有同意或不同意的权利。当然，运输合同一般为格式合同，但也并不排除有的运输合同不采用格式合同的形式而由当事人协商订立。

本部分将重点分析几类常用的运输合同，希望在实践中对运输合同各方有所帮助。

第一章　运输合同[1]（通常版本一）

运 输 合 同

托运方：
地址：
承运方：
地址：

---

① 合同范本来源：北大法意网 http://www.lawyee.net/Contract/Contract_Display.asp。

● **律师批注**

【条款目的】

以上内容是运输合同签订的主体。运输合同主体是运输合同权利义务的承担者，即运输合同的当事人。根据运输合同是双务合同的特性，运输合同当事人一方是享有收取运费权利并承担运送义务的承运人，另一方是享有运送权利并支付运费的旅客或托运人，双方当事人的数目则视具体合同关系而定。

【风险提示】

由于运输合同经济关系的特殊性，承运人和旅客及托运人作为合同主体也相应具有特殊性。不同种类的运输合同对当事人的资质有不同要求，在签约时应当特别注意。

根据国家有关运输规定，经过双方充分协商，特订立本合同，以便双方共同遵守。

第一条　货物情况

名称	规格	数量	单价(元)	总额(元)	其他

● **律师批注**

【条款目的】

本条是合同对象条款，旨在明确约定运输合同所运载的货物的基本情形，以便合同双方明确各自的权利或义务指向的对象。

【风险提示】

货物作为运输合同的对象，包括一切可以运输的有形物。任何一个运输合同中对货物的名称、规格、数量的约定都非常重要，直接关系到合同双方的权利的主张和义务的履行。货物名称要具体明确，尽量采用全称，包括品牌和型号，避免书写货物的通用名称，以便发生纠纷时明确货物的价格和区别于其他货物的特定性，避免发生混淆和被偷梁换柱。货物的数量和价格也要明确，避免日后出现纠纷。如果货物比较特殊，有需要特别说明的细节或内容，应当在合同中明确约定。

第二条　包装要求

托运方必须按照国家主管机关规定的标准包装；没有统一规定包装标准的，应根据保证货物运输安全的原则进行包装，否则承运方有权拒绝承运。

● **律师批注**

【条款目的】

本条是对托运人包装义务的约定。

【风险提示】

《合同法》第306条明确规定："托运人应当按照约定的方式包装货物。对包装方式没有约定或者约定不明确的，适用本法第一百五十六条的规定。托运人违反前款规定的，承运人可以拒绝运输。"为了保证货物能完好地运达目的地，托运人和承运人之间应当约定包装货物的方式。如果当事人对包装方式没有约定或者约定不明确的，当事人可以补充协议；不能达成补充协议的，按照合同有关条款或者交易习惯确定；如果还是无法确定，则依照通用的方式包装；如果没有通用方式的，应当采取足以保护标的物的方式。如果托运人没有按照约定的方式进行包装，承运人可以拒绝运输。

【相关案例】①

强英公司是专营化学危险品的公司，2007年5月，强英公司负责人与个体货运车主李某电话联系，约定由李某拉运一车电石到上海，随后，将8 000元运费异地汇款到李某账户。3日后，李某装载了电石出发，因路上遭逢阴雨天气，李某对承运货物采取了苫布遮盖措施后继续运输，第二日凌晨，李某发现有气体从车厢冒出，即上车检查，检查过程中，电石爆炸并引起自燃，导致李某脚骨骨折。随后，强英公司起诉李某，要求赔偿全部电石损失和返还已付运费。

本案中，李某作为普通货物运输人，无法定义务知晓危险货物运输包装要求等特别规定，运输途中李某对承运货物采取了遮盖、检查等保护措施，尽到了普通货物承运人的基本义务，因此，李某在缔约和履约过程中不存在过错，而强英公司未将承运货物妥善包装，作出危险标志和标签，也未向被告提交有关电石性质和防范措施的书面材料，违反了《危险化学品安全管理条例》第35条和《合同法》第307条的规定，因此，要对货物毁损后果负责。

① 案例来源：百度文库《关于危险货物运输合同的法律案例PPT》，略有修改。

第三条　货物起运地点：__________；货物到达地点：__________。
第四条　货物承运日期：__________；货物运到期限：__________。
第五条　运输质量及安全要求：____________________。
第六条　货物装卸责任和方法：____________________。

● **律师批注**

【条款目的】

以上条款是对货物的装卸责任和方法的约定。货物的装卸过程中可能会出现货物的毁损或灭失，当事人应当在合同中约定货物应当由何方装卸、装卸的时间和方法是什么、装卸发生毁损的责任如何承担等。

【风险提示】

承运人将货物安全运到目的地后，并没有完成所有的运输义务，还应当按照约定将货物在指定的地点卸下，并/或交付于收货人。这是承运人的一项主要义务。

【相关案例】①

托运人海口造纸厂与大连铁道公司营口站于2002年2月11日签订铁路运输合同，约定由大连铁道公司营口站发送140件凸版印刷卷筒纸到石家庄星辉公司。15日货物到达营口站后，因该批货物包装不符合运输规定，但海口造纸厂仍与营口站签订了货物运输包装临时协议书后，营口站答应运输，并在装货时使用了叉车。货物到达石家庄站后，卸货时，发现货物损坏，石家庄站当即编制货运记录同时将货物存放在车站仓库，并向营口站拍发了货运事故速报。星辉公司与石家庄站未达成赔偿协议，并提起诉讼。

本案中，承运人大连铁道公司营口站在明知货物包装不符合要求，并在海口公司未改善包装的情况下签订临时协议书，违反了法律规定，协议无效。营口站作为铁路运输企业，应当知道装卸货物的装卸标准，但其未执行，在装车时违章使用叉车，造成了货物严重破损，属于重大过失，应承担货物损失赔偿责任。石家庄站在发现货物损坏时依规行事，用各种形式与营口站联系，查找货损的原因，无不当之处，不承担责任。

第七条　收货人领取货物及验收办法：____________________。

---

① 案例来源：北大法宝：石家庄市第一外贸包装公司诉北京铁路局石家庄铁路分局等铁路运输合同案，略有删减和修改。

● **律师批注**

【条款目的】

本条是对收货人验货义务的约定。

【风险提示】

《合同法》第310条明确规定，收货人提货时应当按照约定的期限检验货物。验货期限约定不明的，可以补充约定；无法达成补充约定，依合同的其他条款和交易习惯确定。若还是无法确定的，则应当在合理期限内检验货物。收货人在约定的期限或者合理期限内对货物的数量、毁损等未提出异议的，视为承运人已经按照运输单证的记载交付的初步证据。所以，收货人验货完毕而未发现问题，承运人被认为已经履行其运货义务。

第八条 运输费用及结算方式：__________________________。

● **律师批注**

【条款目的】

本条规定了运输费用及其结算方式。

【风险提示】

承运人是以运输为营业而收受运费的人。运输费用是货物运输合同承运方的主要目的和托运方的主要义务。运输合同为双务合同，承运人的主要义务是将货物从一地运达另一地，作为承运人该项义务完成的对价，托运人或收货人负担的主要义务即为支付运输费用。

【相关案例】①

2010年12月14日，陈某将一批货物交付京创运业公司（以下简称京创公司）运输，京创公司给陈某开具了《京创运业货物托运凭证》，凭证上载明了收货人相关信息及代收货款6300元。口头约定：(1)代收货款的按代收款值的0.3%收取手续费；(2)提货人须将所有代收款项金额付清后方可提货。(3)承运方不负担托运方与付款客户任何纠纷等。后京创公司将货物交付提货人，提货人称只交付1300元，其余款项已经和委托人陈某达成协议免除了，京创公司将货款交付陈某后，陈某因货款数额不对而拒绝支付运费，与京创公司产生纠纷。

本案中，陈某将货物交由京创公司运输，京创公司出具货运单后双方已构成货物运输合同的法律关系，代收货款行为也属于运输合同一部分，当承

① 案例来源：本案例由笔者根据实践中接触的案例改编而成。

运人将货物交付收货人后，承运人义务并未履行完毕，由于京创公司仅代收了部分货款，因此要承担支付陈某余款的责任。

第九条　各方的权利义务

一、托运方的权利义务

1. 托运方的权利：要求承运方按照合同规定的时间、地点，把货物运输到目的地。货物托运后，托运方需要变更到货地点或收货人，或者取消托运时，有权向承运方提出变更合同的内容或解除合同的要求。但必须在货物未运到目的地之前通知承运方，并应按有关规定付给承运方所需费用。

2. 托运方的义务：按约定向承运方交付运杂费。否则，承运方有权停止运输，并要求对方支付违约金。托运方对托运的货物，应按照规定的标准进行包装，遵守有关危险品运输的规定，按照合同中规定的时间和数量交付托运货物。

二、承运方的权利义务

1. 承运方的权利：向托运方、收货方收取运杂费用。如果收货方不交或不按时交纳规定的各种运杂费用，承运方对其货物有扣压权。查不到收货人或收货人拒绝提取货物的，承运方应及时与托运方联系，在规定期限内负责保管并有权收取保管费用，对于超过规定期限仍无法交付的货物，承运方有权按有关规定予以处理。

2. 承运方的义务：在合同规定的期限内，将货物运到指定的地点，按时向收货人发出货物到达的通知。对托运的货物要负责安全，保证货物无短缺、无损坏、无人为的变质，如有上述问题，应承担赔偿义务。在货物到达以后，应按规定的期限，负责保管。

三、收货人的权利义务

1. 收货人的权利：在货物运到指定地点后有以凭证领取货物的权利。必要时，收货人有权向到站或中途货物所在站提出变更到站或变更收货人的要求，签订变更协议。

2. 收货人的义务：在接到提货通知后，按时提取货物，缴清应付费用。超过规定提货时，应向承运人交付保管费。

● **律师批注**

【条款目的】

以上条款是对托运人、承运人和收货人的权利和义务的明确约定，是该运输合同中的核心条款。

【风险提示】

本条第1款规定的是托运人的权利和义务。托运人享有单方变更和中止运输合同的权利,可以要求承运人中止运输、返还货物、变更到达地或者将货物交给其他收货人,但必须在承运人将货物交付收货人之前,还应当赔偿承运人因此受到的损失。本条第2款是承运人的权利和义务,其中明确约定了承运人的留置权。托运人或者收货人不支付运费、保管费以及其他运输费用的,承运人对相应的运输货物享有留置权,但是当事人可以约定排除该留置权。本条第3款是收货人的权利和义务。此款赋予收货人必要时变更的权利,收货人有权向到站或中途货物所在站提出变更到站或变更收货人的要求,签订变更协议。另外,收货人负有及时收货的义务,在承运人发出收货通知后,收货人逾期提货的,应当向承运人支付保管费等费用。

【相关案例】①

2007年1月,世纪东方公司委托五通货运公司每月运送3箱化妆品到上海,并达成口头协议,协议约定:按月结算运费,业务发生后次月结算上月运费,五通货运公司在上门给世纪东方公司办理业务时,拿着货运工作单,由世纪东方公司在托运人处签字确认。托运联背面印有五通货运运输条款:本货运单经委托人填写后即具有合同效力,本公司不承担承运过程中一切间接损失,委托人无故不支付费用的,承运人对货物享有留置权或处置权。合同履行过程中,五通公司向世纪东方公司出具应付运费明细表和结算清单,对方经核对签字认可后向五通公司支付运费,五通公司收到货物后,填写委托派送单,将货物交给合作单位具体负责承运。截至2008年1月,世纪东方公司支付了2007年所发生的运费,到2008年7月,五通公司从收货人处得知货物运达时存在不同程度毁损,从7月开始,世纪东方公司致函五通公司要求提交收货人签收单据后再支付运费,并对2008年5—6月份发生的运费,不予认可,五通公司以欠付运费为由将货物留置。双方协商未果,产生纠纷。

本案中,五通公司与世纪东方公司达成的口头协议是双方真实意思表示,合法有效,并且世纪东方公司在办理托运手续时,在托运人处签字,说明认可运单背后载明的条款。五通公司不承担承运过程中可能发生的一切间接损失。因此,按照合同约定,世纪东方公司有义务在对方履行合同的情况下支付运费,以货物有毁损为由拒付运费的行为违反了合同约定,因此所造成的损失应自行承担。

---

① 案例来源:找法网中货物合同运输纠纷,略有删减和修改。

第十条　违约责任

一、托运方责任

1. 未按合同规定的时间和要求提供托运的货物，托运方应按其价值的________%偿付给承运方违约金。

2. 由于在普通货物中夹带、匿报危险货物，错报笨重货物重量等招致吊具断裂、货物摔损、吊机倾翻、爆炸、腐蚀等事故，托运方应承担赔偿责任。

3. 由于货物包装缺陷产生破损，致使其他货物或运输工具、机械设备被污染腐蚀、损坏，造成人身伤亡的，托运方应承担赔偿责任。

4. 在托运方专用线或在港、站公用线、专用铁道自装的货物，在到站卸货时，发现货物损坏、缺少，在运输工具施封完好或无异状的情况下，托运方应赔偿收货人的损失。

5. 罐车发运货物，因未随车附带规格质量证明或化验报告，造成收货方无法卸货时，托运方应偿付承运方卸车堆费及违约金。

二、承运方责任

1. 不按合同规定的时间和要求配车(船)发运的，承运方应偿付托运方违约金________元。

2. 承运方如将货物错运到货地点或接货人，应无偿运至合同规定的到货地点或接货人。如果货物逾期达到，承运方应偿付逾期交货的违约金。

3. 运输过程中货物灭失、短少、变质、污染、损坏，承运方应按货物的实际损失(包括包装费、运杂费)赔偿托运方。

4. 联运货物发生灭失、短少、变质、污染、损坏，应由承运方承担赔偿责任的，由终点阶段的承运方向负有责任的其他承运方追偿。

5. 在符合法律和合同规定条件下的运输，由于下列原因造成货物灭失、短少、变质、污染、损坏的，承运方不承担违约责任：

(1) 不可抗力；

(2) 货物本身的自然属性；

(3) 货物的合理损耗；

(4) 托运方或收货方本身的过错。

● **律师批注**

【条款目的】

以上条款是对承运人和托运人的违约责任的约定，对各种情况下的违约责任作出明确约定，一方面有利于和托运人事后纠纷的解决，另一方面有利于当事人履行运输合同。

【风险提示】

需要注意的是，我国《合同法》第311条规定，承运人对运输过程中货物的毁损、灭失承担损害赔偿责任，但承运人证明货物的毁损、灭失是因不可抗力、货物本身的自然性质或者合理损耗以及托运人、收货人的过错造成的，不承担损害赔偿责任。由此可见，在运输过程中如果货物发生毁损或者灭失，则承运人被推定为有过错，应当对此承担损害赔偿责任。承运人若不想承担责任，就需要证明该毁损、灭失是因不可抗力、货物本身的自然性质或合理损耗以及托运人、收货人的过错造成的。

【相关案例】①

北京蓝海公司与个人张某于2010年12月6日签订一份公路货物运输合同，合同约定张某负责将蓝海公司一批货物运送到黑龙江省，双方签订托运单后，12月8日，张某指派司机谷某运输，货物装车后，谷某在蓝海公司发车明细表上签字，确认了承运货物的名称、件数、收货人等。当日，谷某的车辆在四环路与另一车相撞致使货物受损。事故发生后，司机谷某以车主张某名义向蓝海公司发出一张货物破损证明，将损坏明显的货物写明情况并签字发给该公司，并将余下货物送往收货人陈某处。事后，蓝海公司与张某就货物毁损的具体金额存在的争议诉至法院。

本案中，司机谷某办理运输以及事故发生之后的赔偿事宜，是履行职务的行为，相应责任应由张某承担。张某作为承运人应当履行合同约定的义务，将货物安全、及时地送达收货人。但其雇用的司机在运输过程中造成了货物损失，应承担赔偿责任，对毁损货物的具体金额应由托运人与收货人确认，并出具相关证明后由张某赔偿。

第十一条　本合同正本一式两份，合同双方各执一份。

托运方（盖章）：	**承运方（盖章）：**
代表人（签字）：	**代表人（签字）：**
地址：	**地址：**
电话：	**电话：**
签约时间：	**签约时间：**
签订地点：	**签订地点：**

① 案例来源：本案例由笔者根据实践中接触的案例改编而成。

第二章　货物委托运输合同(通常版本二)

本章以另一常见的货物委托运输合同文本为范例,从律师的角度对合同重点条款作详细分析。本章中,货物委托运输合同的非正文部分略。

货物委托运输合同

第一条　托运货物信息

1.1　货物名称:________________________________。

1.2　货物规格:________________________________。

1.3　货物数量:________________________________。

1.4　货物金额:________________________________。

● **律师批注**

【条款目的】

本条约定在于明确合同的标的物。明确标的物是合同双方履行合同的前提和基础,同时,也是合理划分双方风险和责任,甚至确定费用的基本依据。

【风险提示】

托运人必须如实且明确地告知承运方有关标的物的信息,不能隐瞒或遗漏相关信息,否则可能会承担相应的法律责任或损害赔偿责任。如:隐瞒运输非法货物或危险货物的,可能受到法律追究;由于隐瞒或遗漏相关信息给承运人造成损失的,托运方要承担损害赔偿责任。

【相关案例】①

山东青岛一外贸粮油进出口公司与外商谈妥出口大米5 000公吨(metric ton,mt),每公吨USD270.00(FOB中国青岛)船上交货价。外销员在签合同时,主观认为ton指公吨,于是笼统地写了“5 000 ton”,而狡猾的外商在开来的信用证上却要求以长吨(long ton或ton)来供货,因为ton指的是长吨(英吨)。如果照证办理我方则要多交付大米。于是,买卖双方发生了争执。

长吨和公吨是两种度量衡制度,1长吨 =1.06公吨。如果在签合同时,

---

①　案例来源:本案例由笔者根据实践中接触的案例改编而成。

我方外销人员打印出“5 000 mt”而不是“5 000 ton”的话，外商就无机可乘，也就没有后面的纠纷了。

【法律规定】

《中华人民共和国合同法》(1999.10.01 施行)

第三百零四条　托运人办理货物运输，应当向承运人准确表明收货人的名称或者姓名或者凭指示的收货人，货物的名称、性质、重量、数量，收货地点等有关货物运输的必要情况。

因托运人申报不实或者遗漏重要情况，造成承运人损失的，托运人应当承担损害赔偿责任。

第二条　包装要求

2.1　按照国家标准/行业标准/企业标准/协议标准对货物进行包装。

2.2　如果没有统一包装标准，应根据保证货物运输安全的原则进行包装。

● **律师批注**

【条款目的】

正确、合理和适度的包装及唛头是货物完好、高效运输的保证，也是运输过程中的运输工具和人员安全的前提，还是对运输人员正确运输的必要指导和提醒。可以说，正确包装既是经济行为的内在要求，也是对运输行为安全性的法律要求，同时还是明确划分双方责任的需要。

【风险提示】

托运方必须根据货物的具体性质和要求采取符合标准的包装方式，同时，应注意在包装物上对于运输和搬运方式等作出适当的标志或标签，正确标注唛头。

【相关案例】①

某机械进出口公司与加拿大多伦多某贸易公司签订了一项出口合同，销往加拿大一批配件，总价格约为12.5万美元。合同规定用塑料袋做内包装，外包装则使用标准出口纸箱，特别强调内外包装均要求使用英法两种文字的贴头(不干胶)粘在包装上。

英文说明的不干胶好做，但法文说明的不干胶不容易做。于是，在发货时，该机械进出口公司的外销员在未征得对方同意的情况下，擅自改用了包

① 案例来源：本案例由笔者根据实践中接触的案例改编而成。

装，并删去法文说明这一项，只使用了英文的不干胶说明。配件发送到多伦多之后，加拿大客户为了适应当地市场的销售要求（在加拿大，很多人讲法语），不得不雇人更换包装和不干胶说明，支付了一笔额外的费用。为此，加方公司向该机械进出口公司提出索赔。

显然本案中，该机械进出口公司违反了对合同中包装的约定，应承担相应的法律责任。

【法律规定】

《中华人民共和国合同法》(1999.10.01 施行)

第三百零六条　托运人应当按照约定的方式包装货物。对包装方式没有约定或者约定不明确的，适用本法第一百五十六条的规定。

托运人违反前款规定的，承运人可以拒绝运输。

第三百零七条　托运人托运易燃、易爆、有毒、有腐蚀性、有放射性等危险物品的，应当按照国家有关危险物品运输的规定对危险物品妥善包装，作出危险物标志和标签，并将有关危险物品的名称、性质和防范措施的书面材料提交承运人。

托运人违反前款规定的，承运人可以拒绝运输，也可以采取相应措施以避免损失的发生，因此产生的费用由托运人承担。

第一百五十六条　出卖人应当按照约定的包装方式交付标的物。对包装方式没有约定或者约定不明确，依照本法第六十一条的规定仍不能确定的，应当按照通用的方式包装，没有通用方式的，应当采取足以保护标的物的包装方式。

第六十一条　合同生效后，当事人就质量、价款或者报酬、履行地点等内容没有约定或者约定不明确的，可以协议补充；不能达成补充协议的，按照合同有关条款或者交易习惯确定。

第三条　货物运输起止地点

3.1　货物起运地点：____________________。

3.2　货物到达地点：________或甲方指定的其他地点，该地点应在________前确定。

3.3　收货人名称：____________________或凭甲方指示确定，收货人应在____________前确定。

● **律师批注**

【风险提示】

在实际操作中，运输合同签署之时收货人甚至收货地点等都有可能还不能确定，这主要是因为此时货物的最终买方尚不能确定。但是，不管怎样，收货人或收货地点应在某个时点之前确认，该时点应在本条款中予以明确，以便货物的实际运输和交付。

【法律规定】

《中华人民共和国合同法》(1999.10.01 施行)

第三百零四条　托运人办理货物运输，应当向承运人准确表明收货人的名称或者姓名或者凭指示的收货人，货物的名称、性质、重量、数量，收货地点等有关货物运输的有关必要情况。

因拖运人申报不实或遗漏重要情况，造成承运人损失的，托运人应当承担损害赔偿责任。

第四条　货物承运日期

4.1　托运货物起运时间：______年______月______日。

4.2　托运货物交付时间：______年______月______日前。

● **律师批注**

【风险提示】

在特定情况下，承运人提前交付货物可能会对收货人不利。在该种情况下，建议对于货物交付时间作出更加明确的规定，而不仅仅是规定某个日期之前。

第五条　托运货物装卸

托运货物由甲方/乙方负责装卸。由乙方负责装卸的，如果因乙方原因在装卸过程中给托运货物造成损失的，乙方应承担赔偿责任。

● **律师批注**

【条款目的】

装卸义务直接影响到运费水平，也关系到货物安全，因此必须明确由哪方承担装卸义务，必要时装载或卸货的义务可以分开约定。尤其当标的物是大宗物资时，本条约定必不可少。

第六条　货物领取及验收办法

由实际收货人按照托运货物清单对货物包装、数量、质量等进行验收。

● **律师批注**

【条款目的】

按照合同规定按时将货物交付实际收货人是承运方的主要合同义务，而货物交付时对货物的验收是验证承运方是否严格履行了合同义务的主要方法。验收内容包括货物数量、质量是否与清单相符,包装是否完整,货物外观是否完好,等等。

【风险提示】

实践中,托运方往往又是货物的买方,与上游货物卖方之间存在货物买卖合同关系,合同中对货物的质量有明确规定,同时对货物的验收和质量、数量异议期也有明确规定。另外,实践中对货物的验收和检验常常是由实际收货人进行的,而不是由托运方进行。因此,运输合同中规定的实际收货人的检验内容、方法和异议期应特别注意与货物买卖合同中的相关内容保持一致。

【法律规定】

《中华人民共和国合同法》(1999.10.01 施行)

第三百一十条　收货人提货时应当按照约定的期限检验货物。对检验货物的期限没有约定或者约定不明确,依照本法第六十一条的规定仍不能确定的,应当在合理期限内检验货物。收货人在约定的期限或者合理期限内对货物的数量、毁损等未提出异议的,视为承运人已经按照运输单证的记载交付的初步证据。

第七条　运输费用、结算方式

7.1　本合同项下的运输费用为____________元。

7.2　运费结算方式:____________。

第八条　双方的权利义务

8.1　甲方的权利义务

8.1.1　甲方有权要求乙方按照合同规定的发运时间、发运地点把约定货物运输到本合同约定的货物到达地点。

8.1.2　乙方将货物交付收货人之前,甲方有权要求乙方中止运输、返还货物、变更货物到达地点或收货人或者取消托运,但应当赔偿乙方因此受到的损失。

8.1.3　甲方或收货人有权在货物运到本合同约定的货物到达地点后,凭有效凭证领取货物。

8.1.4　甲方或收货人在接到提货通知后,按时提取货物。

8.1.5　甲方有义务按约定向乙方支付运输费。

8.1.6　甲方应按照合同约定的时间和数量交付托运货物。

● **律师批注**

【条款目的】

运输合同中，托运方的主要义务是按时交付货物，依约支付运费，亲自或指示实际收货人凭证提取货物。主要权利是按时收取货物，以及在特殊情况下变更委托的权利。

【风险提示】

实践中，货物交付运输以后，实际收货人或者收货地点有可能发生变化，此时应赋予托运方合理的变更收货人和收货地点的权利。但是，托运方应赔偿因此给承运方造成的损失。

【法律规定】

《中华人民共和国合同法》(1999.10.01 施行)

第三百零八条　在承运人将货物交付收货人之前，托运人可以要求承运人中止运输、返还货物、变更到达地或者将货物交给其他收货人，但应当赔偿承运人因此受到的损失。

8.2　乙方的权利义务

8.2.1　乙方接受甲方的委托以后应及时操作转运货物，保证安全、准时、准确地将货物运至甲方指定目的地。

8.2.2　乙方必须严格按照合同约定的运输时间执行，若因特殊情况，货物没有按预订时间运至目的地，乙方应及时与甲方取得联系，向甲方汇报并进行处理。但甲方保留要求乙方承担相应违约责任的权利。

8.2.3　乙方有权要求甲方支付运输费用。但是，甲方因故未能按时支付的，乙方不得对运输货物行使留置权。

8.2.4　承运过程中发生的货物被盗、被抢、丢失、淋湿、货损、交货不清、货物破损等，概由乙方负责。

8.2.5　由于自然灾害或交通事故造成货物无法准时到达，乙方必须及时通知甲方，由双方共同协商解决，若由于未及时通知甲方而造成货物迟延到达给甲方产生的直接和间接损失，应由乙方负责赔偿。

8.2.6　乙方应采取有效措施，确保不对运输沿途环境和收货人造成不良影响。由于乙方的原因对沿途环境和收货人造成不良影响而产生的经济损失，由乙方承担。

8.2.7　乙方应及时向收货人发出货物到达通知，并在收货人实际接收货物前负责货物的保管。

8.2.8　运输过程中发生交通事故产生的车辆及人员责任及损失，均由乙方承担。

● **律师批注**

【条款目的】

本条是运输合同中的核心条款之一。在运输合同中,承运方的主要义务是依约安全、及时地运输并交付货物,否则应承担相应的违约责任,如迟延交付的责任、货物丢失或损坏的责任、对运输环境和第三人造成侵害的第三方责任,以及其他附随义务,等等。

【风险提示】

托运人不按时支付运费、保管费以及其他运输费用的,承运人对相应的运输货物具有留置权。这是法律赋予承运人的权利。但是,法律同样本着尊重意思自治的原则赋予双方自由约定的权利。因此,对于留置权问题,建议在合同中予以明确。

【法律规定】

《中华人民共和国合同法》(1999.10.01 施行)

第三百一十一条　承运人对运输过程中货物的毁损、灭失承担损害赔偿责任,但承运人证明货物的毁损、灭失是因不可抗力、货物本身的自然性质或者合理损耗以及托运人、收货人的过错造成的,不承担损害赔偿责任。

第三百一十五条　托运人或者收货人不支付运费、保管费以及其他运输费用的,承运人对相应的运输货物享有留置权,但当事人另有约定的除外。

第三百零九条　货物运输到达后,承运人知道收货人的,应当及时通知收货人,收货人应当及时提货。收货人逾期提货的,应当向承运人支付保管费等费用。

第三百一十六条　收货人不明或者收货人无正当理由拒绝受领货物的,依照本法第一百零一条的规定,承运人可以提存货物。

第九条　违约责任

9.1　甲方违约责任

9.1.1　甲方未按合同规定的时间和要求提供托运的货物的,托运货物交付时间相应顺延。

9.1.2　因甲方提供资料不齐全而导致乙方无法送达或者延误送达,损失由甲方负责。乙方在运输过程中如果发现甲方所提供的收货人联系电话、地址有误,必须及时与甲方联系寻求解决办法,否则损失由乙方负责。

9.1.3　甲方迟延提货或不提货的,乙方有权将货物提存或采取其他必要措施,由此造成的一切损失由甲方承担。

9.2　乙方违约责任

9.2.1　乙方未按合同规定的时间和要求自起运地点提取托运货物或

向收货人交付托运货物的，每迟延提取或交付一天，应向甲方支付______元人民币违约金。

9.2.2 由于不可抗力造成乙方交货延误，影响合同执行时，乙方应及时通知甲方并采取有效措施防止事件的扩大。

9.2.3 乙方如将托运货物错运到货地点或收货人，应无偿将托运货物运至合同约定的货物到达地点或收货人，由此增加的费用由乙方自行承担。错运导致延期交付托运货物的，按托运货物延期交付处理。造成货物误收或丢失的，乙方应照价赔偿。

9.2.4 运输过程中托运货物发生毁损、灭失、短少、变质或污染的，乙方应按货物的实际损失（包括包装费、运杂费等）赔偿甲方。

9.2.5 由于下列原因造成货物的毁损、灭失、短少、变质或污染的，乙方不承担违约责任：

① 不可抗力。

② 货物本身的自然属性。

③ 货物的合理损耗。

④ 甲方自身的过错。

9.2.6 因乙方迟延提取或交付托运货物，或者因乙方违反本合同的其他条款导致甲方对第三方违约而产生相关损失或违约责任，则乙方应承担该等损失或责任。

● 律师批注

【条款目的】

本条对合同履行过程中双方可能发生的违约情形及相应的违约责任进行约定。实践中，托运方的主要违约情形是延期提货或不提货，而承运方的主要违约情形是不能按时交付货物和货物毁损或灭失等。

【风险提示】

《合同法》第311条规定："承运人对运输过程中货物的毁损、灭失承担损害赔偿责任，但承运人证明货物的毁损、灭失是因不可抗力、货物本身的自然属性或者合理损耗以及托运人、收货人过错造成的，不承担损害赔偿责任。"由此可见，在运输过程中如果发生货物的毁损或者灭失，则承运人被推定为有过错，应当对此承担损害赔偿责任。承运人主张免责，必须举证货物的毁损、灭失是因不可抗力、货物本身的自然属性或者合理损耗以及托运人、收货人过错造成的。

【相关案例】①

2003年6月20日,在荷兰鹿特丹注册的A公司和中国B公司签订国际饲料买卖合同,约定A公司向B公司购买赖氨酸(L-Lysine)。但B公司仅交付了部分货物,还有约1/3的货未交。双方后来对交货期进行了调整,但B公司仍未依约交货。A公司遂通知B公司取消剩余的交货,并提起仲裁申请,要求B公司赔偿合同规定的货物价格和宣告合同无效时货物的时价之间的差额以及利息。

B公司认为:在执行合同的过程中,中国发生了众所周知的SARS等不可抗力情形,直接导致B公司的生产经营长期受到重大影响,生产能力严重萎缩,无法正常履行本案合同。

A公司认为:SARS不构成不可抗力事件。SARS在中国爆发的时间是2003年4月以前,B公司在订立合同时已经知晓并考虑到该疾病:根据中国卫生部2003年6月14日发布的官方公告,当时SARS已经得到控制;假设SARS构成不可抗力,B公司也没有就此通知A公司。因此,B公司主张SARS构成不可抗力不符合《联合国国际货物销售公约》第79条第(1)、(2)、(3)、(4)项的规定。

仲裁庭认为,《联合国国际货物销售公约》第79条第1款规定"障碍"具备下述条件:它是当事人在订立合同时不可能预见的、不能控制的、不能克服其本身或其后果的事件;第3款规定"免责对障碍存在的期间有效";第4款规定不履行义务的一方必须在一段合理的时间内将障碍及其对其履行义务的影响通知另一方。此外,按照国际上关于不可抗力的一般原则以及中国的法律规定,主张不可抗力的一方当事人不能仅根据自己对不可抗力事件的陈述获得免责,而应该提供证据,如以权威机构出具的不可抗力证明为依据。早在本案合同缔约的两个多月前,SARS已经在中国发生,因此,在缔结合同时,B公司对SARS不是无法预见,而是实际知晓的。而且,2003年6月SARS在中国已经得到控制。2003年6月20日双方签订合同时,B公司有机会充分考虑SARS对今后履行合同的影响。因此,SARS不构成《联合国国际货物销售合同公约》第79条所指的障碍。

最终,仲裁庭支持了A公司的主张,认为本案中,SARS不构成不可抗力事件。A公司的仲裁请求应当得到支持。B公司应当承担相应的违约责任。

---

① 案例来源:本案例由笔者根据实践中接触的案例改编而成。

【法律规定】

《中华人民共和国合同法》(1999.10.01 施行)

第三百一十一条　承运人对运输过程中货物的毁损、灭失承担损害赔偿责任,但承运人证明货物的毁损、灭失是因不可抗力、货物本身的自然性质或者合理损耗以及托运人、收货人的过错造成的,不承担损害赔偿责任。

第十条　纠纷解决方式

10.1　若合同在履行中产生纠纷,双方应及时协商解决。

10.2　如果通过协商仍不能解决纠纷,则任何一方均有权向甲方所在地有管辖权的人民法院提起诉讼。

第十一条　保险

11.1　若需要办理货物在托运期间的保险事宜,由________方向________方办理,保险费由________方承担。

● **律师批注**

【条款目的】

根据货物的不同性质,有时需要对运输货物办理商业保险。此时,应明确投保义务人、投保范围、投保费用等内容。

第十二条　其他

12.1　本合同经双方签字盖章后生效。

12.2　本合同一式______份,甲方执______份,乙方执______份。

(以下无正文,为签署页,略。)

第三章　铁路货物运输合同

铁路货物运输是指利用铁路运输工具将货物从一地运至另一地的运输生产过程。铁路货物运输合同是铁路承运人根据托运人的要求、采用铁路运输方式按期将托运人的货物运至目的站并交予收货人，由托运人或者收货人向承运人支付规定的运输费用的协议。本章仅分析铁路货物运输合同的主要条款。

铁路货物运输合同

甲方（托运人）：
地址：
乙方（承运人）：
地址：

● **律师批注**

【条款目的】

以上内容规定了铁路货物运输合同的主体。

【风险提示】

要求托运货物的一方，称为托运人；承接货物运输任务的一方，称为承运人。一个有效的铁路货物运输合同，其合同主体必须是铁路运输企业与具有相应缔约行为能力的托运人。通常情况下，承运人乙方为铁路局和铁路分局，或者专门的铁路货物运输公司。

为确保甲方的________货物能安全、快捷、准确地通过铁路运输发至目的地，甲、乙双方本着真诚合作、互惠互利的精神，经友好协商，甲方同意将铁路运输业务委托乙方办理，并签订本合同：

一、甲方的责任及义务

1. 甲方负责以互联网（电话或传真）的方式将铁路运输计划通知乙方，包括：货物品种、数量、体积、重量、提货时间、到货时间要求以及收货人地址、电话等相关资料；

2. 甲方负责发货地点、交货地点的装卸；

3. 甲方提供货物运输途中需要的相关证明文件，如《货物送货单》、

《货物调拨单》等；

4. 甲方委派专人负责相关业务协调，便于与乙方联系、沟通，解决日常往来业务问题。

● **律师批注**

【条款目的】

以上条款约定了托运方的责任及义务。

【风险提示】

托运人应当注意填写货物的名称、件数、质量等，一方面便于运输完成后和承运人核对货物的情况；另一方面也是履行其告知义务，托运人负有告知承运人所托运的货物状况的义务。我国《合同法》第304条规定，托运人办理货物运输，应当向承运人准确表明收货人的名称或者姓名或者凭指示的收货人，货物的名称、性质、重量、数量、收货地点等有关货物运输的必要情况。如果因托运人申报不实或者遗漏重要情况，造成承运人损失的，托运人应当承担损害赔偿责任。而且托运人还应当按照约定的方式包装货物，托运人不按照约定包装货物的，承运人可以拒绝运输。

二、乙方的责任及义务

1. 乙方必须按甲方的指令要求到指定的发货仓库提货，并及时送货到指定的收货地址、及收货单位；

2. 乙方须满足甲方提出的要车计划，并按甲方的时间要求准时把货物送抵目的地；

3. 乙方将货物送达目的地后，必须将《产品送货单》交收货方签收；

4. 如因政策性原因导致铁路出现停装、限装等情况，乙方必须及时通知甲方并提供铁路部门的证明材料；

5. 甲方的货物在发货仓库交付给乙方验货、签收后，货物的安全风险责任由乙方负责，直至终点交付货物为止；

6. 乙方须书面委托一至二名业务代表负责甲方业务的协调，保证日常的联系、沟通，出现问题及时解决。

● **律师批注**

【条款目的】

以上条款约定了承运方的责任及义务。

【风险提示】

在承运阶段，承运方的义务主要是接受运输货物、配备车辆、组织装车、验收货物等。为保证货物的及时运输，承运人应当提供符合运输要求的铁路车辆，及时组织装车；对于装车的货物，承运人要负责将车辆送至装车地点。对于特殊货物的装车，铁路承运人应当予以指导，并办理车辆交接手续。否则，承运人应当承担违约责任。

【相关案例】①

某市橡塑厂于1999年10月18日由铁路某车站运往某西站胶管103件、胶板25件、轮胎2件，保价金额4万元，由承运人装车，运到期限为12天。但货物自发出后两个月仍未到达目的站，托运人多次派人到西站查询，均无结果。1999年12月22日，托运人致函西站，表示货物至今未到，超过运到期限，日后货物即使到站，厂方也不再接受，同时要求赔偿4.1万元。但车站一直未办理赔偿。托运人于2000年1月19日以货物灭失为由诉至法院，要求被告承运人赔偿全部货物损失。在案件审理过程中，货物于2000年2月4日到达西站。在法院主持下，承运人于4月4日向原告橡塑厂办理了交付，并确认货物短少23件。经鉴定，货物损失价值24 512.69元。法院经审理认为：承运人未按合同有关规定履行义务，造成货物逾期3个月送达，且又发生货物短少，被告应负全部责任。判决被告赔偿原告全部经济损失并支付逾期运到的违约金。

《中华人民共和国铁路法》(以下简称《铁路法》)第16条第2款规定：“铁路运输企业逾期三十日仍未将货物、包裹、行李交付收货人或者旅客的，托运人、收货人或者旅客有权按货物、包裹、行李灭失向铁路运输企业要求赔偿。”本案的原告以货物灭失为由主张索赔权是正确的。但对于逾期超过30日的货物又继运到站的，收货人是否必须取货，法律没有明确的规定。一般认为，如果承运人已经向收货人办理了赔偿手续，货物再到站的，承运人应通知收货人取货，收货人拒绝取货的，由承运人处理货物。但是不管货物逾期多长时间，只要收货人不提出赔偿要求，就表明收货人保留领取货物的权利。

三、具体操作方式

1. 甲方在货物发运前，以互联网(电话或传真)的方式或其他适当的方式将铁路运输计划通知乙方；

2. 乙方收到指令后，根据指令要求安排车辆到甲方指定的仓库提货、中转，并安排和办理车皮发货等一切相关手续；

3. 乙方持《产品送货单》到甲方指定的收货地点办理货物签收手续；

4. 乙方整理签收后的《产品送货单》到甲方办理运费结算手续。

① 案例来源：本案例由笔者根据实践中接触的案例改编而成。

● **律师批注**

【条款目的】

以上条款规定了货运的具体操作方式。

【风险提示】

签订铁路货运合同，一般有三种情形：一是托运人在填写货物运单的同时将货物交付给承运人，承运人在验货后在运单上予以确认；二是承运人与托运人经过协商，达成一个长期合作的运输协议；三是托运人向承运人提出关于运输货物的意向，这种意向在铁路货物运输中体现在订单上。以上条款主要是第二种情形。双方应当注意在实施具体运输计划时注意指令的发出和接受、货物的交接和签收以及费用结算。

四、铁路货运事故的处理及保险

1. 甲方货物的运输保险由乙方负责，保险索赔具体事宜由乙方负责；运输途中一切货损由乙方承担并按照甲方出厂价赔偿；

2. 铁路运输保价费用由乙方自行承担；

3. 在运费结算时乙方必须对运输途中造成的短少、货损等一切在途损失，按照甲方出厂价赔偿；

4. 对于重大事故（如整车丢失、损坏等）造成的损失，乙方必须在定损后________周内以现金的方式赔付。

● **律师批注**

【条款目的】

以上条款规定了铁路货物运输过程中发生事故后的处理方法以及运输货物保险的缴纳。

【风险提示】

《铁路货物事故处理规则》（1999年修订）规定了详细的铁路货运事故发生后的处理方法和规则。但该规则第1条第2款规定："本规则不作为承运人与托运人、收货人划分责任的依据。"因此，一旦发生货运事故，合同双方应当首先根据该规则尽快处理事故，然后根据合同约定的责任条款和合同法等法律规定处理。如果出现不可抗力、意外事件等情形，也依照合同法的规定处理。

【相关案例】①

1998年6月19日，原告南平市纸制品厂食品分厂从江西鹰潭南站发面

① 案例来源：福州铁路运输法院民事判决书〔1999〕福铁经初字第10号，经改编而成。

粉1车计2400件到南平站，到站时间为1998年6月21日。当晚，南平市人民政府防汛抗旱指挥部在当地电视台播放汛期通报，要求注意汛情、转移财产。6月22日，南平市即遭受了百年一遇的特大洪灾。堆放在南平站货物仓库内的原告面粉有770件浸水全部报废，其余1630件提回后也有部分发生变质结块现象。7月13日，原告向被告下属单位南平火车站提出赔偿要求书，称：由于被告未采取有效措施，致使面粉被洪水浸湿，要求铁路方给予赔偿。

本案被告辩称，该货物湿损系由于洪水袭击造成的，属于不可抗拒的自然灾害，承运人不承担赔偿责任，且考虑到货主的实际困难，铁路已经给予实际损失的50%的补偿。福州铁路运输法院庭审认定了存在不可抗力，同时认为原告主张的"被告不作为行为是损失的重要原因"没有足够证据。最终法院驳回了原告的起诉。律师认为，不可抗力是承运人免责事由之一。在该等情形下，托运方与承运方应当共同减轻可能造成的损失。且应该注意法律规定的承运人不可免责的情形。

五、运输费用的结算

1. 乙方凭收货方签收的《产品送货单》，按合同的铁路运输价格表向甲方申报结算运费；

2. 乙方按甲方核实后的费用开具正式发票送交甲方，甲方根据发票及验货记录原件，及时向乙方支付运费；

3. 甲方用支票形式向乙方承付费用。

● **律师批注**

【条款目的】

以上条款规定了运输费用结算方式。

【风险提示】

《铁路法》第26条规定："铁路的旅客票价，货物、包裹、行李的运价，旅客和货物运输杂费的收费项目和收费标准，必须公告；未公告的不得实施。"因此，鉴于铁路运输的特殊性，铁路货物运输的价格是按照固定的运输价格表确定的，因此，收货方签收《产品送货单》之后，托运方和承运方应当及时结算费用、开具发票并支付运费。

六、违约保证金的收取及违约责任

1. 在合同签订后的________天内，乙方必须向甲方支付________元保证金；

2. 在合同有效期内，如乙方单方面提出终止合同时，甲方将不予返还保证金；

3. 双方将《运输管理考核办法》作为本协议附件。

七、合同期限

1. 本合同自______年______月______日至______年______月______日；

2. 本合同一式________份，甲、乙双方各执________份；

3. 如合同有未尽事宜，经双方协商解决，协商不成，由________铁路运输法院裁决。

● **律师批注**

【条款目的】

以上条款是约定纠纷解决条款。铁路运输合同由铁路法院行使专门的管辖权。最高人民法院《关于适用〈中华人民共和国民事诉讼法〉若干问题的意见》第30条规定“铁路运输合同纠纷及与铁路运输有关的侵权纠纷，由铁路运输法院管辖”。《关于铁路运输法院对经济纠纷案件管辖范围的规定》规定了铁路运输法院的具体管辖案件范围。

【风险提示】

适用以上条款时，应当注意各地是否有特殊规定，以及最新形势变化。目前铁路司法系统改革已经开始，民事案件和经济案件可能将最终全部下放到各级地方法院。提请注意：约定纠纷解决条款时注意与实际情形相结合，防止因不符合实际情形而导致该约定无效。

甲方： **乙方：**

授权代表： **授权代表：**

日期： **日期：**

（附件略）

附：铁路货物运输单

● **律师批注**

【风险提示】

《铁路货物运输合同实施细则》第4条规定：“大宗物资的运输，有条件的可按年度、半年度或季度签订货物运输合同，也可以签订更长期限的运输合同；其他整车货物运输，应按月签订运输合同。按月度签订的运输合同，可以用月度要车计划表代替。零担货物和集装货物运输，以货物运单作为运输合同。”第5条规定：“按年度、半年度、季度或月度签订的货物运输合同，经双方在合同上签认后，合同即告成立。托运人在交运货物时，还应向承运人按此提出货物运单，作为运输合同的组成部分。零担货物和集装箱货物的运输合同，以承运人在托运人提出的货物运单上加盖车站日期戳后，合同即告成立。”

根据前述法律规定，在实践中，铁路货物运输单也非常常见。托运方应当谨慎填写。托运人对自己在运单上所填记事项，必须负完全责任。承运人在托运人提出的货物运单上加盖车站日期戳记后，合同即告成立。

铁路货物运输单

运输号码：________　　货物运到期限：________

发站承运日期：______年______月______日

发站		到站（局）		车种车号		货车标重		承运人	装车
托运人	名称			施封号码				托运人	
	地址		电话	铁路火车篷布号码				承运人	施封
收货人	名称			集装箱号码				托运人	
	地址		电话	经由		运价		里程	

货物名称	件数	包装	货物重量		计费重量	运价号	运价率	现付		
			托运人确定	承运人确定				费别	金额	
								运费		
								装费		
								取送车费		
								过秤费		
合计										
记事								合计		

经办人（签字）：__________

● **律师批注**

【条款目的】

该运输单是铁路运输部门所出具的格式合同,实际生活中还包括车票、船票、飞机票、保险单、提单、仓单等。托运人对于该格式合同只能接受或者不予接受,无法与铁路运输部门就该运输单的具体条款进行协商。

【风险提示】

1. 当事人之间如果对格式条款的理解发生争议的,应该按照通常理解予以解释。对格式条款具有两种以上解释的,应当作出不利于提供格式条款一方的解释。格式条款和非格式条款不一致的,应该采用非格式条款。

2. 托运人应当注意填写货物的名称、件数、质量等,一方面便于运输完成后和承运人核对货物的情况,另一方面也是履行其告知义务,托运人负有告知承运人所托运的货物状况的义务。我国《合同法》第304条规定:"托运人办理货物运输,应当向承运人准确表明收货人的名称或者姓名或者凭指示的收货人,货物的名称、性质、重量、数量、收货地点等有关货物运输的必要情况。因托运人申报不实或者遗漏重要情况,造成承运人损失的,托运人应当承担损害赔偿责任。"托运人还应当按照约定的方式包装货物,如果托运人不按照约定包装货物的,承运人可以拒绝运输。

3. 托运人应当注意在该运输单中填写运价率、运费、装费、取送车费、现付金额等。给付运费是托运人最基本的义务之一,在运输单中载明运费的总金额、现付金额等,不仅有助于确定当事人之间在运费给付上的权利和义务,而且有利于托运人弄清楚各部分费用的开销。这也是托运人作为消费者享受运输服务应有的知情权。

第四章　公路货物运输合同

公路货物运输合同是指利用公路运输货物的托运方与经营公路货物运输的企业或个人签订的以运送货物为目的的协议。承运方(经营公路货物运输的企业或个人)以双方约定的运输工具(主要是汽车)通过公路将货物运达约定的地点,托运方支付相应的运费。一般情况下,公路货物运输合同由汽车货物托运计划表、汽车货物运单(或汽车运输货票)、物品清单及运输变更申请书组成。约束公路货物运输合同的现行有效的特殊法律有1999年原交通部颁布的《汽车货物运输规则(1999)》。以下为公路货物运输合同的主要条款。

公路货物运输合同

托运方(甲方):	**承运方(乙方):**
地　址:	**地　址:**
法定代表人:	**法定代表人:**
电　话:	**电　话:**

● **律师批注**

【条款目的】

以上内容规定了本合同的主体信息。

【风险提示】

公路货物运输合同的承运方必须持有经营公路货物运输的营业执照,没有营业执照不能从事公路汽车货物运输业务。国家工商行政管理部门颁发的运输执照的主体包括:专业汽车运输企业(国营或集体)、工业企业运输队(在完成本企业运输任务以后所承接的任务)、联合运输企业和农村经营运输的专业户。承运人必须是以运送货物为营业的人,以自己的名义与托运人签订合同,并收取运费。托运人应该关注承运人的资质问题,以免发生因承运人没有公路货物运输资质产生法律风险。

【相关案例】①

在信达货运配载营业部(原告)诉中国农业机械西南公司(被告)运输合

① 案例来源:《人民法院案例选》2000年第1辑(总第31辑),略有改动。

同纠纷案中，原告作为托运方与被告签订了公路运输合同，该合同虽未加盖被告的单位公章，但约定使用的汽车是被告单位的，实际承运人刘某某等出示的证明也是被告单位的。合同履行过程中，被告的汽车因发生交通事故，给原告造成了货物损失合计21 810元。原告诉至法院请求被告对合同的履行承担全部责任。被告辩称，原告承运货物的汽车是被告公司卖给刘某某的分期付款商品车，为了防止购车人在付清车款前将车变卖，所以该车的户籍暂时挂在被告公司名下，本案合同是刘某某与原告签订的，被告未在合同上签章，事后也未追认，与原告并无合同关系。第三人刘某某未答辩。经法院审理查明，第三人刘某某虽然以被告的运输车辆、行驶证和营运手续等与原告签订了运输合同，但是第三人刘某某未能出具任何他有权代表被告行使签订运输合同行为的有效证件，且原告作为专门从事托运业务的机构，对与之签订运输合同的承运人应当进行审查，特别是对以单位名义签订运输合同，但是又未持有单位授权有效证件的个人，应当具有较高的识别能力。最终，法院判决由第三人刘某某承担相关赔偿责任。

一般情况下，运输合同的当事人只有承运方和托运方，至于承运人是使用自己所有的运输工具，还是适用租赁的或借用的运输工具来完成运输合同中约定的承运义务，不影响运输合同的成立。对于分期付款汽车买卖过程中发生的运输合同纠纷问题，最高人民法院曾在《关于购买人使用分期付款购买的车辆从事运输因交通事故造成他人财产损失保留车辆所有权的出卖方不应承担民事责任的批复》中明确规定了责任方。因此，本案中的原告本应通过资质审查避免该纠纷，但原告忽略了。任何公路货物运输合同的托运方都应当谨慎关注该问题。

甲方委托乙方承运甲方的运输业务，乙方同时具备相应能力完成甲方的运输业务。根据国家的有关运输法律规定，经甲乙双方充分协商，在平等自愿的基础上达成如下协议：

第一条 甲方委托乙方运输的货物为：________。甲方应保证委托承运的货物不含有任何违法物品，甲方委托运输货物属易燃易爆、易挥发、有毒、易碎商品时，甲方应在委托单中明确注明。

● **律师批注**

【条款目的】

本条款约定了运输的对象。

【风险提示】

公路运输以其方便、快捷等特点是目前最普遍的运输方式。公路货运合同的运输对象为货物。货物一般分为普通货物、特种货物和轻泡货物。普通货物对运输、装卸、保管等没有特殊的要求。特种货物，指对运输、装卸、保管有特殊要求的货物，包括长大笨重货物、危险货物、贵重货物和鲜活货物等。轻泡货物，指每立方米重量不足333千克的货物，其体积按货物最高、最宽、最长部位尺寸计算。公路货物运输合同的当事人应当注意运输对象的性质不同，满足运输、装卸、保管等特殊要求。托运方也应如实申报托运货物的性质，如实填写委托单、托运合同单（见附件）。

第二条　货物起运地、到达地：

乙方根据甲方委托单的指令将货物从甲方指定的地点运送至甲方指定的目的地。若起运地和目的地有变更，甲方应在货物起运前书面通知乙方。

货运委托单见附件。

● **律师批注**

【条款目的】

本条约定了货物运输的起点和目的地。

【风险提示】

在公路货运合同中，托运人应完整准确地填写货物发运地和货物运送地的名称，其所属的省、市、自治区名也应清晰明确，收发货人的名称，是指发货单位、或收货单位的完整名称。收货人或发货人的地址，即收货人或发货人所在省（自治区、直辖市）、市（自治州、盟）、县（自治旗）、城镇街道和门牌号码。发货人在发送货物时，应详细填写发货人和收货人的名称及地址。

【相关案例】①

2010年5月12日，某物流公司与刘某签订书面运输合同，刘某委托某物流公司将一批货物由石家庄运往山东省威海港。由物流公司所有的两辆货车承运，司机罗某在承运人处签字，约定运费7 500元，货到后付款。罗某将货物运抵威海市华夏工业园，因刘某要求将货物运到威海港，而合同约定的目的地为威海，双方在运费问题上发生争执，物流公司遂将货物从威海运回石家庄，至今未将货物交付刘某。刘某（原告）遂诉至法院，请求物流公司（被告）归还货物、赔偿损失。

本案件中，原告主张该运输合同的目的地是威海港，但该双方签署的书面运输合同注明的地址是威海，原告的主张缺乏依据，因而，被告将货物运至

① 案例来源：中国法院网 http://www.chinacourt.org/index.shtml，案情略有删减。

威海市区即完成了承运人应负的义务。原告作为托运人，在组织卸货的同时应当向被告支付运费，其以未到目的地威海港为由拒绝卸车和支付运费，从而形成了本次纠纷。律师提醒合同托运方谨慎、正确填写本条款。

第三条 领取货物及验收方法

乙方承运货物到达目的地经甲方指定验收人验收后，乙方应要求收货人在甲方的货物验收单上注明验收完毕字样，加盖收货单位的公章并签字，填写收货数量及收货日期。

乙方应将上述货物验收单提交给甲方，甲方凭乙方提交的货物验收单与乙方结算运费，如发生货物验收单丢失应及时补回，否则甲方除可以拒付运费外，还可以要求乙方赔偿货物损失。

● 律师批注

【条款目的】

本条约定了货物运输的收货人领取货物的方式和验收货物的方法。

【风险提示】

根据《合同法》的规定，货物运输到达后，承运人知道收货人的，应当及时通知收货人。收货人逾期提货的，应当向承运人支付保管费等费用。因此，在货物（尤其是鲜活物品）运输到达后，承运人应当按照货物运输合同的约定及时通知收货人收货或送货上门，遇到合同中约定的联系方式或地址有误无法联系到收货人，或收货人拒绝收货、逾期提货的，承运人应当及时将相关情况通知托运人，并同时采取合适的方式予以保管，或者依法予以提存、变卖，或者依照运输合同约定退回至托运人，在此情况下，妥善处置托运货物是承运人的义务，如果因承运人的原因导致损失扩大的，承运人对扩大的损失应承担赔偿责任。同时，收货人应当及时收取货物、进行验收，如发现货物损毁或灭失，应及时要求托运方或承运方承担责任。若收货人不及时收取货物，则应承担不及时收货带来的风险和后果。

【相关案例】①

2007年12月2日，原告（廖某）与被告（某物流中心）签订运输合同约定：由被告承运原告托运的芋头131件，总重量5.5吨，目的地是广东省东莞虎门富民菜市场，收货人为廖某乙，运费1430元提货时支付。原告将货物交付被告后，被告向原告出具了托运单。12月4日约5时许，被告派驻在东莞

① 案例来源：〔2008〕赣中民二终字第79号，有修改。

虎门分点的负责人谢某电话通知收货人廖某乙到约定地点提货。货物到达约定地点后，却不见收货人，于是，谢某便于当日晚约7时许电话通知收货人廖某乙前来提货，廖某乙提出因业务繁忙没有时间提货，请求等到晚上10点钟再来提货。当晚将近11时许，仍不见廖某乙来提货，由于该货车要赶着装货回赣州，原告只得将所运芋头拉到虎门分点卸货，谢某并在电话里通知廖某乙于次日到虎门分点提货。12月4日，谢某又多次电话通知廖某乙和原告到虎门分点提货，但此后廖某乙和原告均未到虎门分点提货，至本案诉讼之日，原告托运的芋头仍存放于虎门分点内，原告也未向被告支付运费。后货物腐烂，原告诉至法院要求被告赔偿货物损失。

原、被告签订的公路货物运输合同系双方当事人真实意思表示，依法成立，合法有效。双方均应按照合同约定全面履行各自的义务。本案中，被告作为承运人，在原告交付托运货物后即及时将货物运输到约定的收货地点，并在货物到达前后均及时通知了收货人提货，然而，收货人却未及时提货，致使被告无奈只得将所运货物暂时存放于其虎门分点内。此后，被告及其雇员又多次电话通知收货人和原告到其虎门分点提货，收货人和原告在明知托运的芋头属蔬菜类食品，易腐烂变质的情况下，仍然拒不及时提货，以致上述货物至今仍存放于虎门分点内并已腐烂变质。由上可知，被告作为承运人，已全面履行了公路货物运输合同约定的义务及其附随义务，并不存在违约行为。原告所诉损失完全是由于其指定的收货人和原告自身在接到提货通知后未及时提货造成的，因而理应由原告自己或收货人承担。原告要求被告赔偿原告货物损失，缺乏事实依据和法律依据。最终法院判决：驳回原告廖某的诉讼请求。

第四条　运输费用

1. 运输价格按整车计算，具体价格参见合同附件：公路货运价格表。①

2. 在合同有效期内如变动价格，需经双方协商确定。

3. 上述价格均含保险费。乙方接受甲方委托应及时投保。

● **律师批注**

【条款目的】

以上条款规定了运输合同的价格和保险由承运方承担。

【风险提示】

一般而言，在公路运输中大部分运输费用都是由市场调节的，但是也有

① 该附件略，实践中根据实际情况作调整或增减。

部分费用由国家定价或者采用国家指导价。因此双方当事人对于属于国家定价或者国家指导价格的费用,必须遵照执行。如果承运人不按规定擅自涨价,托运人可以拒绝缴纳多收费用,并向有关物价部门投诉。《汽车货物运输规则》第二章第四节"货物保险与货物保价运输",对保险和保价有关问题作了明确规定。货物保险由托运人向保险公司投保,也可以委托承运人代办。本合同是保价运输的形式。按保价货物办理承托运手续,在发生货物赔偿时,按托运人声明的价格及货物损坏程度予以赔偿。

【相关案例】①

某市运输总公司(托运人)与货运部(承运人)签订了一份运输合同,约定:承运人为托运人承运价值35万元的货物,承运人必须对货物的安全到达承担一切责任;托运人必须对所托运的货物向保险公司投保货物运输综合险;双方另对有关运费、运抵时间、行车路线等问题作了约定。合同签订后,托运人未对货物按约投保即交付承运。承运人在承运货物途中因雨天路滑发生翻车事故,造成了十余万元的货损。托运人以承运人未能将货物安全运抵目的地为由向承运人要求赔偿。而承运人认为侧翻事故属于货物运输综合险承保的责任范围,由于托运人未按合同约定投保,故货物损失是其违约行为造成的,应自负责任。双方当事人对货损责任的分担发生争议,诉至法院。

托运人未按合同约定投保属于违约行为,应对未按运输合同约定履行投保义务所造成的货损承担赔偿责任。法律明确规定了托运人对其所托运货物必须投保货物运输综合险的义务,托运人应严格履行托运人在发生货损时首先向保险公司要求理赔,理赔不足部分才可向承运人要求赔偿。本案合同生效后,由于托运人对货物运输风险抱有侥幸心理,不愿意承担投保费用,未按约履行合同义务,应对保险公司理赔范围内的货损自行承担责任。承运人对因托运人投保所相应享有的权利应得到法律的保障。本案货物发生保险事故造成的损失不属于承运人按合同约定应承担的合同责任范围,货物损失应由托运人自行负责。

第五条　结算方式

1. 乙方应根据合同第3条规定将货物签收单提交甲方,并凭货物签收单原件结算运费。

2. 双方在每月20日结算前一个月财务已入账的运输费(例如:2月20日结算1月份财务已入账的运输费),乙方应开具运输专用发票给甲方。

① 案例来源:《律师世界》2000年第6期,《该案货物损失谁承担》,略有修改和简化。

● **律师批注**

【条款目的】

以上条款规定了运输合同的运费结算方式。

【风险提示】

承运人提供运输服务的主要目的就是收取运输费用，这是承运人的基本权利。汽车货物运输价格按不同运输条件分别计价，其计算按《汽车运价规则》办理。同时，应当注意各地方物价部门及交通部门，根据当地情形制定的运价规则或实施细则。

第六条　运输通知

每次托运前，甲方提前24小时用电话或传真通知乙方备车（特殊情况除外），乙方应按甲方要求准时提供合适的车辆。

第七条　运输期限

甲方委托乙方承运每批货物，乙方应按约定期限到达。具体运输期限以货物托运单中的指令为准。

● **律师批注**

【条款目的】

以上条款规定了运输合同的运输期限。

【风险提示】

运输期限是承运人履行运输义务、承担运输责任的期限。运输期限一般由当事人协商确定。运输期限由承托双方共同约定后应在运单上注明。承运人应在约定的时间内将货物运达。零担货物按批准的班期时限运达，快件货物按规定的期限运达。由于承运人的过错，造成货物逾期到达，应按合同规定支付对方违约金。如果因为货物逾期到达给托运人造成损失的，承运人还应赔偿损失。

【相关案例】①

2001年5月20日，原告宋均峰与被告王丰怀、王谦签订货运协议，由二被告为原告将11°东升牌啤酒800箱运至邓州市。二被告驾驶豫R-30619货车行至长葛时发生交通事故，致使货车及啤酒被扣于长葛交管部门。交管部门规定肇事方货主必须同时到场方能处理所运货物。因被告至今未到场，致使原告托运的啤酒超期变质，全部报废。被告违约后，原告又出资为邓州客

① 案例来源：河南省泌阳县人民法院民事判决书〔2003〕泌民初字第467号，有修改。

户购买啤酒一车，支付运费1780元，装卸费864元，购彩条布128.2元，受厂方罚款2000元。为追要损失，多次往返泌阳与郑州，花费差旅费2000元。原告诉至法院要求被告王丰怀、王谦赔偿原告经济损失。

根据货运协议的约定，承运人应当在协议约定的期限内将货物送达目的地。被告王丰怀、王谦作为承运人，对运输过程中原告所托运货物因肇事车被扣押，被告未到交管部门接受处理，致使啤酒长期存放而超过保质期所造成的损失，应承担违约所造成的损害赔偿责任。

第八条　运输方式

甲方托运的每一批货物，乙方不得中转或配运给第三方。中途不允许出现货物换车现象，否则发生的损失由承运方负全部责任。运输方式为汽车陆地运输。

● **律师批注**

【条款目的】

本条规定了运输合同的运输方式。

【风险提示】

能够从事公路货物运输的运输工具，一般为汽车，也可以是拖拉机、人力车等。实践中，承运人的运输工具可以是自有的，也可以是租赁的。对托运人而言，只要承运人提供的是适运工具，车辆的使用权归属对货物运输没有影响即可。同时，合同明确约定了禁止运输过程中转运、换车等行为。承运人应当遵守该约定，否则应该承担违约责任。

【相关案例】①

2007年9月15日，汤骏（原告）与吴湧波（被告）建立货物运输合同关系，约定由吴湧波为汤骏承运10000公斤冻肉，从保山运至贵州省瓮安县，运费7000元，途中发生货损、货差、受潮、误时由吴湧波负全责等事宜。合同订立后，汤骏向吴湧波支付了运费2000元，吴湧波将汤骏托运的冻肉于2007年9月16日运至昆明后，于当天将汤骏托运的冻肉转置于谭培虎（被告）的车内，由谭培虎于2007年9月18日承运至瓮安县某食品公司。瓮安县某食品公司收货时以该车白条肉全部解冻和变质为由提出质量异议。经汤骏与瓮安县某食品公司协商，原定每公斤16元的白条肉，汤骏降价为每公斤6元

① 案例来源：云南省昆明市中级人民法院民事判决书〔2008〕昆民五终字第284号，有删减。

销售给瓮安县某食品公司，同时汤骏向瓮安县某食品公司承担了该批白条肉的处理费2 000元。经确认，吴湧波所驾驶的承运冻肉的车辆与谭培虎所驾驶的承运冻肉的车辆均非冷冻车辆。

经法院确认，汤骏与吴湧波间的货物运输合同是双方的真实意思表示，合法、有效，受法律保护。据以建立该运输合同关系的《信息单》的约定内容，对合同双方当事人具有法律约束力，双方应依约履行。吴湧波中途倒货的行为，已构成违约，吴湧波应对其违约行为所造成的损失承担责任。而汤骏明知吴湧波的车并不符合运输冷冻品的条件，而将冻肉交由吴湧波承运，其对冻肉解冻变质的损失也应承担责任。律师提醒承运合同双方，不仅应当注意承运车辆是否符合运输要求，即使合同中没有明确约定，承运方也不得倒运货物，否则将承担不利的法律后果。

第九条　风险抵押金

1. 乙方将风险抵押金用现金形式交至甲方的指定账户。风险抵押金作为甲方货物损失的风险抵押金，若由于乙方原因导致甲方货物损失或有第三方索赔的，甲方从风险抵押金中优先扣除货物损失及支付第三方索赔，不足部分甲方另行向乙方追偿。

2. 乙方交至甲方的风险抵押金为________（人民币）。风险抵押金应在本合同签订后5日内支付。

3. 甲方违反本合同约定，致使乙方利益遭到损害的，乙方有权提出终止本运输合同，并要求甲方归还风险抵押金。

4. 本合同到期或满期后，如不再继续合作，甲方应在1个月之内归还乙方风险抵押金；如果继续合作，则转为下一年度的风险抵押金。

5. 甲方收到乙方的风险抵押金后应开具单据给乙方。

● **律师批注**

【条款目的】

以上条款规定了公路货物运输合同的风险抵押金。

【风险提示】

对于某些公路货物运输合同，有些需要承运方缴纳风险抵押金，特别是长期合作的承托双方之间。但提醒承运方，应当在充分了解托运方业务的前提下与之合作并缴纳风险抵押金。实践中不乏存在骗取托运公司抵押金的案例。

【相关案例】①

原告(北京市蓝盾运输服务有限公司)与被告(上海华普汽车销售有限公司)的前身上海杰士达汽车销售有限公司于2002年1月15日签订了《公路货物运输合同》一份,约定原告承运被告生产的系列汽车,合同有效期自2002年1月15日起至2005年1月14日止,结算日期为每月10日、25日两次,原告在2002年2月28日前向被告支付保证金30万元,合同期满后,被告应在10天内返还原告保证金(不计息)。合同对双方其他权利义务同时进行了约定。合同签订后,原告于2002年3月4日通过其宁波分公司支付被告保证金30万元。2005年1月24日,原告到被告处进行结算,要求返还保证金30万元,得知被告已于2004年2月25日将保证金连同运费共计49.348万元结算给案外人北京蓝盾国际物流有限公司。为此,双方协商不成,遂涉讼。

本案中,原、被告间的运输合同关系依法成立,应受法律保护。原告按约定交纳被告30万元保证金,被告应在合同期满后返还原告。但被告在无原告的授权和无确切证据证明案外人北京蓝盾国际物流有限公司已兼并原告的情况下,将该30万元保证金结算给北京蓝盾国际物流有限公司,显然违反了双方的合同约定,损害了原告利益,应承担相应的民事责任。

第十条 货物防护

1. 货物在装卸过程中必须轻拿轻放,不得倾倒,不得在包装箱上踩踏、蹬跳,不得在货物上坐、躺或放置其他重物。

2. 装卸过程中,若发生货物跌落现象,搬运人员应及时报告相关部门并由货管部门对跌落货物进行重新验证。

3. 承运人必须做好货物的防雨、防潮措施,并根据货物实际情况做好防护措施。

● **律师批注**

【条款目的】

以上条款规定了公路货物运输合同中承运人的货物保管义务。

【风险提示】

承运人在运输期间,应以善良管理人的注意,妥善保管所运送的货物,如安排装货的车辆,货箱要完整清洁等。运输途中要定时检查,发现异常情况

① 案例来源:上海市金山区人民法院民事判决书〔2005〕金民二(商)初字第235号,略有修改。

时应及时采取措施，保证运输质量。在有押运人员的情况下，承运人应协助押运人员共同做好货物运输的安全工作。对于特殊的货物，承运人除了必须具有特殊货物的运输资质外，还应当采取必要措施，防止货物脱落、扬撒等，装运鲜活、易腐等有特殊要求的货物，应承担专门约定的义务。

【相关案例】①

2008年4月10日，上海百辰涂料有限公司（原告，托运方，以下简称百辰公司）与上海征远物流有限公司（被告，承运方，以下简称征远公司）签订书面运输合同，约定：百辰公司将价值人民币10 586.40元的22件“老爷车牌”涂料委托征远公司运至大连市，收货人为张文彬，运费为人民币300元；合同第3条载明：“包裹内不准夹带易燃、易爆、危险等禁运物品。”合同签订后，百辰公司将上述22件涂料交付征远公司运输，百辰公司交付运输的涂料均有外包装纸箱，纸箱上载明“易燃液体”和“毒性物质、远离食品（有害）”，后征远公司使用车辆对百辰公司上述22件涂料进行了运输。2008年4月12日，运输上述货物的车辆行驶至江阴大桥收费处时，被有关执法部门查处，查处的结论是“未取得危险化学品运输企业资质，擅自从事危险化学品公路运输（没有违法所得）”，同时作出决定“罚款12 000元，并责令即日改正”。后征远公司交纳了该12 000元罚款。货物运至大连市，征远公司将上述22件涂料放置于其在大连市的分公司处，拒不交付给百辰公司的客户张文彬，后百辰公司另行生产了上述涂料交付给张文彬。百辰公司诉至法院，要求征远公司返还货物、赔偿损失。

百辰公司委托征远公司运输的涂料外包装纸箱上作出的危险物标志非常醒目，并不存在合同第3条约定的在“包裹内夹带易燃、易爆、危险等禁运物品”的情况，征远公司作为承运方，在接受运输时对上述载明的危险物标志从外观上就应明知，而征远公司却在明知的情况下，使用未取得危险化学品运输企业资质的车辆，擅自从事危险化学品公路运输，导致被有关执法部门查处，应由其自行承担相应的责任。百辰公司对罚款的产生不存在任何过错责任，征远公司的行为构成违约，其应当承担向百辰公司返还上述所运货物的民事责任。

第十一条　托运方责任

1. 甲方未按合同规定期限向乙方支付运输费用，应向乙方按同期银行贷款利率支付运费利息损失。

---

① 案例来源：上海市第二中级人民法院民事判决书〔2008〕沪二中民四（商）终字第635号，有修改。

2. 甲方违反本合同第九条第四款的规定，甲方应按同期银行贷款利率向乙方支付风险抵押金的利息损失。

第十二条　承运方责任

1. 乙方如违反合同第六条规定，应按每车总运价的10%向甲方支付违约金。

2. 乙方如将货物运错地点或交错收货人，应无偿将货物运到合同约定的目的地或应交收货人。如果货物逾期未到达，乙方除应向甲方按这批货物运费的10%支付违约金外，并应承担由此给甲方造成的相应经济损失。

3. 乙方在运输过程中导致货物污染、受潮、包装损坏、货物短少、变质、货物非自然损伤以及货物灭失的，乙方除100%赔偿甲方的实际损失外，还应承担运输货物价格10%的违约金。

4. 乙方在承运过程中，出现交通事故或者其他工伤等事故，由此引起的损失及相应的赔偿责任，均由乙方独立承担，与甲方一概无涉。

5. 乙方在承运过程中，未按甲方托运单要求的期限送达货物，导致收货方索赔或引起其他损失的，乙方应赔偿甲方的实际损失，并承担运输货物价值10%的违约金。

6. 以上事项，若由于不可抗力而发生，可减轻或免除乙方的责任。

● **律师批注**

【条款目的】

以上条款约定了合同双方的违约责任。

【风险提示】

货物合同作为双务合同，托运人和承运人都是既享有权利又承担义务，且一方的权利是另一方的义务。《合同法》及《汽车货物运输规则》详尽地规定了托运人和承运人的权利和义务。另外，收货人虽然不是货运合同的当事人，但依照法律规定和货运合同约定，收货人也享有一定的权利、负有相应的义务。应特别提醒的是承运人的留置权，《合同法》第315条规定，托运人或者收货人不支付运费、保管费以及其他运输费用的，承运人对相应的运输货物享有留置权，但当事人另有约定的除外。若托运人、收货人不按合同约定的期限履行其支付运费、保管费以及其他运输费用的义务，承运人就取得了对其占有的托运货物的留置权。但承运人作为留置权人，也应当妥善保管留置货物，不得擅自使用、出租、处分留置物，如果在留置期间，托运人或收货人应另行提供担保，此时，尽管承运人的债权并未消灭，但由于留置权的消灭，承运人应立即返还留置的运送物给托运人或收货人，以维护托运人或收货人在其他交易中的利益。

【相关案例】①

原告上海祥乐田村电化工业有限公司与被告上海同泰货运有限公司之间有长期的运输业务往来，双方约定，由原告委托被告承运货物，运输费用按月结算，每月25日由被告交付原告运输回单后，原告支付运费。2003年10月21日，原告委托被告承运两车化工产品至江苏省苏州市。被告接受委托装运货物后，先以车辆故障为由拖延运输，后又擅自将货物运至一家由被告控制的仓库内。因原告欠被告运费和代垫费久拖不付，被告向原告催款遭拒绝，被告决定暂时中断与原告的业务往来，并通知原告及时支付所欠的费用，否则将拍卖该批货物，以抵扣由此产生的仓储费用。2003年10月22日，被告向原告发出传真，要求原告以现金的方式将运费和代垫费支付被告，被告凭银行回执将货物放行。同日，原告向被告付款，并出具函件，主要内容是：原告于2003年10月20日委托被告承运两车货物至原告客户处，但被告却以运费和代垫费未付为由扣押了原告货物，虽经原告多次催促仍坚持原告必须支付65 376元以后方可提货，现原告交付被告共计65 376元。原、被告均在该函上加盖了公章。原告支付所有费用后，于2003年10月23日提出被扣货物。由于储存该批货物的仓库不符合储存条件，导致货物内在质量受损。另因延迟交货两天，致原告两家重要客户发出投诉信，终止了与原告的合作关系，给原告的商业信誉造成了极大损害。原告诉至法院请求被告赔偿损失。

运输合同中，承运人应当在约定期间或者合理期间内将货物安全运输到约定的地点。托运人或者收货人应当支付运输费用。本案中，原、被告之间属滚动结算的运输合同关系。依照原、被告之间的口头约定，原告应按月向被告结清运费和代垫费。原告向被告支付的65 376元中包括未收回单部分的运费，其中包括2003年9月之前原告应当结清的运输费用。因原告未按时支付应当结清的运费和代垫费，原告违约，故被告对相应的运输货物依法享有留置权。原告结清运费后，被告应当继续履行合同，及时完成运输，但被告拒绝继续履行，强制性要求解除合同，故被告应赔偿原告损失。

第十三条　其他

1. 本合同未尽事宜，由双方共同协商签订补充协议，补充协议及本合同附件与本合同具有同等法律效力。

① 案例来源：上海市普陀区人民法院民事判决书〔2005〕普民二（商）初字第207号，略有修改。

2. 本合同若发生争议，双方应友好协商解决；协商不成发生诉讼的，由被告所在地人民法院管辖。

3. 合同一式两份，甲乙双方各持一份。

4. 合同经双方签字或盖章后生效，有效期一年。

托运方：　　　　　　　　　　　　承运方：
授权代表：　　　　　　　　　　　授权代表：
签字/盖章：　　　　　　　　　　　签字/盖章：
签约时间：　　年　月　日　　　　签约时间：　　年　月　日

附：公路货物包装转运合同单

年　　月　　日

公路货运包装转运合同单

<table>
<tr><td>货主单位</td><td colspan="2"></td><td colspan="2">装货地点</td><td></td><td colspan="2">装货时间</td><td colspan="2"></td></tr>
<tr><td>货物名称</td><td colspan="2"></td><td colspan="2">件数</td><td></td><td colspan="2">重量（公斤）</td><td colspan="2"></td></tr>
<tr><td>包装转运费</td><td colspan="2"></td><td colspan="2"></td><td>包装材料费</td><td colspan="2"></td><td colspan="2"></td></tr>
<tr><td>承运日期</td><td colspan="2"></td><td colspan="2">运到期限</td><td></td><td colspan="2">货物保价</td><td colspan="2"></td></tr>
<tr><td rowspan="2">收费项目</td><td>单位</td><td>规格</td><td>数量</td><td>金额</td><td rowspan="2">材料名称</td><td>单位</td><td>数量</td><td>单价</td><td>金额</td></tr>
<tr><td></td><td></td><td></td><td></td><td></td><td></td><td></td><td></td></tr>
<tr><td>小计</td><td colspan="2"></td><td colspan="2"></td><td>小计</td><td colspan="2"></td><td colspan="2"></td></tr>
<tr><td colspan="10">合计金额（大写）万____千____百____拾____元____角____分
¥________________________</td></tr>
<tr><td>附件</td><td colspan="2"></td><td colspan="2">备注</td><td></td><td colspan="2"></td><td colspan="2"></td></tr>
</table>

发货地：　　　　　　　　　　　　到达地：
发货人：　　　　　　　　　　　　收货人：
出纳：　　　　　　复核：　　　　　　制表：

（注：此合同单一式四份：一、存根，二、交款凭证，三、收据，四、结算凭证或回单。）

● **律师批注**

【风险提示】

公路货物运转合同单是一种简单的公路货物运输合同形式，运转合同单是托运人与承运人之间权利义务关系的证明。相比较而言，公路货物运转合同单没有公路货物运输合同约定的条款全面、规范，但实践中也较为常见，主要情形有：零担运输或托运方与承运方签署年度公路货物运输主合同，以此公路货物运转合同单作为单次运输提货、结算的依据。根据《合同法》、《汽车货物运输规则》，托运合同单据必要记载事项应当包含合同条款的主要内容，详细规定见《汽车货物运输规则》第26条。此处不再详尽描述。尽管公路货物运转合同单较为简单，但建议托运人仍然应当办理保险、保价等必要事项，最大限度上维护货物安全。

第五章 水路货物运输合同

水路运输又称为船舶运输，是利用船舶等浮运工具，在江、河、湖泊、水库、人工水道和海上运送旅客和货物的一种运输方式，包括远洋运输、沿海运输和内河运输。本章提及的运输仅指货物运输，所提及的水路货物运输主要指沿海运输和内河运输，海上货物运输见第五章研究分析。

水路货物运输合同是指承运人收取运输费用，负责将托运人托运的货物经水路由一港（站、点）运至另一港（站、点）的合同。根据该协议，水路承运人应当按照托运人的要求，将货物按期、完好地运至目的港，交付指定的收货人，托运人或收货人支付运费。水路货物运输在能源、大宗原材料等物资及集装箱运输中有着十分重要的作用。

水路货物运输根据船舶营运形式不同，可以分为定期船运输、不定期船运输和包船运输。本章以包船运输为例，详细讲解水路货物运输合同条款。

水路货物运输合同

托运方（甲方）：	**承运方（乙方）：**
地　址：	**地　址：**
法定代表人：	**法定代表人：**
电　话：	**电　话：**

● **律师批注**

【条款目的】

以上内容规定了水路货物运输合同的主体。

【风险提示】

水路货物运输合同的主体主要包括承运人和托运人。承运人是指本人或者委托他人以本人的名义与托运人签订运输合同的人，这里的“本人”通常指船东代表，“他人”即为持有《水路运输服务许可证》的、具有船舶代理经营资格的人，按《水路货物运输规则》提供的格式，由托运人和船东代表（船长）签字或盖印即可。托运人一般是指本人或者委托他人以本人的名义或者委托他人为本人与承运人订立水路货物运输合同的人。律师提请注意，托运人在寻找承运人托运货物时，应当注意审查承运人的承运资质。

在实践中，对于没有水运许可证的单位和个人以承运人身份订立的运输合同是否有效的问题，在法律界一直存在着不同意见，为了统一司法标准，最高人民法院《涉外商事海事审判实务问题解答(一)》第130条认为，不具有水路运输许可证的单位和个人以承运人或者出租人身份签订的运输合同，应认定为无效合同。

【相关案例】①

2001年8月16日，友联公司与均明公司签订了一份《运输协议》，约定由友联公司提供船舶承运开平涤纶公司的货物运往浙江，均明公司在船到港并受载时即支付该航次40%运费，余款在该航次船舶卸货后5天内付清。《运输协议》签订后，友联公司依约履行了合同。均明公司在货物到港后查到友联公司并无水运资格，因此只支付部分费用后便拒绝履行付款义务，友联公司经多次协商无果，诉至法院。

水路货物运输许可证是国家对特殊行业从业资格的要求，是订立运输合同主体适格与否的先决条件，没有水路货物运输许可证不能从事水路货物运输。友联公司没有水路货物运输许可证，其从事水路货物运输违反法律和行政法规的强制性规定，所签的运输合同无效。

虽然合同无效，对合同双方当事人不具有法律约束力，但因友联公司已履行了合同，为均明公司运输了货物，均明公司因此获得的财产利益应予返还。均明公司获得的财产利益表现为双方约定的运费，故均明公司仍应为友联公司已经完成的运输支付运费。

甲乙双方经充分协商，就甲方委托乙方承运甲方货物事项，达成如下协议：

第一条　运输货物

货物名称：________，件数：________，重量：________，体积：________。

包装方法：________________。

● 律师批注

【条款目的】

本条规定了水路货物运输合同的对象：运输货物。

【风险提示】

水路货物运输合同的对象为运输货物。水路货物运输按照货物性质分

① 案例来源：中顾法律网 http://news.9ask.cn/dydb/dbal/201101/1038599.shtml，案情略有删减。

为散货运输和杂货运输,散货运输是指无包装的大宗货物,如石油、煤炭、矿砂等的运输;杂货运输是指批量小、件数多或较零星的货物运输。针对不同的货物,应当采取合适的包装方法。需要具备运输包装的货物,托运人应当保证货物的包装符合国家规定的包装标准;没有包装标准的,货物的包装应当保证运输安全和货物质量。需要随附备用包装的货物,托运人应当提供足够数量的备用包装,交承运人随货免费运输。托运人应当在货物的外包装或表面正确制作识别标志,根据货物的性质和安全储运要求,按照国家规定,应在货物外包装或表面制作储运指示标志。若是托运危险货物,托运人应当按照有关危险货物运输的规定,妥善包装,制作危险品标志和标签,并将其正式名称和危险性质以及必要时应当采取的防范措施,书面通知承运人。

【相关案例】①

2002年9月12日,原告(福州市福峡茶厂)与被告(福州港务管理局马尾港务公司)签订了经上海中转至青岛运输1.2万公斤茉莉花茶的水路运输运单式合同,收货人是青岛市茶叶集团公司。该批茶叶分装于第三人所有的5个国产集装箱,由原告自行检查箱体并装箱施封。被告代中国人民保险公司福州支公司与原告办理了货物运输保险,未足额保险。被告接受承运的货物后,原计划9月15日装船,但由于台风影响,延滞于9月27日才得以起运。后货物运到青岛港,次日卸箱。收货人青岛市茶叶集团公司将集装箱提走运至公司仓库。在此过程中,5个集装箱仍然箱体完好,铅封完整。茶叶公司收货后,开箱时发现,5个集装箱底部均有不同程度的水湿,茶叶受潮霉变,于是电告原告,表示拒收货物,并为了防止损失扩大,将茶叶全部卸箱,将5个集装箱放回青岛港区。原告接电后,在电告保险公司的同时,亦与被告交涉,要求被告派人去青岛。原告因保险赔款不足以弥补损失,诉至法院,请求被告赔偿损失。

本案诉至法院后,法院追加了第三人集装箱所属单位。根据分析,由于本案中茶叶水湿事实已经超出了托运人承担"装箱施封"责任的范围,第三人将水密性能不符合要求的集装箱投放使用,造成货物湿损,应当承担赔偿责任。同时被告对于第三人投放的集装箱疏于验收,经交托运人检箱装载茶叶,在台风暴雨袭击的情况下,又未采取相应的防护措施,故应对本案货损承担保管不善的责任。最终,本案在法院的主持下,自愿达成了调解协议,由被告和第三人各自补偿了原告货物损失。

① 案例来源:最高人民法院中国应用法学研究所编:《人民法院案例选》(海事、交通运输卷),中国法制出版社2000年版,第288—291页。

第二条 运输方法

乙方调派________吨位船舶一艘(船舶____有/无____吊货设备),应甲方要求由________港运至________港,按现行包船运输规定办理。

● **律师批注**

【条款目的】

本条规定了水路货物运输合同的方法。

【风险提示】

水路货物运输合同承运人的一个基本义务即为提供适航船舶。承运人应当使船舶处于适航状态,妥善配备船员、装备船舶和配备供应品,并使干货舱、冷藏舱、冷气舱和其他载货处所适于并能安全收受、载运和保管货物。

第三条 货物集中

甲方应按乙方指定时间,将所承运货物于________天内集中于________港,货物集齐后,乙方应在________天内派船装运。

● **律师批注**

【条款目的】

该条是对托运人交货义务的约定。

【风险提示】

为了保证承运人能够及时、快速地装货,当事人可以在合同中约定托运人在一定期限内把货物堆积于指定的港口。当事人应当注意合同中载明交货的期限和地点,以免事后就此发生纠纷。

第四条 装船时间

甲方联系到达港同意安排卸货后,经乙方落实并准备接送集货(开集日期由乙方指定)。装货作业时间,自船舶抵港已靠好码头时起,于________小时内装完货物。

● **律师批注**

【条款目的】

该条是对承运人装船义务的约定。

【风险提示】

承运人应当按照运输合同的约定接受货物。承运人应当妥善地装载、搬移、积载、运输、保管、照料所运货物。若货物是在舱面装载的，应当同托运人达成协议，或者符合航运管理，或者符合有关法律、行政法规的规定。承运人与托运人约定将货物配装在舱面上的，应当在运单上注明“舱面货物”，承运人违反规定将货物装载在舱面上，造成货物损坏、灭失的，应当承担赔偿责任。

【相关案例】①

2002 年 6 月 10 日，崇明县农业机械供应公司（以下称“供应公司”）采购得门窗玻璃 20 箱，在办理完码头装卸手续后，与“沪崇沿农机 25”船主联系托运。供应公司告知船方货物的重量为 30 吨，船方亦言明本船载重吨位为 30 吨。双方达成协议，由船方承运供应公司的 20 箱玻璃，自玻璃公司码头至崇明县堡镇物资站码头。同月 12 日，船方船只抵玻璃公司码头装货，装载作业由玻璃公司负责。当舱内装完 9 箱玻璃后，船员盖上了舱盖，余下的 11 箱玻璃就堆放在舱面上，装载作业过程中，当装到第 18 箱玻璃时，船方曾感觉到船舶吃水线已到，但仍继续装货。当装载结束，船员欲对货物捆扎时，一艘拖船从该码头外侧通过，江面一时出现阵浪，船只受风浪影响，船舶向里档侧倾，致使该船舱面上的 11 箱玻璃全部倾入江中。后虽经打捞，但落江的玻璃已破碎无使用价值。事后，经调查，玻璃实际总重量为 31 吨。供应公司诉至法院，请求赔偿。

该起货物损失事故是由于船舶配载不当及船舶超载所造成的，其中船舶配载不当是主要原因。船只属不适航船舶，船方的过失严重，应当承担主要责任。供应公司对货物重量确定不准确，是引起船舶超载的次要原因，因而，对此也存在过失，应当承担次要责任，最终，法院判决船方承担 80% 的责任，供应公司承担 20% 的责任。

从本案可以看出，承运人配载适航船舶、合理搬运积载货物十分重要，否则，发生事故，承运人必须对所造成的损失承担责任。

第五条 运到期限

船舶自装货完毕办好手续时起于________小时内将货物运到目的地。

● **律师批注**

【条款目的】

该条是对运输期限的约定。

① 案例来源：郑翔、张长青编著：《运输合同签订与风险控制》，人民法院出版社 2007 年版，第 245—247 页。

【风险提示】

承运人不但应将货物完好地运送到目的地，还应将货物及时地交付给收货人。当事人可以在合同中就运输的期限作出约定，运输期限不宜过于死板，应当具有一定的灵活性，因为水路、特别是海上运输最易受到自然的影响，当事人在订立合同的过程中应当格外注意。

【相关案例】①

中通货代公司接受客户委托运输一批货物从湖北运至大连，前期货物运输一切正常，等到中转港口后，承运人感觉能够赶上最快一艘货轮，所以发预报给收货人，货物将于3天后准时到达，结果由于货物清关没能赶上那艘船次，货物迟延一周后才到收货人手中。收货人直接投诉到发货方，发货方向货代公司追究责任。

本案中，应对这种风险，最好的办法就是在起初预估时间的时候将延迟的时间预估进去，也就是所说的保守估计，千万不要在时间上加上“一定”、“保证”等字眼。货物提前到了客户会觉得你时效高，但是延后了就是不稳定的表现了。对待物流风险中的不可抗力、货物短缺、遗失这类风险的防范，最好在货物承运前建议发货人购买相应的保险，并且货代公司自己也需要向保险公司投保相关的保险，在双重保障的情况下，尽可能将发货人和自身的风险降到最低。

第六条　起航联系

乙方在船舶装货完毕起航后，即发报通知甲方做好卸货准备，如需领航时亦通知甲方按时派引航员领航，费用由________方承担。

第七条　卸船时间

甲方保证乙方船舶抵达目的港锚地，自下锚时起于________小时内将货卸完。否则甲方按超过时间向乙方交付滞期金每吨时________元。

● **律师批注**

【条款目的】

以上条款是对托运人卸货义务的约定。

【风险提示】

由于船到达港口后，托运人卸货需要一定的时间，为了保证承运人能够及时履行与他方订立的运输合同，当事人可以在合同中约定卸货的期限和超

① 案例来源：本案例由笔者根据实践中接触的案例改编而成。

过期限的滞期费用。而且在装卸货过程中，因天气影响装卸作业的时间，当事人可以约定对该实际影响时间予以扣除。

【相关案例】①

2009年1月9日，船务公司与粮油公司签订了《沿海运输协议》。协议约定：由船务公司派遣“广水”轮装运8 000吨玉米从秦皇岛港运往广州港，协议还规定了装卸时间及其计算方法，但未约定卸货期限和超过卸货期限的滞期费用。1月11日，“广水”轮开始装货。1月15日，装货完毕。1月19日，“广水”轮抵达广州港，1月22日开始卸货。卸货过程中，该轮第四舱的油压起货机动力油泵发生故障，双方因对装卸时间计算不同，对滞期费的问题各持己见，协商无果，船务公司向广州海事法院提起诉讼。

本案中，因起货机故障引起船舶滞期，船务公司请求滞期费是合理的。起货机故障影响装卸效率，由于双方在合同中未约定具体的卸货滞期标准，应根据国内港航部门通常采用的“坏机时间均摊全船各货舱”的算法解决纠纷。

第八条　运输质量

乙方装船时，甲方应派员监装，指导工人按章操作，装完船封好舱，甲方可派押运员（免费一人）随船押运。乙方保证原装原运，除因船舶安全条件所发生的损失外，对于运送货物的数量和质量均由甲方自行负责。

● **律师批注**

【条款目的】

本条是当事人为确保运输质量所作出的约定。

【风险提示】

为了保证货物的运输质量，货物的装载和运输可以由托运人派人监督，承运人只保证原装原运，除因船舶安全条件所发生的损失外，运送货物的数量和质量由托运人自行负责。

【相关案例】②

奇乐饮料公司委托中海集装箱公司运输24个集装箱货物到沈阳，货物于2009年12月22日装箱，由中海集装箱公司所属的“向沪”轮承运，28日，货物运抵沈阳，中海集装箱公司在向收货人交付货物时，发现包装完好，但是货物部分存在冻损，收货人在送货联系单上作出了“饮料冻坏5 000件，24个集装箱收到”的批注。奇乐公司收到该消息后，不愿支付运费，并要求中海公

① 案例来源：本案例由笔者根据实践中接触的案例改编而成。

② 案例来源：同上。

司赔偿货物损失，双方发生纠纷。

根据《国内水路集装箱货物运输规则》第13条第1款的规定，由于承运人的责任造成箱体损坏、封志破坏、箱内货物损坏的，承运人应负赔偿责任，另有规定者除外。本案中，承运人中海集装箱公司在奇乐公司的仓库接受整箱货物。本案运单载明由发货人装箱封箱及计数，即由托运人原告负责装箱。本案货物在运抵目的地沈阳后，交货时箱体、封志完好，因此，本案中货损应由承运人负责的主张不能成立。

第九条　双方权利义务

1. 甲方的基本义务为：

（1）办理相关运输手续；

（2）按照合同约定提供货物；

（3）妥善包装货物；

（4）支付运费和其他费用；

（5）必要时，提供押运人员；

（6）托运特殊货物时，应承担相应的特殊义务，具体根据实际情形由双方在托运单中详细列举。

2. 乙方的基本义务

（1）提供适航船舶；

（2）及时接受货物和妥善保管货物；

（3）乙方应当按照约定的或习惯上的或地理上的航线将货物运送到约定的到达港，但承运人为救助或企图救助人命或财产而发生的绕航或其他合理绕航除外；

（4）乙方应当在约定期间内将货物及时安全送达约定地点；

（5）因不可抗力致使不能在合同约定的到达港卸货的除另有约定外，乙方可以将货物在到达港临近的安全港口或地点卸载，应尽力保护甲方利益，把不可抗力造成的损失减至最小；

（6）通知和及时交付货物；

（7）接受甲方验舱的要求；

（8）在舱面装载货物时应当符合约定或者规定，并妥善配载货物；

（9）乙方运输特殊货物时，应承担相应的义务。

3. 乙方的基本权利：

（1）对于甲方没有按规定妥善包装的货物和违反规定托运的危险品，承运人可以拒绝运输；

（2）当甲方托运危险品时，若甲方未按照规定通知乙方或通知有误，乙方有权采取适当措施处理危险品；

（3）收取运输费用；

（4）行驶留置权；

（5）其他权利。

4. 甲方指定的收货方的基本义务

（1）收货人接到到货通知后，应当及时收货，不得因对货物进行检验而滞留船舶；

（2）若甲方和收货人约定在提货时支付运费、滞期费和包装整修、加固费用以及其他中途垫款的，收货人应当于办理提货手续时付清有关费用；

（3）收货人提取货物时，应当验收货物，并签发收据，发现货物损坏、灭失的，交接双方应当编制货运记录；

（4）其他义务。

● 律师批注

【条款目的】

以上条款约定了合同当事人的权利和义务。

【风险提示】

水路货物运输合同当事人的权利和义务是该合同的主要条款，托运方和托运方指定的收货人应负义务对应承运方所享权利，承运方应负义务对应托运方和托运方指定的收货人所享权利。合同当事人应当注意履行各自的权利、承担相应的义务，否则，可能因未履行或未完全履行义务需要承担相应的法律责任。

【相关案例】①

2004年12月28日，上诉人（原审被告、上海威鸿物流有限公司）委托被上诉人（原审原告、上海康芸物流发展有限公司）承运船名为“HANJINBRUSSELS/0022W、HANJINPRAHA/0024W”、提单号为“SNLLSH400456、SNLLSH400457”项下的7个集装箱货物，并承诺承担货物到港后产生的滞箱费等。被上诉人完成运输任务，将货物运到上诉人指定地点。2005年4月5日，上诉人确认欠被上诉人288 430元未付，后上诉人向被上诉人支付部分运费，尚欠153 374.55元。故被上诉人诉至原审法院，请求判令上诉人支付运费。

① 案例来源：上海市第二中级人民法院民事判决书〔2008〕沪二中民四（商）终字第127号，略有删减。

原审法院认为:上诉人、被上诉人之间的货运合同关系成立。被上诉人按约完成运输任务,上诉人理应及时支付运费。上诉人称被上诉人同意从运费中扣除诉讼费等相关费用的损失,未提供证据,不能成立。

第十条 运输费用

按________运价率以船舶载重吨位计货物运费________元,空驶费按运费的________%计________元,全船运费为________元,一次计收。

港口装船费用,按________港口收费规则有关费率计收。卸船等费用,由甲方直接于到达港办理。

● **律师批注**

【条款目的】

以上条款是对运输费用以及港口费用的约定。

【风险提示】

当事人应当在合同中对运费的计算方式予以约定,而且当事人还应当约定货物没有装船的情况如何计算运费,特别是在托运人没有按时交货导致承运人空船而归并延误其他事务的情况下如何对承运人进行补偿。当事人在合同中还应当约定港口的装船和卸船的费用由谁负担。由于货物的装船和卸船需要占用港口,为此需要付出价格不菲的港口费用,对此当事人应当在合同中作出约定,以免影响正常的装船和卸船活动。

【相关案例】①

2010年5月,刘某委托骏马货运公司将一批货物由石家庄运往山东省威海港。5月12日,骏马物流公司与刘某签订了书面运输合同,由货运公司所有的两辆货车承运。6月3日,货运公司罗某将货物运抵威海市华夏工业园,电话通知刘某,刘某告知,只需要将货物运抵威海港即可,而合同约定的目的地为威海,货物因未能及时到达威海港而未能装船。双方在运费问题上发生争执。罗某遂将货物从威海运回,至今未将货物交付原告。刘某遂将货运公司起诉到法院。

本案涉及合同条款的解释,也即对"交付地(目的地)"的解释。结合本案的履行情况,双方都存在过错。双方发生运费纠纷不能就目的地达成一致意见,应当协商解决,本案中,纠纷的起因在于双方对货物未能装船情况下费用计算的内容约定不够详细,如果能预想到可能发生的情况,并在协议中作

① 案例来源:中国法院网 http://www.chinacourt.org/index.shtml,案情略有删减。

出约定，可以避免此类问题发生。

第十一条　费用结算

本合同经双方签章后，甲方应先付给乙方预付运输费用________元。乙方在船舶卸完后，以运输合同凭据与甲方一次结算，多退少补。

第十二条　甲方违约责任

1. 甲方未按时集中货物，造成乙方船舶不能按时起航，每延误一小时应向乙方偿付违约金________元。

2. 甲方未能按时装货和卸货，每延迟一小时应向乙方偿付违约金________元。

3. 甲方未按时付清运输费用，每逾期一天，应向乙方偿付未付部分运输费用________%的违约金。

4. 甲方如不履行合同或擅自变更合同，应偿付乙方________元违约金。

第十三条　乙方违约责任

1. 乙方未按期将货物运达目的港码头，每逾期一天，应偿付甲方违约金________元。

2. 乙方船舶起航后未电报通知甲方准备卸船时间，所造成损失由乙方负责。

3. 乙方不履行合同或擅自变更合同，应偿付甲方________元违约金，并退还甲方的预付款。

● 律师批注

【条款目的】

以上条款是对托运人和承运人的违约责任的约定。

【风险提示】

违约责任对应合同权利义务的约定，在运输中，时间就是金钱，当事人应当在合同约定的时间内履行各自的义务，例如装货、卸货等，否则就会给对方当事人造成损失。通过对当事人违约责任的具体细化，能够促使当事人充分及时地履行合同，保证合同目的的实现。

【相关案例】①

2005年5月6日，锦程公司作为合同承运人与苏东公司签订内贸集装箱

① 案例来源：武汉海事法院民事判决书〔2007〕武海法商字第45号，略有修改。

货运委托书，约定锦程公司将苏东公司19吨耐火材料由南通港运至重庆港。锦程公司接受货物后，与原告金龙公司签订内贸集装箱货运委托书，约定货物托运人为锦程公司，受托人为金龙公司，收货人为殷凤祥，起运港南通，目的港重庆。金龙公司接受运输委托后又将该批货物交给被告民生南通公司（为被告民生公司分支机构）运输，民生南通公司于同年5月9日签发了水路货物运输单。运单载明起运港南通，目的港重庆，托运人金龙公司，承运人民生南通公司，实际承运人民生公司，收货人殷凤祥。该批货物由民生公司船舶运抵重庆港后，民生公司未向运单载明的收货人殷凤祥交付货物，而交给了第三人鑫锭公司，且涉案货物已由鑫锭公司投产使用。其后，锦程公司赔偿苏东公司损失78 540.80元，金龙公司赔偿锦程公司78 540.80元。此后，原告金龙公司诉至法院，要求被告民生公司承担违约责任，赔偿损失。

在本水路货物运输合同纠纷中，金龙公司为货物托运人，民生南通公司为承运人，民生公司为实际承运人，因民生南通公司为民生公司下设不具备法人资格的分支机构，其揽货和安排船舶运输应属民生公司对外的经营行为。据此，应认定金龙公司与民生公司事实上成立了以运单为证明的水路货物运输合同。该运输合同系双方真实意思表示，不违反法律强制性规定，为有效合同。被告民生公司作为货物承运人，有将货物安全运抵目的港交付给运单载明收货人的合同义务，其将承运的货物交给第三人鑫锭公司，致使运单收货人未提到货，应向原告金龙公司承担违约责任。因涉案货物已被第三人鑫锭公司投产使用，无法返还，据此，被告民生公司应承担因货物错交而给原告金龙公司造成的经济损失。

第十四条　不可抗力

1. 在装、卸货物过程中，因气候影响装、卸作业时间，经甲乙双方签证，可按实际时间扣除。

2. 因________级以上风暴影响，不能按期履行合同，双方均不负违约责任。

第十五条　争议解决

本合同执行中如发生争议，先由双方协商解决，协商不能解决，双方可按下列第________项解决：

1. 申请________仲裁机关裁决；

2. 向有管辖权的人民法院起诉。

第十六条　附则

本合同一份________份，甲乙双方各执正本一份，副本________份。

甲方(盖章): 乙方(盖章):

法定代表人(签字): 法定代表人(签字):

签订日期: 签订日期:

附:水路货物运单①

本运单经承托双方签订后,具有合同效力,承运人与托运人、收货人之间的权利、义务关系和责任界限均按《水路货物运输规则》及运杂费用的有关规定办理。

货物于________月________日,集中于____________________

交接清单号码____________ 运单号码____________

<table>
<tr><td colspan="3">船名:
航次:</td><td colspan="2">起运港</td><td colspan="2"></td><td colspan="2">到达港</td><td colspan="3"></td><td colspan="2">到达日期</td><td>收货人</td></tr>
<tr><td rowspan="3">托运人</td><td colspan="2">全称</td><td colspan="2"></td><td rowspan="3">收货人</td><td colspan="2">全称</td><td colspan="4"></td><td colspan="2" rowspan="3">承运人
(盖章)</td><td rowspan="3">收货人
(盖章)</td></tr>
<tr><td colspan="2">地址电话</td><td colspan="2"></td><td colspan="2">地址电话</td><td colspan="4"></td></tr>
<tr><td colspan="2">银行账号</td><td colspan="2"></td><td colspan="2">银行账号</td><td colspan="4"></td></tr>
<tr><td rowspan="3">发货符号</td><td rowspan="3">货名</td><td rowspan="3">件数</td><td rowspan="3">包装</td><td rowspan="3">价值</td><td colspan="2" rowspan="2">托运人确定</td><td colspan="2" rowspan="2">计费重量</td><td rowspan="2">等级</td><td rowspan="2">费率</td><td rowspan="2">金额</td><td colspan="3">应收费用</td></tr>
<tr><td>项目</td><td>费率</td><td>金额</td></tr>
<tr><td>重量
吨</td><td>体积
m^3</td><td>重量
吨</td><td>体积
m^3</td><td></td><td></td><td></td><td></td><td></td><td></td></tr>
<tr><td></td><td colspan="2"></td><td colspan="2"></td><td colspan="2"></td><td colspan="2"></td><td colspan="3"></td><td>运费</td><td></td><td></td></tr>
<tr><td></td><td colspan="2"></td><td colspan="2"></td><td colspan="2"></td><td colspan="2"></td><td colspan="3"></td><td>装船费</td><td></td><td></td></tr>
<tr><td></td><td colspan="2"></td><td colspan="2"></td><td colspan="2"></td><td colspan="2"></td><td colspan="3"></td><td></td><td></td><td></td></tr>
<tr><td></td><td colspan="2"></td><td colspan="2"></td><td colspan="2"></td><td colspan="2"></td><td colspan="3"></td><td></td><td></td><td></td></tr>
<tr><td colspan="5">合计</td><td colspan="7"></td><td></td><td></td><td></td></tr>
<tr><td colspan="5">运到期限(或约定)</td><td colspan="7">托运人
(盖章) 年 月 日</td><td>总计</td><td></td><td></td></tr>
<tr><td colspan="5" rowspan="2">特约事项</td><td colspan="7" rowspan="2">承运日期: 年 月 日
起运港承运人(章)</td><td>核算员</td><td></td><td></td></tr>
<tr><td>复核员</td><td></td><td></td></tr>
</table>

说明:

1. 此货物运单主要适用于江、海干线和跨省运输的水路货物运输。

① 该运输单来自工商局网站,编号为 GF-91-04-06。

2. 水路货物运单、货票一式六份。顺序如下:

第一份:货票(起运港存查联)。

第二份:货票(解缴联)起运港→航运企业。

第三份:货票(货运人收据联)起运港→托运人。

第四份:货票(船舶存查联)起运港→船舶。

第五份:货票(收货人存查联)起运港→船舶→到达港→收货人。

第六份:货物运单(提货凭证)起运港→船舶→到达港→收货人→到达港存。

3. 除另有规定者外,属于港航分管的水路运输企业,由航运企业自行与托运人签订货物运输合同的,均使用航运企业抬头的水路货物运单。

4. 货物运单联需用厚纸印刷,货票各联用薄纸印刷,印刷墨色应有区别:解缴联为红色,收据联为绿色,其他各联为黑色。

5. 要印控制号码或固定号码。

6. 到达港收费,另开收据。

7. 规格:长 19 cm,宽 27 cm。

● 律师批注

【风险提示】

运输单证是运输合同的证明,是承运人已经接收货物的收据。根据《国内水路货物运输规则》第 59 条,运单内容一般包括:承运人、托运人和收货人名称;货物名称、件数、重量、体积(长、宽、高);运输费用及其结算方式;船名、航次;起运港、中转港和到达港;货物交接的地点和时间;装船日期;运到期限;包装方式;识别标志以及相关事项。合同当事人在填写运输单证的时候应谨慎、正确填写。

第六章 海上货物运输合同

海上货物运输是利用货船在国内外港口之间通过一定的航线和航区进行货物运输的一种方式。《中华人民共和国海商法》(以下简称《海商法》)第41条规定:"海上货物运输合同,是指承运方收取运费,负责将托运人托运的货物经海路由一港运至另一港的合同。"通常情况下所说的海上货物运输,是指将货物从一国港口运到另一国港口,适用的法律规范主要为《海商法》和《合同法》以及相关国际公约、惯例等法律规范。这也是海上货物运输与水路货物运输主要不同的地方,故单列一章专门分析海上货物运输合同条款。

根据合同形式不同,海上货物运输合同通常分为班轮运输合同和租船运输合同。班轮运输是指按照固定的船期表、固定的港口挂靠顺序有规律进行的运输;通常以提单作为口头或书面订立的运输合同的证据。租船运输,是指没有固定的时间和航线,按出租人与承租人专门商定的条件进行的运输;租船运输中双方缔结的是租船运输合同。常见的租船合同包括航次租船、定期租船和光船租船三种形式。我国《海商法》第四章"海上货物运输合同"中只包括了航次租船合同,将定期租船合同和光船租船合同一起规定在第六章"船舶租用合同"中。本章将以航次租船合同为例,详细讲解航次租船货物运输合同条款。

订立航次租船合同,一般是为了运输大宗货物,或者是因为班轮航线无法满足货物运输的需要。承租人也可能是为了转租。在航次租船合同中,运费按所承运的货物数量计算,与航程所用的时间无关,出租人承担了时间风险,因而希望尽早完成约定的航程,以便投入下一航次,赚取更多的运费。为此,出租人在运输过程中将尽力速遣,而无须在航次租船合同中规定出租人的速遣义务。但是,由于在航次租船合同中,货物的装卸作业由承租人负责,出租人无法控制货物的装卸所耗费的时间。为了促使承租人尽速完成装卸作业,航次租船合同无一例外订有装卸时间及滞期费条款。承租人如果未在装卸时间内完成装卸,须向出租人支付约定的滞期费,以补偿出租人的损失。

航次租船合同

甲方(出租方):
地址: 传真: 电话:
乙方(承租方):
地址: 传真: 电话:

● **律师批注**

【条款目的】

以上内容是对航次租船合同主体的规定。

【风险提示】

航次租船合同的主体包括承运人(通常称为船方)和托运人(通常称为货方)。航次租船合同中的出租人只承运与其签订了租船合同的承租人所提供的货物,有关船期和航线的安排均由双方当事人约定。另外,我国《海商法》第43条规定:"承运人或者托运人可以要求书面确认海上货物运输合同的成立。但是,航次租船合同应当书面订立。电报、电传和传真具有书面效力。"因此,航次租船合同必须采用书面形式订立,但是书面形式不仅包括普通的书面合同格式和条款,海上运输合同在订立和修改过程中,当事人以合同的要约或承诺为目的而采用的电报、电传和传真也具有书面效力。

双方协商一致,就乙方承租甲方船舶运输货物事宜,按下列条款和条件履行本合同:

第一条 承运船舶的规范

船名:____________船旗国:____________建造时间:____________

船级:____________

登记船东:____________

总吨/净吨/载重吨:____________/____________/____________吨

夏季干舷:____________米

总长/型宽:____________米/____________米

散装舱容/包装舱容:____________立方米/____________立方米

舱/舱口:____________/____________

吊杆:____________

二层甲板:____________

其他:____________

(可根据需要增加或删减项目)

● **律师批注**

【条款目的】

本条是航次租船合同中承运船舶说明条款。

【风险提示】

承租方所承租的船舶情况必须在合同中列明。船名是合同的重要条件之一,必须正确无误,在整个租赁期内,船东不得随意更换船名。船舶国籍或船旗也是合同的重要条件,在合同履行期间,船东不得擅自变更船舶国籍或变换船旗,否则即属违约。船舶建造年月加注在船名之后,便于租船人了解船舶的技术状况和老化程度。合同中写明船级,是指船舶在合同订立时的船级。船舶吨位包括注册吨位和载重吨位。注册吨位是按船舶容积折算的吨位,有注册总吨与注册净吨之分。注册吨位与港口费用、运河通行费、关税的征收等有密切关系。载重吨位又称载货能力,表示船舶的载货能力。同理,其他各项也应一一列明船舶状况,合同当事人可以根据运载的货物的需要,增加或删减船舶状况项目。

总体来说,以上船舶情况表明,船舶出租方有义务保证船舶的适航。

【法律规定】

《中华人民共和国海商法》(1993.07.01 施行)

第四十七条　承运人在船舶开航前和开航当时,应当谨慎处理,使船舶处于适航状态,妥善配备船员、装备船舶和配备供应品,并使货舱、冷藏舱、冷气舱和其他载货处所适于并能安全收受、载运和保管货物。

第二条　货物和数量:[使用√标明选择(A)或(B)]

[　](A)________________公吨________(袋装或散装)货物________________,增加或减少______%,由________________(出租人或承租人)选择;包装________________。

[　](B)________________立方米货物________________,增加或减少______%,由________________(出租人或承租人)选择;包装________________。

● **律师批注**

【条款目的】

本条是航次租船合同所承运的货物品种、数量或者体积情况。

【风险提示】

本条货物条款与本合同第1条船舶说明条款紧密相连。货物条款是航次租船合同的重要条款，其内容包括货物的品名、种类、数量以及包装形态等方面。运送不同种类和性质的货物，对船舶的结构、设备以及管理上有不同的要求，而且与船舶的经营管理和经济利益密切相关。因此，货物条款是航次租船合同中关乎船东及租船人双方切身利益的重要内容。

【相关案例】①

原告（反诉被告）宇顺公司、林某起诉称：2008 年 4 月 28 日，原告和被告（反诉原告）和顺公司双方订立《航次租船合同》，约定由原告方所属“宇顺 99”号轮为被告从北仑到惠州运送燃料油，约定受载时间为 2008 年 4 月 28 日，装货港及目的港装卸时间各为 36 小时，运费为 36 万元，逾期滞港费 20 000 元/天。原告所属“宇顺 99”号轮于同年 5 月 2 日到达惠州锚地，因被告原因致使原告卸货港用时达 183 小时 38 分钟。两原告诉至法院要求被告支付原告该航次运费 36 万元、滞期费 75 000 元。被告和顺公司答辩并反诉称：原被告双方在订立合同时，被告已告知原告目的港中海壳牌码头对承运船舶须进行无缺陷检查，否则不能靠泊卸货，原告口头承诺其“宇顺 99”号轮没有问题，以前曾靠泊过该码头，如不能靠泊由原告承担责任。2008 年 5 月 2 日，“宇顺 99”号轮到达惠州，但因该船存在严重缺陷，无法靠泊中海壳牌码头，在原告同意后，被告另租“新能达洲”号轮过驳卸载完成卸货，为此，被告请求法院判令原告承担货物过驳损失、过驳费、船舶租金等各项损失共 170 029 元。针对被告的反诉，两原告答辩称：原、被告订立的合同中并无约定靠泊中海壳牌码头，原告也未承诺过船舶靠泊不成责任由原告承担；被告未按照其与中海壳牌石油化工有限公司的合同约定，在装船日前 5 个工作日以书面形式发出拟租用船舶确认请求，导致“宇顺 99”号轮不能靠泊卸载，过错在被告；中海壳牌公司的物流部无权对“宇顺 99”号轮进行检查，“宇顺 99”号轮证书齐全，处于适航状态。

经法院审理查明，原被告订立的船舶运输合同为航次租船合同，系双方的真实意思表示，合法有效。原告提交的证据表明原告所指派运输该批货物的“宇顺 99”号轮处于适航状态，中海壳牌码头如对卸货船舶有特殊要求，被告应在订立合同时向承运人履行告知义务。被告关于“双方在订立合同时被告已明确告知原告目的港壳牌公司码头对承运船舶须进行无缺陷检查，否则不能靠泊卸货，且原告也已承诺船舶无缺陷的主张”无证据。被告在订立合同时未告知原告目的港中海壳牌码头对卸货船舶须进行无缺陷检查，否则不能靠泊卸货，其对原告所属“宇顺 99”号轮无法在惠州港中海壳牌公司码头

① 案例来源：宁波海事法院民事判决书〔2008〕甬海法商初字第 210 号，略有修改。

靠泊卸货负有过错责任，由此对原告造成的滞期费损失应予赔偿。法院支持原告主张滞期费75 000元。本院认为，原告方依约履行了航次租船合同，被告应支付相应运费。因被告过错，给原告造成的目的港滞期费损失，被告应予赔偿。被告对"宇顺99"号轮在目的港无法卸货负有过错责任，由此引起的重新租用他船过驳卸货及相关其他费用应由被告自行承担。

第三条　受载期：

______年______月______日/______年______月______日。

● **律师批注**

【条款目的】

本条规定的是航次租船合同的受载期。

【风险提示】

受载期的含义是指船舶到达港口，并做好装货准备的时间。受载期通常规定为一段时间，习惯上这段时间为5—10天。提请注意的是，受载期并不是货物装上运输工具的期限，只是规定船舶在租船合同规定的日期内到达约定的装货港，并做好装货准备的期限，货物真正装上船还需要一段时间。

【法律规定】

《中华人民共和国海商法》(1993.07.01施行)

第九十七条　规定出租人在约定的受载期限内未能提供船舶的，承租人有权解除合同。但是，出租人将船舶延误情况和船舶预期抵达装货港的日期通知承租人的，承租人应当自收到通知时起四十八小时内，将是否解除合同的决定通知出租人。

因出租人过失延误提供船舶致使承租人遭受损失的，出租人应当负赔偿责任。

第四条　装货/卸货港：[使用√标明选择(A)或(B)]

[　](A)在______________/______________的______个安全港口。

[　](B)在______________港/______________港的______个安全泊位。

● **律师批注**

【条款目的】

本条规定的是航次租船合同的装货港和卸货港。

【风险提示】

在航次租船合同中，有关装货港和卸货港的规定也是合同的重要内容。这个条款的订法一般有两种：一是具体列明装货港和卸货港名称；二是不具体列明港口名称，只规定一个大致的范围，由租船人选择。在第二种情况下，租船人选定港口后，应及时通知船东。为避免争议，合同中一般均写明租船人应何时通知船东，如："船过**海峡(港口)之前租船人应告知船东选港。"另外，选港一经确定，租船人就几乎不可能更改了。

在本条款中，经常涉及的一个问题是安全港和安全泊位问题。"安全港"在租船业务中是有其特定含义的。一般说来，只要船员在港口没有疏忽和过失，而船舶发生损毁事件，十之八九是可以诉诸不安全港的。

关于安全港的责任归属问题，一般的原则是谁对港口有最大的决定权，谁就要负责该港的安全责任。在列明装卸港口的情况下，表示船东已认可该港口为安全港口，因此船东就需要对安全港负责。在租船人选港的情况下，安全港的责任自然落在租船人的身上。但这一点也不是绝对的，只要租船人在选港时已恪尽职守，确定其所选港口可预见是安全的，即使后来该港变得不安全，租船人亦无须负责。

安全泊位责任归属的划分原则与安全港相同。一般情况下，泊位总是由租船人选择的，泊位的安全责任自然由租船人负责。

与安全港相联系的另一条款就是附近条款(Near Cluse)，其含义是，当指定的港口由于某种因素的影响有迹象变得不安全或是船舶进入该港后将会遇到各种障碍时，船东有权指令船舶驶往附近可以安全到达并能保持浮泊的港口或地点。至于变更港口所产生的货物转运费用，船东凭此条款可不予负责，将由租船人自行负担。适用"附近条款"时，必须符合下列条件：第一，船舶在无法前往指定港口的情况下，必须等候一段合理时间，如仍未改善，则可据此条款前往附近港口；第二，船东指令船舶所去的变更港口必须符合"范围原则"，即必须与原来港口处于同一系列之内。

第五条　装货/卸货率：[使用√标明选择(A)或(B)或(C)]

[　](A) 每晴天工作日________公吨/________公吨，星期日、节假日除外，除非已经使用(PWWD SHEX UU)。

[　](B) 每晴天工作日________公吨/________公吨，星期日、节假日除外，即使已经使用(PWWD SHEX EIU)。

[　](C) 在________[装货港或卸货港]按港口习惯快速装/卸货(CQD)。

第六条　装卸时间的计算方法:[使用√标明选择(A)或(B)]

[　]（A）装货时间与卸货时间分别计算。

[　]（B）装货时间与卸货时间合并计算。

● **律师批注**

【条款目的】

以上是航次租船合同的装货效率和装卸时间的规定条款。

【风险提示】

在航次租船合同下,船舶的时间损失是由船东承担的,因此船东总是期望能尽量缩短每个航次的时间,以便提高船舶的营运效率。装卸时间是整个航次时间的重要组成部分,因而涉及当事人双方的利益,需要在合同中订明。所谓装卸时间,是指合同双方当事人协议的,船东应使船舶并保证船舶适于装卸,租船人在运费之外不支付任何费用的一段时间。在合同规定的装卸时间内,船东具有使船舶等待并适于装卸货物的义务。装卸时间一般用若干日或若干小时表示,也可以用装卸率来表示。装卸时间的长短或装卸率定额的高低因货物种类,船舶舱口数、港口工作习惯和装卸效率的不同而异。双方当事人在商订装卸时间和装卸率时都应充分考虑这些因素。

【法律规定】

《中华人民共和国海商法》(1993.07.01 施行)

第九十八条　航次租船合同的装货、卸货期限及其计算办法,超过装货、卸货期限后的滞期费和提前完成装货、卸货的速遣费,由双方约定。

第七条　运费率:[使用√标明选择(A)或(B)或(C)或(D)]

[　]（A）包干运费________________,出租人不负担装卸、堆舱及平舱费。

[　]（B）每________[净重或毛重]公吨________,出租人不负担装卸、堆舱及平舱费。

[　]（C）每________[净重或毛重]公吨 ________,出租人不负担装货费,卸货费按班轮条件。

[　]（D）每________[净重或毛重]立方米________,出租人不负担装卸、堆舱及平舱费。

第八条　运费的支付:[使用√标明选择(A)或(B)或(C)]

[　]（A）运费应于装货结束后______个银行工作日内支付。

[ ] (B) 运费应于装货结束后______个银行工作日内支付，但至迟应在开舱卸货以前。

按照以上(A)或(B)已收取或应收取的运费，在货物装上船后即为出租人所赚取；不论船舶/货物灭失与否，承租人必须支付，无需返还，不得扣减。

[ ] (C) 运费应于卸货结束后______个银行工作日内支付。

● **律师批注**

【条款目的】

以上是航次租船合同的运费支付的规定条款。

【风险提示】

收取运费对船东来说是整个租船合同中最重要的内容，运费条款也是合同的条件条款之一。运费方面的规定，主要是关于运费如何计算、如何支付、支付的时间等内容。通常计算运费的方法之一是规定运费费率，即每单位货物多少美元，例如每公吨10美元(US $10 per metric ton)，用运费费率乘以货物数量就可得出运费的数额。关于运费支付的方式，本航次租船合同中规定了三种方式供选择，一般情况下运费在卸货港开舱放货前支付或运费在交货后支付。合同当事人应当注意在合适的时间采取合适的方法支付或索取运费。

【相关案例】①

原告舟山市永吉船务有限公司起诉称：2008年10月2日，原被告订立散装液体化学品水路运输航次租船合同，约定由原告用“永吉68”号轮为被告装运乙醇，从鲅鱼圈至镇江，数量为2 000吨，受载期为2008年10月7日至9日，运费为190元/吨，运费在卸货完毕收到发票后14个工作日内付清，并约定了日0.5%的逾期滞纳金。2008年10月7日，原告“永吉68”号轮到达鲅鱼圈，10月8日开始装货，并与同年10月14日运至镇江索普码头，2008年11月3日原告向被告开具了发票，并于次日邮寄给被告，但被告一直未付运费，故原告诉至法院要求被告支付运费、逾期付款滞纳金等费用。

经审理，原被告订立的散装液体化学品水路运输航次租船合同，系双方的真实意思表示，合法有效，原告已依约指派“永吉68”号轮履行了合同，被告应依约支付相应运费；原告已于2008年11月4日将该航次运费发票邮寄

① 案例来源：宁波海事法院民事判决书〔2009〕甬海法商初字第322号，略有修改。

给被告,依合同约定,被告应于收到发票14日内付清运费,但被告并未支付运费,因此被告也应支付逾期滞纳金。

第九条 滞期费/速遣费:

滞期费/速遣费为每天________/________,不足一天按比例计算,于卸货结束后________天内结算,但出租人如有留置货物的权利,不受本条规定的影响。

● **律师批注**

【条款目的】

本条规定的是航次租船合同的滞期费和速遣费如何支付。

【风险提示】

滞期费条款、速遣费条款是与装卸时间条款相联系的一项重要条款。对船东来说,每天的成本都很高,且船东一般都会提前订好下一载货,如果船按约到港,却因为货主备货等各方面的原因造成延误,不仅大大增加了船东的成本,而且还会影响船东跟下一载货货主的合作,所以要规定滞期费和速遣费。

所谓滞期费,是指非由于船东的原因,租船人未能在合同规定的装卸时间之内完成装卸作业,对因此产生的船期延误,按合同规定向船东支付的款项。滞期费是一种比较特殊的民事责任形式,船东请求滞期费不以其提供附加的或特殊的劳务为前提,也不以船东遭受实际损失为前提,而以合同中的约定为准。

与滞期费相应的就是速遣费,即在合同规定的装卸时间届满之前,租船人提前完成货物装卸作业,使船舶可以提前离港并使船东节省在港费用和获得船期利益,船东按合同规定向租船人支付一定金额作为奖励。

装、卸港口的滞期时间或速遣时间是合并计算还是分别计算,对滞期费、速遣费的数额也有重大影响。一般来说,合并计算对租船人较为有利,分别计算对船东较为有利。

【相关案例】①

2005年4月12日,申请人与被申请人通过传真方式签订了航次租船确认书,约定由申请人将"LUCKY TRADER"轮以航次租船的方式出租给被申

---

① 案例来源:航运在线网站http://news.sol.com.cn/news/20091202/113339.html,略有修改和删减。

请人,用于从越南芽庄将一批木薯干运到中国常熟。此后,由于双方对装港与卸港所产生的滞期费争议经协商未果,申请人向中国国家贸易仲裁委员会上海分会提起仲裁。该航次租船合同的有关条款如下:“……14. 如产生滞期费或速遣费,应在卸货完毕后的10个连续日内,如果双方就相关文件达成一致意见,予以结算解决,但不得不合理地扣押文件……32. 其他租约条款和条件根据1976年版的《金康合同》。”①

根据双方当事人在合同中的明确约定,本案适用中国法。仲裁庭查阅了双方当事人认可的证据材料,认为,申请人与被申请人于2005年4月12日通过传真方式签订的航次租船合同确认书是双方当事人的真实意思表示,具有法律效力,也是符合航运惯常做法的。本案争议焦点涉及申请人对卸港滞期费是否应对货物行使留置权。仲裁庭认为,本案审理的是租约下的出租人与承租人的法律关系,而不是提单项下承运人与收货人的法律关系。在租约有明确规定滞期费结算方式的情况下,应首先尊重双方当事人的约定。从文意上理解第14条,该条款是对双方合意解决滞期费的具体时间和方式的明文约定,该条款在效力上理应超越并入的1976年版《金康合同》的第8条。依据该条款,船东就滞期费问题应当在卸货后的10天内与承租人协商解决,而如果在卸货当时船东留置货物索取滞期费,显然违反了租约关于滞期费解决方式的安排,因此可以认为该条款约定了船东对留置权的放弃。结合合同的其他要素,仲裁庭认定被申请人应按照约定承担装港及卸港滞期费的损失及其利息。

第十条　税费/规费/费用:

船舶/运费的税费/规费/费用由出租人负担,不论其计算方法如何。货物的税费/规费/费用由承租人负担,不论其计算方法如何。

第十一条　代理:[使用√标明选择(A)或(B)]

[　](A) 装卸港均为出租人的代理。

[　](B) 装货港为出租人的代理,卸货港为承租人的代理。

第十二条　佣金:[使用√标明选择(A)或(B)]

[　](A) 运费、亏舱费和滞期费的佣金包括洽租佣金合计______%。

[　](B) 运费、亏舱费和滞期费佣金合计______%,另加______%付给______。

① 《金康合同》是《统一杂货租船合同》(Uniform General Charter)的简称,金康(Gencon)合同范本是目前杂货航次租船合同中使用最广泛的一种,最常见的是1976年修订本,1991年,波罗的海国际航运公会(BIMCO)文件委员会开始着手对该格式修订和补充,新的金康合同范本于1994年11月颁布。本书不再展开叙述。

● **律师批注**

【条款目的】

以上是航次租船合同的代理和佣金条款，规定了代理情形，以及该情形下佣金的支付方法。

【风险提示】

以上条款的意义在于：在任何情况下，均由船东指派他自己在装货港和卸货港的经纪人或代理人。在装卸港口，船东及租船人一般都委派各自的代理人处理有关业务。有时也存在船东与租船人共用一个代理人的情况，当船东与租船人发生利害冲突时，理论上代理人应顾及双方的利益，公正地加以处理，但实践中代理人更忠实于自己雇主的利益。

佣金是付给代理人的费用及酬劳，一般由船东按运费总额的1%—5%支付给代理人。除非租船合同内有相反规定，佣金的计算基数是不包括空舱费和滞期费的。由于代理人不是租船合同的缔约方，如果船东未按合同规定支付佣金，代理人自己是无法起诉船东的，但可以通过租船人提起诉讼。为了保证自己的佣金，代理人亦可在租船合同签订后向船东保赔协会（P. &I. Club）投保。

第十三条　法律和仲裁

本确认书适用中国法律并根据中国法律解释，自签订之日起租船合同成立。本确认书产生的或与本确认书有关的任何争议均应提交中国海事仲裁委员会在北京仲裁。仲裁裁决是终局的，对当事人均有约束力。

● **律师批注**

【条款目的】

本条是航次租船合同的仲裁条款。

【风险提示】

中国仲裁法关于仲裁协议效力的规定比较严格。实践中，当事人仲裁法律意识还不够强，仲裁协议不够规范的情况比较普遍。对这样一些仲裁协议，当事人发生经济纠纷后能够达成补充协议的比例极小，一律视为不明确，不利于经济纠纷的解决，对要求仲裁的一方当事人也不公平。中国海事仲裁委员会是受理包括航次租船合同在内的海事争议案件的唯一专业性仲裁机构。当事人在约定仲裁条款的时候应当明确，以免因仲裁约定不明确引起不必要的纠纷。

【相关案例】①

出租人与承租人于1997年4月1日签订租船协议，将"南京"轮出租给承租人。由于承租人未备妥货物，使得船舶无法靠泊码头装货，造成出租人在港的滞留损失，出租人向承租人提出索赔。经协商无果，出租人根据租船协议中的仲裁条款，于1997年6月26日向中国海事仲裁委员会提起仲裁。该仲裁条款规定"如有争议，在北京提起仲裁，适用中国法律"。1997年9月25日承租人提出管辖权异议。承租人认为，《中华人民共和国仲裁法》第16条规定，仲裁条款生效应具有以下内容：请求仲裁的意思表示，仲裁事项以及选定的仲裁委员会。该租船协议的仲裁条款虽有仲裁的意思表示，但仲裁事项不明确，虽然选定的仲裁地点在北京，但仲裁委员会不明确。据此，承租人认为该租船协议中的仲裁条款因缺乏仲裁条款成立的有效要件而无效。出租人认为，北京的海事仲裁机构仅有中国海事仲裁委员会一个，因此租船协议中已默示选定的海事仲裁委员会就是中国海事仲裁委员会，故其提交的仲裁申请有效。

针对本案，中国海事仲裁委员会于1998年1月19日作出本案管辖权的决定。仲裁委员会认为：(1) 双方当事人对通过在北京仲裁的方式解决争议的仲裁意愿并无异议；(2) 仲裁条款中约定的"如有争议"，应认为是履行租船协议过程中产生的或与租船协议有关的任何争议，被申请人所称仲裁事项不明确没有根据；(3) 双方当事人签约时北京已存在两个仲裁机构，应该认为双方当事人在签订定租船协议时已经约定既可以选择在地处北京的中国海事仲裁委员会提起仲裁，也可以选择在北京仲裁委员会提起仲裁，只要选择其中一个仲裁机构提起仲裁，应该认为这种选择符合双方当事人签订租船协议时约定通过仲裁方式解决争议的仲裁愿望。本案申请人选择了在中国海事仲裁委员会提起仲裁，以实现通过仲裁的方式解决其与被申请人之间的争议的仲裁意愿，这种选择表明仲裁条款对仲裁机构的约定是明确的，是可以执行的。承租人以仲裁机构不明确为由否定仲裁条款的效力，从而否定以仲裁方式实现双方当事人解决争议的仲裁意愿和规避在北京仲裁的主张，不能成立。据此中国海事仲裁委员会对本案有管辖权。仲裁程序继续进行。

律师建议，为了避免类似"南京"轮案拖延仲裁审理的情况，及时有效地维护当事人的合法权益，应签订规范性仲裁条款："凡与本合同有关的一切争议，均应提交中国海事仲裁委员会仲裁。"

---

① 案例来源：航运在线网站 http://news.sol.com.cn/news/20091202/113339.html，略有修改和删减。

第十四条　金康租船合同：[使用√标明选择（A）或（B）]

[　]（A）其他条款和条件按1994年金康租船合同，但第2条除外。

[　]（B）其他条款和条件按1976年金康租船合同，但第________条除外。

● **律师批注**

【条款目的】

本条赋予了合同当事人选择适用金康租船合同条款或排除金康租船合同某些特定条款的权利。

【风险提示】

目前，世界上最常用的航次租船合同格式有：《统一杂货租船合同》（Uniform General Charter），租船合同代号"金康"（GENCON）。此格式由BIMCO制订，并经1922年、1976年、1994年三次修订。到目前为止，国际上使用较多的仍是1976年格式。此格式在很多条款上，比较明显地维护出租人的利益。它可适用于各种航线和各种货物的航次租船，目前在世界上采用最广，我国进出口的航转租承租人也多用这一格式。但航次租船合同的当事人双方也可以自行制定合同条款，可以在合同中约定部分适用《金康合同》条款或者约定排除《金康合同》的部分条款，以便更好地维护当事人的利益。前文合同第九条所附的案例正是航次租船合同当事人排除适用《金康合同》条款的情形。

第十五条　特别条款：

____

____

● **律师批注**

【条款目的】

本条赋予了合同当事人约定特别条款的权利。

【风险提示】

合同当事人往往基于不同的合同情形，可能有特别的合同条款约定，比如留置权条款、罢工条款、共同海损条款等。但律师提醒合同当事人应当注意的是，约定的该类条款不得违反法律强制性规定。

第十六条　其他事项

1. 本合同经双方当事人签字盖章后生效。如有未尽事宜，双方协商签订补充合同，作为本合同附件，为本合同不可分割的组成部分。

2. 本协议有效时间______年______月______日起至______年______月______日止。

3. 本合同一式二份，甲乙双方各执一份。

出租人（签章）：

承租人（签章）：

签约日期：

签约地点：

附：航次租船合同单

（本合同经承租人与出租人签章后即行生效，有关承租人与出租人之间的权利、义务和责任界限，适用于有关法律规定。）

承租人	全称				出租人	全称	
	地址、电话					地址、电话	
	银行、账号					银行、账号	
船舶资料	船名		总舱容			吊杆数/负荷	
	船籍港		载货吨			空载吃水	
	总吨/净吨		舱口数			满载吃水	
货名		件数	包装		重量（吨）	体积（立方米）	价值（元）
起运港		受载期限		装船期限		滞期费率	
到达港		运到期限		卸船期限		速遣费率	
运费				费用结算方式			
特约事项和违约责任							
托运人签章 年　月　日					承运人签章 年　月　日		

说明：

1. 本合同正本一式两份，承租双方各执1份，副本若干份。

2. 规格：长17厘米，宽27厘米。

● 律师批注

【风险提示】

签订海上货物运输合同，应当按照《海商法》的规定，明确各自的权利义务。涉外海上货物运输，往往涉及第三国的法律规定，在合同中应明确法律适用及纠纷处理的方式等问题。另外，运输单证作为合同的组成部分，承运人应当按照单证记载的要求，认真填写，避免因填写不清而导致纠纷。

第七章　航空货物运输合同

航空货物运输是指利用民用航空器运送货物的运输合同。利用航空器运送货物,要与航空承运人签订货物运输合同。航空货物运输合同是航空运输承运人根据托运人的要求,使用民用航空器将货物从起运点运输到约定地点,托运人或收货人支付运输费用的合同。根据航空货物运输出发地点、约定经停地点和目的地点是否在中国境内,可分为国内航空货物运输合同和国际航空货物运输合同。根据运输方式的不同,航空货物运输合同还可以分为一般航空货物运输合同、航空货物包机运输合同、航空货物包舱运输合同等。

航空货物运输合同由专门的法律、法规调整,我国调整航空货物运输合同的法律法规有《中华人民共和国民用航空法》(以下简称《民用航空法》)、《中国民用航空货物国际运输规则》、《货物国内运输规则》、《中国民用航空货物国内运输规则(1996 年修正)》。本章主要以国内航空货物运输中的包机运输为例,详细讲解航空货物运输合同条款。

航空货物运输合同

托运人:
地址:
电话:
法定代表人:
职务:

承运人:
地址:
电话:
法定代表人:
职务:

● **律师批注**

【条款目的】

以上内容规定了合同主体信息。

【风险提示】

在航空货物运输业务中，涉及的有关当事人主要有承运人、托运人和收货人。承运人是指包括接受托运人填开的航空货运单或者保存货物记录的航空承运人和运送或者从事承运货物或者提供该运输的任何其他服务的所有航空承运人。航空承运人必须是经过国家批准的从事公共航空运输业务的企业法人。托运人是指为货物运输与承运人订立合同，并在航空货运单或者货物记录上署名的人。收货人是指承运人按照航空货运单或者货物运输记录上所列名称而交付货物的人；收货人可以是托运人，也可以是托运人以外的第三人。

【法律规定】

《中华人民共和国民用航空法》(1996.03.01 施行)

第九十一条　公共航空运输企业，是指以营利为目的，使用民用航空器运送旅客、行李、邮件或者货物的企业法人。

第九十二条　设立公共航空运输企业，应当向国务院民用航空主管部门申请领取经营许可证，并依法办理工商登记；未取得经营许可证的，工商行政管理部门不得办理工商登记。

托运人与承运人协商空运________(货物名称)到________(到达地名)，特签订本合同，并共同遵守下列条款：

第一条　托运人于______月______日起需用________型飞机________架次运送________(货物名称)，其航程如下：

______月______日自______至______，停留______日；

______月______日自______至______，停留______日；

运输费用总计人民币______元。

● **律师批注**

【条款目的】

以上条款规定了托运人所托运的货物、托运时间、运费、使用的航空器等合同基本信息。

【风险提示】

托运人要求包机进行运输货物的，应当与航空承运人签订包机运输协议。具体流程一般为：首先，由托运人向航空承运人提出包机申请书，明确要求包用机的机型、架次、航程。其次，航空承运人根据自己的运输能力，如果能满足包机者的要求，即可与包机人签订包机协议。

由于航空运输合同路途遥远，运费高，运输的货物多，多停留一天所造成的损失是巨大的，所以当事人应当在合同中对托运的货物、时间等作出约定，防止事后当事人对航空运输的具体细节产生纠纷。

【相关案例】①

2010年5月6日下午，华大公司电话委托南航公司CZ3816航班将一批鱼苗空运至广州白云机场，货运当天，白云机场上空雷电交加，飞机不可能按时正常降落；为此，华大公司电话通知南航，要求退货终止运输，南航公司答复，以飞机随时可能起飞、作业时间不足为由，拒绝退货终止运输，两天后飞机降落白云机场，收货人见包装完好，收下货物，并运至住所后打开，发现鱼苗已经全部死亡。华大公司遭受重大损失，遂将南航公司告上法庭。

本案中，南航公司将鱼苗交付时间至少已过去近24个小时，还不包括鱼苗的包装路途运输一段时间。根据日常生活的经验法则，可以推断出鱼苗在到达广州机场后已全部死亡，但按照《民用航空法》第134条的规定，收货人收受托运货物而未提出异议，为托运货物已经完好交付并与运输凭证相符的初步证据；托运货物发生损失的，收货人应当在发现损失后向承运人提出异议，至迟应当自收到货物之日起14日内书面提出。本案中，收货人收货时未提出异议，因此没有足够证据起诉南航，如果当事人订立书面合同，将上述特殊货物运输作相关责任划分的规定，能避免此类事情发生。

第二条　根据飞机航程及经停站，可供托运人使用的载量为______公斤(内含客座)。如因天气或其他特殊原因需增加空勤人员或燃油时，载量照减。

● **律师批注**

【条款目的】

本条规定了航空器每架次的最大载货量。

【风险提示】

根据包机货物运输的特殊性，承运人应当根据飞机航程、所用的时间以及经停站等情形，判断所使用的飞机的最大载货量，并根据特殊情况进行载量的减少，最大程度上保证货运运输的安全。

第三条　飞机吨位如托运人未充分利用，民航可以利用空隙吨位。

① 案例来源：百度文库原告常友德诉被告常州民航航空货运销售中心、中国南方航空股份有限公司航空货物运输合同纠纷，略有修改。

● **律师批注**

【条款目的】

本条是对航空运输中装载的空隙的具体约定。为了充分利用飞机的运载能力，当事人可以在合同中对飞机装载的空隙予以充分的利用，但是对于空隙的利用不得对运输的主要货物造成损害。

【法律规定】

《中国民用航空货物国内运输规则》(1996.02.29修订)

第四十一条　包用飞机的吨位，由包机人充分利用。承运人如需利用包机剩余吨位应当与包机人协商。

第四条　承运人除因气象、政府禁令等原因外，应依期飞行。

第五条　托运人签订本合同后要求取消飞机班次，应交付退机费______元。如托运人退机前承运人为执行本合同已发生调机费用，应由托运人负责交付此项费用。

第六条　托运方负责所运货物的包装。运输中如因包装不善造成货物损毁，由托运方自行负责。

● **律师批注**

【条款目的】

以上条款规定了所托运的货物的包装。

【风险提示】

托运方对托运的货物，应当按照国家主管部门规定的标准包装；没有统一规定包装标准的，应当根据保证运输安全的原则，按货物的性质和承载飞机等条件包装。凡不符合上述包装要求的，承运方有权拒绝承运。

第七条　运输货物的保险费由承运方负担。货物因承运方问题所造成的损失，由承运方赔偿。

● **律师批注**

【条款目的】

该条是对航空运输保险的约定。

【风险提示】

由于航空运输有一定的风险，当事人可以在合同中约定保险。国家规定必须保险的货物，应在托运时投保货物运输险。至于应当由哪一方当事人缴纳保险费，当事人可以在合同中予以约定。

第八条　在执行合同的飞行途中，托运人如要求停留，应按规定收取留机费。

● **律师批注**

【条款目的】

该条是托运人临时要求停留时收取留机费的约定。

【风险提示】

由于航空运输过程中，托运人有可能临时要求载货的飞机停留，而停留所引起的损失是巨大的，所以当事人可以在合同中约定托运人可以收取留机费。

第九条　由于下列原因造成货物灭失、短少、变质、污染、损坏的，承运人不承担责任：

1. 不可抗力；

2. 货物本身性质所引起的变质、减量、破损或灭失；

3. 包装方法或容器质量不良，但从外部无法发现；

4. 包装完整，封志无异状而内件短少；

5. 货物的合理损耗；

6. 托运人或收货人的过错。

● **律师批注**

【条款目的】

以上条款是对承运人免责的规定。

【风险提示】

承运人可以在合同中对承运人免责的情形予以载明。承运人对运输过程中货物的毁损、灭失应当承担赔偿责任，货物的毁损、灭失是因不可抗力、货物本身的自然性质或者合理损耗以及托运人、收货人的过错造成的，承运人不承担损害赔偿责任，但承运人应当承担证明责任。

第十条　本合同一式两份，双方各执一份。如有其他未尽事宜，应由双方共同协商解决。凡涉及航空运输规则规定的问题，按运输规则办理。

托运人：	承运人：
开户银行：	开户银行：
银行账号：	银行账号：
签订时间：　　年　　月　　日	签订时间：　　年　　月　　日

附：中国民用航空货运单

<table>
<tr><td>出发站</td><td></td><td colspan="2">到达站</td><td></td></tr>
<tr><td>收货人名称</td><td></td><td colspan="2">电话</td><td></td></tr>
<tr><td>收货人地址</td><td colspan="4"></td></tr>
<tr><td>发货人名称</td><td colspan="4"></td></tr>
<tr><td>发货人地址</td><td></td><td colspan="2"></td><td></td></tr>
<tr><td>空陆转运（如适用）</td><td>自__________
至__________</td><td colspan="2">运输方式</td><td></td></tr>
<tr><td rowspan="2">货物品名</td><td rowspan="2">件数及包装</td><td colspan="2">重量</td><td rowspan="2">价值</td></tr>
<tr><td>计费</td><td>实际</td></tr>
<tr><td></td><td></td><td></td><td></td><td></td></tr>
<tr><td>航空运费</td><td>¥</td><td colspan="2">储运注意事项</td><td>收运站</td></tr>
<tr><td>地面运输费</td><td>¥</td><td colspan="2" rowspan="5"></td><td></td></tr>
<tr><td>空陆运转费</td><td>¥</td><td>日期</td></tr>
<tr><td>中转费</td><td>¥</td><td></td></tr>
<tr><td>其他费用</td><td>¥</td><td>经手人</td></tr>
<tr><td>合计</td><td>¥</td><td></td></tr>
</table>

（货物运费总数以角为单位，角以下四舍五入）

<table>
<tr><td colspan="5">货物到达处理记录</td><td rowspan="2"></td></tr>
<tr><td>到达日期</td><td>通知</td><td>提货日期</td><td>交件人</td><td>收货人</td></tr>
<tr><td></td><td></td><td></td><td></td><td></td><td></td></tr>
</table>

● 律师批注

【风险提示】

航空货运单是指由航空承运人提供的具有航空货物运输合同基本内容的运输单证。航空货运单由航空承运人制定，托运人在托运或外运时要按照承运人的要求进行填制，经航空承运人确认后，合同即告成立。航空货运单具有运输合同的证据、货物收据、运费账单、报关单据、保险证书、承运人内部业务的依据等性质和作用。每份航空货运单都有3份正本和至少6份以上的副本。正本航空货运单背面印有承运条款。

托运人应当对航空货运单上所填关于货物的说明和声明的正确性负责。因航空货运单上所填的说明和声明不符合规定、不正确或者不完全,给承运人或其他人造成损失的,托运人应当承担赔偿责任。

因此,律师提醒航空货运托运人同样应该重视航空货运单的填写,不能掉以轻心,以免引起不利后果。

另外,实践中,比较常见的国际航空货物运输协议也有如下通常条款的约定。本书拟定一标准合同样本供参考,不再作详细合同条款分析。

航空货运代理协议书

合同号:(　　)

甲方:　　　　乙方:
地址:　　　　地址:
电话:　　　　电话:
传真:　　　　传真:

甲方系专业国际货运代理公司,乙方系货主或货主的代理人,为有利于双方之间进行长久、稳定和便捷的业务关系,特制定本协议书,并共同遵守如下条款。

一、委托

1. 乙方委托甲方办理国际及地区航线的航空货物国际运输业务。乙方在出货前送交(或传真)国际货物空运委托书,应在委托书上加盖公章或业务人员签名。没有乙方盖章或签名的,甲方有权拒收。但没有乙方盖章或签名,仅有乙方打印或书写的委托书(或类似文书),在没有相反证据的前提下,从客户服务的宗旨,可视为乙方委托成立,甲方可酌情接受。乙方如变更业务人员或传真号码的,应及时以正式的书面形式告知甲方。否则,以原业务人员或以传真号码出具的委托书视为乙方的行为。

二、职责

2. 乙方在提供货源的同时,提供有关进出口报关所需的全套正确单据,同时说明货物交货情况,对航班之要求。货物运达甲方指定仓库之前必须将货物的品名、件数、体积、重量、目的港和货到仓库的时间以及成交运价标明在委托书上通知甲方,以便及时安排甲方订舱、收货。因乙方提供单证不全或错误所造成的后果由乙方承担。

3. 乙方按甲方要求将货物运达指定仓库，甲方收到货物后，负责验收、签收、复磅物的体积重量按仓库交接时所示，作为计费重量，甲方于货走前告之乙方，待乙方确认后方可发货。

4. 甲方收到乙方的货物及其报关单据后，负责承担乙方交送货物的空运业务，及时安排订舱、制单、报关、报验等出运事宜。按乙方提供的委托书，甲方根据乙方的要求正确地制作运单。货物出运后及时将正本提单和运费发票寄送乙方并随时追踪航班信息做好售后服务。因乙方提供的信息错误造成的任何损失均由乙方承担。

5. 在办理国际货运业务中，双方必须遵守我国及过境国（地区），到达国（地区）政府的法令等有关规定。

6. 退税单和外汇核销单等在甲方收到全部运费后移交给乙方或乙方指定的第三方。

7. 如乙方未指定出口货物目的地货运代理人，则由甲方酌情代乙方指定。

8. 在甲方订妥舱位后，乙方突然在飞机起飞前取消的，乙方应承担由于撤销委托行为而引起的甲方的损失。乙方在支付相关费用（包括但不限于甲方的仓储和人员操作费用以及航空公司的舱位费）后可取回货物。

9. 运价以双方确定的价格结算。一般情况下，双方成交运价标明在委托书上予以确认。未标明运价的，则以空运单上注明的运价为准（分单运价与主单运价不一致时，以分单为准。）

三、结算

10. 运费结算：除了双方具体个案另有约定外，货出运后**30**天内付款。延期付款的，比照银行贷款利率标准支付滞纳金。

四、索赔

11. 由于承运人的责任或有关操作过程中的某些不可抗力因素导致货失、货损或航班调整等情况，甲方作为货运代理人应积极协助乙方处理有关善后事宜。若由于甲方操作失误造成乙方损失，则由甲方负责按有关运输法规作出赔偿。但任何索赔行为或主张均应在支付全部运费后方可进行。

12. 因货物运输而引起的任何索赔，乙方应根据《中华人民共和国民用航空法》的规定，在法定的时效内向甲方提交书面报告，由甲方代表乙方向航空承运人提出索赔。否则，甲方不承担任何法律责任。

13. 甲方作为货运代理人，依法系缔约承运人，与实际承运人同样享有赔偿责任限制。甲方的赔偿将根据《中华人民共和国民用航空法》的规定处理。

14. 甲乙双方之间的任何索赔，应作为个案以书面形式解决。

15. 对货物损失的索赔，索赔方应提供相关的法定证据，如目的港权威验货机构出具的查验证据等，否则另一方有权拒绝接受索赔。

16. 各种情形的索赔期限以航空货运单（主单或分单）的背面条款为准，没有或不适用背面条款的，则以国际货运代理协会（即“IATA”）的相关规则办理。

五、仲裁

17. 本协议适用中华人民共和国的法律和中华人民共和国政府参加的国际公约、条约、惯例等。

18. 协议双方在执行协议时发生争议，应协商解决；协商不成，除双方达成仲裁协议提交仲裁外，提交甲方法人所在地法院管辖。

六、生效

19. 本协议自双方签字之日生效，有效期一年。期满后如双方均未提出异议，则自动延长一年；未尽事宜，由双方协商解决。本协议一式两份，双方各保留一份。

甲方（盖章）：	乙方（盖章）：
授权代表人（签字）：	授权代表人（签字）：
日期：	日期：

第八章　多式联运合同

作为运输组织形式，有的是用一种运输方式完成的运输，还有用两种或两种以上的运输方式完成的运输。前者被称为“单式运输”，后者被称为“多式联运”。多式联运是最近十余年发展起来的，实行“一次托运、一次收费、一票到底、一次保险、全程负责”的“一条龙”服务的综合性运输，具有独特的优越性。

多式联运合同，是指多式联运经营人与托运人订立的，约定以两种或两种以上不同的运输方式，采用同一运输凭证将旅客或者货物运输到约定地点的运输合同，如海陆空联运合同、水铁联运合同等，通常包括旅客联运合同和货物联运合同。本章以国内货物多式联运合同为例，分析主要合同条款。

多式联运合同

甲方（托运人）：
法定代表人：
法定地址：
经办人：　　　　　联系电话：　　　　　传真：

乙方（承运人）：
法定代表人：
法定地址：
经办人：　　　　　联系电话：　　　　　传真：

● **律师分析**

【条款目的】

以上内容规定了货物多式联运合同的主体。

【风险提示】

多式联运的承运人负责履行或者组织履行多式联运合同，对全程运输享有承运人的权利，承担承运人的义务。多式联运经营人不是发货人的代理人或代表，也不是参加联运的承运人的代理人或代表，而是多式联运的当事人，是一个独立的法律实体。

多式联运经营人作为多式联运合同的当事人一方，负责履行或者组织履行多式联运合同，对全程运输享有承运人的权利，承担承运人的义务。多式联运经营人可以与参加多式联运的各区段承运人就多式联运合同的各区段运输约定相互之间的责任，但该约定不影响多式联运经营人对全程运输承担的义务。

【相关案例】①

2000年4月7日，南京某照明器材厂（甲方）要托运一批照明器材到郑州，向南京港（乙方）提出运输要求，并提交“水陆联运货物运单”。南京港接受承运，于4月10日根据“水陆联运货物运单”，填写“水陆联运货票”一式四联，分别交有关部门。4月14日，托运人将货物20箱器材交给承运人南京港装运上船。4月20日，货物到达武汉港，转由铁路部门换装承运后到达目的地。4月21日，货物到达郑州后，收货人到车站验货，发现短少5箱，且一箱货物已散。收货人认为货票不符，拒绝接受，并向车站发出书面通知，要求说明原因并赔偿损失。车站表示，货物的灭失和毁损尚不知发生在哪个区段，不应由铁路部门负责赔偿。托运人向法院起诉铁路局，要求赔偿损失。

法院受理后，依法追加南京港务局为共同被告，并认定了原告诉请的事实。经鉴定，无法确认货物的灭失、毁损的发生区段。法院认为，南京港与原告签订多式联运合同之后，在法律地位上应当为多式联运经营人，应当对全程运输承担责任。由于南京港不能提供托运人托付的货物有不适合运输的情况，因而，推定货物的毁损、灭失是由于承运人的过错造成的，南京港应当承担损害赔偿责任。

律师提醒多式联运合同的当事人各方，在发生多式联运纠纷时，应当由多式联运经营人作为诉讼主体一方。

【法律规定】

《中华人民共和国合同法》(1999.10.01施行)

第三百一十七条　多式联运的承运人负责履行或者组织履行多式联运合同，对全程运输享有承运人的权利，承担承运人的义务。

《中华人民共和国海商法》(1993.07.01施行)

第一百零二条　本法所称多式联运合同，是指多式联运经营人以两种以上的不同运输方式，其中一种是海上运输方式，负责将货物从接收地运至目的地交付收货人，并收取全程运费的合同。

前款所称多式联运经营人，是指本人或者委托他人以本人名义与托运人订立多式联运合同的人。

---

① 案例来源：侯作前、乔宝杰、刘胜利编著：《运输合同案例评析（第2版）》，知识产权出版社2007年版，第419—422页。

甲乙双方经过友好协商，就办理甲方货物多式联运事宜达成如下合同：

第一条　甲方应保证如实提供货物名称、种类、包装、件数、重量、尺码等货物状况，由于甲方虚报给乙方或者第三方造成损失的，甲方应承担损失。

货物情形如下表所示：

货物名称	
种类	
件数	
重量	
体积	
包装	

● **律师分析**

【条款目的】

以上条款规定了货物多式联运合同的运输对象：所运货物。

【风险提示】

根据法律规定，多式联运经营人收到托运人交付的货物时，应当向托运人签发多式联运单据。实践中，通常有联运货票或者运单，通过运单或货票来详细填写货运情况。运单或货票由托运人填写，水陆联运货物运单记载的货物名称应与托运的货物相符，托运人必须准确地将货物的重量、体积、件数等填写在联运货物运单上。本合同后应附国家工商总局颁布的标准格式的水陆联运货物合同单供参考。

【法律规定】

《中华人民共和国合同法》(1999.10.01 施行)

第三百一十九条　多式联运经营人收到托运人交付的货物时，应当签发多式联运单据。按照托运人的要求，多式联运单据可以是可转让单据，也可以是不可转让单据。

第二条　甲方应按双方商定的费率在交付货物______天之内将运费和相关费用付至乙方账户。甲方若未按约定支付费用，乙方有权滞留提单或者留置货物，进而依法处理货物以补偿损失。

第三条　托运货物为特种货物或危险货物时，甲方有义务向乙方作详细说明。未作说明或说明不清的，由此造成乙方的损失由甲方承担。

● **律师批注**

【条款目的】

以上条款是对托运人给付运输费用和托运人托运特殊货物的事项的约定。

【风险提示】

托运人托运易燃、易爆、有毒、有腐蚀性、有放射性等危险物品的，应当按照国家有关危险物品运输的规定对危险物品妥善包装，作出危险标志和标签，并将有关危险物品的名称、性质和防范措施的书面材料提交承运人。托运人没有履行告知义务的，承运人可以拒绝运输，也可以采取相应措施以避免损失的发生，因此产生的费用由托运人承担。

第四条　乙方应按约定将甲方委托的货物承运到指定地点，并应甲方的要求，签发联运提单。

● **律师批注**

【条款目的】

该条是对承运人开具联运单据的约定。

【风险提示】

多式联运虽涉及两种以上不同的运输方式，但托运人只和多式联运经营人订立一份合同，只从多式联运经营人处取得一种多式联运单证，只向多式联运经营人按一种费率缴纳运费。这就避免了单一运输方式手续多、易出错的缺点，为货主确定运输成本和货物在途时间提供了方便。

第五条　乙方自接货开始至交货为止，负责全程运输，对全程运输中乙方及其代理或者区段承运人的故意或者过失行为而给甲方造成的损失负赔偿责任。

● **律师批注**

【条款目的】

本条和本合同第七条共同规定了多式联运经营人的责任。

【风险提示】

多式联运经营人作为合同的一方与托运人签订多式联运合同，而多式联运合同经营人再与各区段的承运人订立各区段的运输合同。在该多式联运合同中，承运人的权利和义务由多式联运经营人享有。依据合同的相对性原则，多式联运各个区段的承运人之间的内部责任划分，依据的是多式联运经营人和他们所签订的各区段的运输合同，各区段承运人以此不得对抗托运人。

按照合同法的规定，多式联运经营人的损害赔偿责任和责任限额的确定，有两种情况：(1) 在发生货物毁损、灭失的区段能够确定的情况下，多式联运经营人的赔偿责任和责任限额适用调整该区段运输方式的法律规定。比如：铁路运输路段对应铁路货物运输的有关法律法规，公路运输路段对应公路货物运输的法律法规，水路运输路段对应水路货物运输的法律法规，等等。(2) 发生货物毁损、灭失的区段不能确定的，多式联运经营人的损害赔偿责任和赔偿限额的确定，适用《合同法》关于一般货物运输承运人的有关规定。根据《合同法》对于一般承运人的责任规定，承运人对于运输过程中货物的毁损、灭失承担损害赔偿责任，但承运人证明货物的毁损、灭失是因不可抗力、货物本身的自然性质或者合理损耗以及托运人、收货人的过错造成的，不承担损害赔偿责任。

【相关案例】

以本合同的第一个案例（南京某照明器材厂诉铁路局、南京港务局案）为例分析本处的责任条款。

就该案而言，由于南京港未能提供托运人在托运货物时有过错的证据，也未能举证证明免责事由的存在，因而应当承担责任。而且，由于不能确定货物的毁损、灭失的发生区段，也不能适用相应的法规，如调整铁路运输和水上运输的法规。

律师提醒多式联运合同当事人，在实际生活中，多式联运经营人通常是以托运人的身份与各承运人签订各区段的运输合同的，也就是说，在多式联运经营人和实际承运人之间，多式联运经营人相当于托运人的身份。不过，多式联运经营人与各区段的实际承运人之间的合同，是承运人之间的内部合同，所调整的只是经营人与承运人之间的权利和义务关系。在多式联运合同发生纠纷后，多式联运经营人不能以此来作为自己不承担责任的抗辩理由，仍然由多式联运经营人向托运人或者收货人承担责任。当然，多式联运经营人承担责任之后，可以依据其与实际承运人之间的合同，解决自己与实际承运人之间在履行多式联运合同中的纠纷。

【法律规定】

《中华人民共和国合同法》(1999.10.01 施行)

第三百一十八条　多式联运经营人可以与参加多式联运的各区段承运人就多式联运合同的各区段运输约定相互之间的责任，但该约定不影响多式联运经营人对全程运输承担的义务。

第三百二十一条 货物的毁损、灭失发生于多式联运的某一运输区段的，多式联运经营人的赔偿责任和责任限额，适用调整该区段运输方式的有关法律规定。货物毁损、灭失发生的区段不能确定的，依照本章的规定承担赔偿责任。

第六条 乙方对下列原因所造成的货物灭失和损坏不负责任：

1. 货物由甲方或者代理人装箱、计数或者封箱的，或者装于甲方的自备箱中；

2. 货物的自然特性和固有缺陷；

3. 海关、商检、承运人行使检查权所引起的货物损耗；

4. 天灾，包括自然灾害，例如但不限于雷电、台风、地震、洪水等，以及意外事故，例如但不限于火灾、爆炸、由于偶然因素造成的运输工具的碰撞等；

5. 战争或者武装冲突；

6. 抢劫、盗窃等人为因素造成的货物灭失或者损坏；

7. 甲方的过失造成的货物灭失或者损坏；

8. 罢工、停工或者乙方雇用的工人劳动受到限制；

9. 检疫限制或者司法扣押；

10. 非由于乙方或者乙方的受雇人、代理人的过失造成的其他原因导致的货物灭失或者损坏，对于第7项免除责任以外的原因，乙方不负举证责任。

● 律师批注

【条款目的】

以上条款是多式联运经营人的免责条款。

【风险提示】

与归责相对应的就是免责事由。对于多式联运经营人来说，不可抗力是首要的免责事由。另外，因货物本身的原因、多式联运经营人自身无过错、履行辅助人的过失、货物利益方的过错也是多式联运经营人免责的事由。

律师提请注意的是，除了不可抗力之外的其他事由并不必然构成多式联运经营人的免责。我国对多式联运合同实行的是严格责任，所以免责条件是在严格责任之下的免责，归责方式是自动归责＋免责抗辩，即：有免责事由的存在，并且由于该免责事由导致了货物损害的发生。多式联运经营人并不需要证明其对免责事由的存在没有过错。

另外，如果多式联运合同涉及国际运输，还应注意适用国际公约或国际惯例时可能不同的归责原则。

第七条 货物的灭失或者损坏发生于多式联运的某一区段，乙方的责任和赔偿限额，应该适用该区段的法律规定。如果不能确定损坏发生区段的，应当适用调整海运区段的法律规定，不论是根据国际公约还是根据国内法。

● **律师批注**

【条款目的】

本条规定了多式联运经营人的区段责任。

【风险提示】

该条款是对多式联运合同中货物出现毁损或者灭失时责任承担的约定，详细解析见本合同第5条的批注。

根据我国《合同法》第321条的规定，货物的毁损、灭失发生于多式联运的某一运输区段的，多式联运经营人的赔偿责任和责任限额，适用调整该区段运输方式的有关法律规定。货物毁损、灭失发生的运输区段不能确定的，当事人可以补充约定，无法补充约定，可以依照合同的其他条款和交易习惯来确定，而该合同范本中当事人约定的是适用调整海运区段的法律规定。

第八条 对于逾期支付的款项，甲方应按每日0.05%的比例向乙方支付违约金。

第九条 由于甲方的原因（如未及时付清运费及其他费用而被乙方留置货物或滞留单据或提供单据迟延而造成货物运输延迟）所产生的损失，由甲方自行承担。

第十条 合同双方可以依据《合同法》的有关规定解除合同。

● **律师批注**

【条款目的】

以上条款约定了多式联运合同当事人的违约责任及合同解除权。

【风险提示】

通常情况下，合同一方违约即需承担违约责任。根据多式联运合同的性质，必然涉及种类不同的有关运输的法律法规。根据《合同法》规定，多式联运经营人赔偿责任和责任限额的确定分析见本合同前文的分析。

多式联运合同一经成立,当事人不得随意变更或解除。但如果合同订立后,根据需要,托运人和承运人也可提出变更或解除合同。实务中,如果因自然灾害或重大事故以致运输中断或中转地点发生严重堵塞必须紧急疏运时,交通管理部门可以统一调度安排疏导,多式联运承运人应配合执行,合同当事人应及时协商变更或解除合同。

【相关案例】①

2008年4月14日,宜兴明月公司(原审原告、上诉人)与北京和风公司(原审被告、被上诉人)签订《货物运输代理合同》,约定:由北京和风公司将宜兴明月公司1000吨焦炭从天津新港经南非德班运至刚果(金)的Likasi,收货人为Sise Kambove Street,Kakontwe Devel Opment,Common of Pan Da Likasi;实际发货数量以提单显示的毛重为准,全程运费单价为480美元/吨,分三期支付,第一期为总运费的50%,第二期为总运费的40%,货物抵达德班港后的5个工作日内支付,第三期总运费的10%在货物全部抵达Likasi后5个工作日内支付;北京和风公司保证第一辆卡车在装船日后90天内抵达Likasi收货人现场。

2008年4月30日,宜兴明月公司于天津新港向北京和风公司实际交付焦炭1030.76吨,北京和风公司向宜兴明月公司出具了多式联运提单,提单记载宜兴明月公司为托运人,MINGYUE SPRL为收货人,收货人地址为Likasi。2008年5月27日,案外人南非海运公司运输涉案货物至德班港,由北京和风公司收取后在德班堆存。2008年5月12日,宜兴明月公司向北京和风公司支付50%的运费人民币1731676.80元,及保险费人民币15238.80元;2008年7月7日,宜兴明月公司向北京和风公司支付40%的运费人民币1396538.00元。2008年6月和2008年9月,北京和风公司先后以油价上涨为由要求宜兴明月公司增加运费。因双方对此未能达成一致意见,北京和风公司未将涉案货物运到目的地交付收货人。

另法院查明,2008年10月10日,宜兴明月公司向天津海事法院提起诉讼,请求北京和风公司赔偿宜兴明月公司涉案焦炭的货值、保险费、运费及关税增加值共计人民币6595003.52元及银行利息。天津海事法院于2009年8月21日作出〔2008〕津海法商初字第507号民事判决,判令北京和风公司赔偿宜兴明月公司货损人民币6523953.5元,并支付上述款项的利息。北京和

① 案例来源:中国涉外商事海事裁判网 http://www.ccmt.org.cn/showws.php? id=6711,该案例判决案号为:〔2011〕津高民四终字第0169号。案情略有删改。

风公司不服该判决，向本院提出上诉。天津市高级人民法院认为，北京和风公司的行为符合《中华人民共和国合同法》中关于合同的法定解除条款，即第94条第1款第（三）项“当事人一方迟延履行主要债务，经催告后在合理期限内仍未履行”之情形，宜兴明月公司虽未明确提出解除合同，但明确表示不同意北京和风公司继续履行运输义务，产生合同解除的法律后果。天津市高级人民法院于2010年12月16日作出〔2009〕津高民四终字第574号民事判决，变更原判决为：北京和风公司赔偿宜兴明月公司货款损失、运费损失、货物运输保险费损失，共计人民币6516110.95元及上述款项的利息，并判令涉案焦炭由北京和风公司进行处分。

本案为多式联运合同纠纷，宜兴明月公司为托运人，北京和风公司为多式联运经营人。宜兴明月公司与北京和风公司所签合同虽名为《货物运输代理合同》，但根据双方的约定，北京和风公司负责办理涉案货物自天津新港至南非德班港的海运事宜及南非德班港至刚果（金）Likasi的陆运事宜，并向宜兴明月公司出具了包含海运、陆运的不同运输方式的全程提单，应认定其为多式联运经营人。北京和风公司应按照运输合同的要求履行运输义务，否则应当承担违约责任。

【法律规定】

《中华人民共和国合同法》（1999.10.01施行）

第九十四条　有下列情形之一的，当事人可以解除合同：

（一）因不可抗力致使不能实现合同目的；

（二）在履行期限届满之前，当事人一方明确表示或者以自己的行为表明不履行主要债务；

（三）当事人一方迟延履行主要债务，经催告后在合理期限内仍未履行；

（四）当事人一方迟延履行债务或者有其他违约行为致使不能实现合同目的；

（五）法律规定的其他情形。

第十一条　乙方在运输甲方货物的过程中应尽心尽责，对于因乙方的过失而导致甲方遭受的损失和发生的费用承担责任，以上损失不包括货物因延迟等原因造成的经济损失。在任何情况下，乙方的赔偿责任都不应超出每件__________元人民币或每公斤__________元人民币的责任限额，两者以较低的限额为准。

● **律师批注**

【条款目的】

本条是对承运人责任限额的约定。

【风险提示】

当事人可以对由于承运人过失所造成的损害的赔偿责任限额予以约定，该合同范本中当事人约定每件的赔偿限额或每公斤的赔偿限额，并以两者较低者为准。

【相关案例】

以前文宜兴明月公司（原审原告、上诉人）与北京和风公司（原审被告、被上诉人）的多式联运合同纠纷为例，分析本处的责任问题。

2010年3月，宜兴明月公司以北京和风公司没能按期交付焦炭，致使宜兴明月公司在刚果（金）投资的厂矿无法保证正常生产，给宜兴明月公司在生产经营上造成了严重损害为由，向原审法院提起诉讼，请求北京和风公司赔偿宜兴明月公司因迟延交付焦炭所遭受的经济损失人民币10万元。2010年7月20日，宜兴明月公司变更诉讼请求为：北京和风公司赔偿宜兴明月公司因迟延交付焦炭所遭受的经济损失人民币100万元。

关于北京和风公司主张不应承担迟延交付赔偿责任的问题。根据《合同法》第97条的规定，合同解除后，已经履行的，根据履行情况和合同性质，当事人可以要求恢复原状、采取其他补救措施，并有权要求赔偿损失。因此，宜兴明月公司与北京和风公司之间的涉案货物运输合同虽然已经解除，宜兴明月公司依然有权依据此合同要求北京和风公司赔偿其造成的损失。宜兴明月公司与北京和风公司在涉案货物运输合同中约定，“北京和风公司保证第一辆卡车装船日后90天内抵达Likasi收货人现场，如果逾期不到，则每逾期一周，扣除剩余10%运费的1.5%，不足一周按一周计算（不可抗力除外）”。单从文字表述上看，此段文字只约定了第一辆卡车的交付时间，但结合整个涉案货物运输合同，合同中没有对其他卡车的交付时间另行约定，“扣除剩余10%运费的1.5%”，也没有指明是扣除第一辆卡车的运费，因此，应理解为该约定是对全部涉案货物交付时间的约定，同时，在〔2009〕津高民四终字第574号判决书中，法院查明的宜兴明月公司与北京和风公司就涉案货物运输合同约定的货物交付时间也是第一辆卡车装船日后90天内抵达Likasi收货人现场，北京和风公司对此并未提出异议，因此，北京和风公司再就涉案货物交付的时间提出异议，不予采信。

第十二条　本合同项下发生的任何纠纷或者争议,应提交中国海事仲裁委员会,根据该会的仲裁规则进行仲裁。仲裁裁决是终局的,对双方都有约束力。

本合同的订立、效力、解释、履行、争议的解决均适用中华人民共和国法律。

● **律师批注**

【条款目的】

本条约定了多式联运合同纠纷的管辖问题。

【风险提示】

多式联运合同纠纷既可提起违约之诉也可提起侵权之诉,管辖法院的确定根据诉因的不同以及多式联运合同纠纷是否具有涉外因素而有所差异。中国诉讼管辖的确定既要考虑地方人民法院与专门法院的管辖,又要考虑级别管辖与地域管辖等问题。《民事诉讼法》第28条规定:"因铁路、公路、水上、航空运输和联合运输合同纠纷提起的诉讼,由运输始发地、目的地或者被告住所地人民法院管辖。"

一般来说,根据我国的法律规定,如果国内多式联运合同纠纷属于专门法院的管辖范围,则专门法院对案件具有排除地方人民法院的专属性管辖权。如果多式联运货物的灭失、损坏发生区段明确,则调整该单一运输方式下的地方人民法院、铁路法院或海事法院享有排他性管辖权。如果货物灭失、损坏发生区段既包括海运(水运),也包括铁路运输的,则由首先立案的专门法院管辖。如果灭失、损坏发生的区域不明,则任何与多式联运合同或者损坏存在连接因素的各种法院都具有管辖权,由当事人选择并由最先受理案件的法院享有排他性管辖。但是实践中可能出现这样的问题,即当事人明知货物灭失、损坏发生在某一运输区段,却在起诉时故意不将这一情况写明,以纠纷发生区段不明向选择的某一地方人民法院起诉。如果被告不提出管辖权异议或者未及时提出管辖权异议,则该法院只有在案件实际审理过程中才知晓损失发生的具体区段,移送管辖已经变得不可能,只能将案件继续审理完结。这样可能会造成当事人逃避有管辖权的法院,实现"地方保护"的目的。案件被告应当注意这样的问题。

【相关案例】

以前文宜兴明月公司(原审原告、上诉人)与北京和风公司(原审被告、被上诉人)的多式联运合同纠纷为例,分析本处的法律适用问题。

关于本案适用法律的问题，根据《海商法》第 105 条的规定，货物的灭失或者损坏发生于多式联运的某一运输区段的，多式联运经营人的赔偿责任和责任限额，适用调整该区段运输方式的有关法律规定。本案纠纷发生在中转港南非德班港至目的地刚果(金)的陆路区段，具有涉外因素，但在本案审理中，宜兴明月公司与北京和风公司均引用中国法律陈述主张，因此本案赔偿责任和责任限额适用我国的《合同法》。

第十三条　本合同从甲乙双方签字盖章之日起生效，合同有效期为______天，合同期满之日前，甲乙双方可以协商将合同延长______天。合同期满前，如果双方中任何一方欲终止合同，应提前______天，以书面的形式通知另一方。

● **律师批注**

【条款目的】

本条约定了多式联运合同的生效问题。

【风险提示】

一般合同中通常约定合同自签字盖章之日起生效。本处还隐藏着诉讼时效问题。我国《海商法》没有就多式联运的诉讼时效作出具体的规定，故应适用通常规定，即《海商法》第 257 条规定的时效期间为 1 年。若涉外并约定适用 1980 年《联合国国际货物多式联运公约》，则适用其第 25 条关于诉讼时效的规定，本处不再展开论述。

【相关案例】

以前文宜兴明月公司(原审原告、上诉人)与北京和风公司(原审被告、被上诉人)的多式联运合同纠纷为例，分析本处的诉讼时效问题。

关于宜兴明月公司起诉是否超过诉讼时效。原审法院认为，本案为多式联运合同纠纷，目前，我国关于多式联运的诉讼时效期间没有明确的规定，而本案涉案货物于 2008 年 5 月 27 日运抵中转港南非德班港，北京和风公司在要求宜兴明月公司增加运费未果的情况下，没有履行陆路运输义务而是将货物在南非德班港堆存。由此可见，涉案货物的运输在海运区段并不存在迟延运输问题，宜兴明月公司与北京和风公司也未产生争议，涉案货物已经完成海运区段的运输，货物迟延交付发生在中转港南非德班港至目的港的陆路运输阶段。因此，本案诉讼时效不应适用《海商法》关于诉讼时效的规定，而应适用我国民事法律关于诉讼时效的一般规定，即《中华人民共和国民法通则》第 135 条的规定，诉讼时效期间为 2 年。宜兴明月公司于 2008 年 4 月 30

日在天津新港向北京和风公司交付涉案货物，根据宜兴明月公司与北京和风公司的约定：北京和风公司保证第一辆卡车在装船日后90天内抵达Likasi收货人现场，北京和风公司应在2008年7月29日前交付涉案货物，宜兴明月公司请求北京和风公司赔偿经济损失的诉讼时效期间应截止到2010年7月30日，因此，宜兴明月公司2010年3月30日就本案提起诉讼，并未超过诉讼时效。

第十四条　本合同经双方协商一致可以进行修改和补充，修改及补充的内容经双方签字盖章后，视为本合同的一部分。

本合同正本一式______份，双方各执______份。

甲方（盖章）：　　　　　　　　乙方（盖章）：
代表人（签字）　　　　　　　　代表人（签字）

年　　月　　日
签订地点：

附：水陆联运货物运输合同①（供参考）

国家计划________________号

经由站名及线名：________________

货物准于______月______日搬入

水陆联运货物运单________________承运

日期________________

地点________________

运单（　　）字第______号________________

________________指定于______月______日装车或船

托运人→起运站港　　　　换装清单顺序号码：________________

________________→到达站港→收货人________________

车种	车号	标记载重	整车或零担	承运船名		第一转出船名		第二转出船名	
				航次		航次		航次	
				航线		航线		航线	
发站（局）或		到站（局）或		第一换装地	港名 站名	第二换装地	港名 站名	第三换装地	港名 站名

① 该合同文本为国家工商总局示范格式文本，适用于水陆联运货物运输，编号为：示范文本GF-91-04010。

<table>
<tr><td rowspan="2">托运人</td><td>名称</td><td></td><td>开户银行</td><td></td><td rowspan="4">换装站、港日期戳</td><td rowspan="4">换装站、港日期戳</td><td rowspan="4">换装站、港日期戳</td></tr>
<tr><td>地址电话</td><td></td><td>账号</td><td></td></tr>
<tr><td rowspan="2">承运人</td><td>名称</td><td></td><td>开户银行</td><td></td></tr>
<tr><td>地址电话</td><td></td><td>账号</td><td></td></tr>
</table>

<table>
<tr><td>托运人标记</td><td>货物名称</td><td>包装</td><td>件数</td><td colspan="2">货物重量的确定</td><td colspan="2">计费重量</td><td colspan="8">费率记载</td></tr>
<tr><td></td><td></td><td></td><td></td><td>托运人</td><td>承运人</td><td>铁路</td><td>水路</td><td colspan="2">铁路</td><td colspan="6">水路</td></tr>
<tr><td></td><td></td><td></td><td></td><td>公斤</td><td>公斤</td><td>公斤</td><td>公斤</td><td>运价</td><td>费率</td><td>等级</td><td>费率（海）</td><td>等级</td><td>费率（江）</td><td>等级</td><td>费率（河）</td></tr>
<tr><td></td><td></td><td></td><td></td><td></td><td></td><td></td><td></td><td></td><td></td><td></td><td></td><td></td><td></td><td></td><td></td></tr>
<tr><td></td><td></td><td></td><td></td><td></td><td></td><td></td><td></td><td></td><td></td><td></td><td></td><td></td><td></td><td></td><td></td></tr>
<tr><td></td><td></td><td></td><td></td><td></td><td></td><td></td><td></td><td></td><td></td><td></td><td></td><td></td><td></td><td></td><td></td></tr>
<tr><td></td><td></td><td></td><td></td><td></td><td></td><td></td><td></td><td></td><td></td><td></td><td></td><td></td><td></td><td></td><td></td></tr>
<tr><td>合计件数</td><td></td><td>合计重量</td><td></td><td colspan="6">货物分次搬入记载</td><td colspan="2">费用项目</td><td>铁路</td><td>海运</td><td>江运</td><td>河运</td></tr>
</table>

<table>
<tr><td rowspan="4">托运人记载事项</td><td rowspan="4" colspan="3"></td><td>月</td><td>日</td><td>货名</td><td>件数</td><td>重量</td><td>经办人签章</td><td colspan="2"></td><td>公里</td><td>公里</td><td>公里</td><td>公里</td></tr>
<tr><td></td><td></td><td></td><td></td><td></td><td></td><td rowspan="8">承运时核收</td><td>运费</td><td></td><td></td><td></td><td></td></tr>
<tr><td></td><td></td><td></td><td></td><td></td><td></td><td>装(卸)费</td><td></td><td></td><td></td><td></td></tr>
<tr><td></td><td></td><td></td><td></td><td></td><td></td><td>换装费</td><td></td><td></td><td></td><td></td></tr>
<tr><td rowspan="2" colspan="4">运单提出时间
年　月　日
发货人（盖章）</td><td></td><td></td><td></td><td></td><td></td><td></td><td>港务费</td><td></td><td></td><td></td><td></td></tr>
<tr><td></td><td></td><td></td><td></td><td></td><td></td><td></td><td></td><td></td><td></td><td></td></tr>
<tr><td rowspan="3">托运人记载事项</td><td rowspan="3" colspan="3"></td><td></td><td></td><td></td><td></td><td></td><td></td><td></td><td></td><td></td><td></td><td></td></tr>
<tr><td></td><td></td><td></td><td></td><td></td><td></td><td></td><td></td><td></td><td></td><td></td></tr>
<tr><td></td><td></td><td></td><td></td><td></td><td></td><td>合计</td><td></td><td></td><td></td><td></td></tr>
</table>

货物变更记载	受理港站	电报号	变更事项	费用处理	货物分次交付记载					交付时核收					
					月	日	件数	重量	经办人签章		运费				
											装(卸)费				
	处理站港日期戳		经办人签章								换装费				
											港务费				
记载事项	编制站港		记录号码		内容摘要						合计				
										货物于 月 日到达			货物交付日期		
										货物于 月 日卸下					
										货物于 月 日通知					

注意事项：1. 本运单应用钢笔、毛笔填写或加盖戳记代替，不得使用铅笔填写；

2. 粗线内由托运人填写。

水陆联运货物承运收据

________局 起运港站→托运人 运单( )字第________号

发站或起运港		托运人名称			到站或到达港		收货人名称		
货物名称	种类	件数	重量		费用项目	铁路	海运	江运	河运
			实际重量	计费重量		公里	公里	公里	公里
					运费				
					装(卸)费				
					换装费				
					港务费				
合计									
承运时核收									
支票号		收款人(盖章)			合计				

● **律师批注**

【风险提示】

在多式联运合同讲解之后，本书附上了国家工商总局发布的适用于水陆联运货物运输的示范格式文本《水陆联运货物运输合同》和《水陆联运货物承运收据》，供读者参考。托运人应当仔细填写相应条款之处，以免因约定不明确而产生纠纷。本书不再一一分析合同条款。

第九章　快递服务合同

快递作为现代运输的一种便捷物流运输方式，家喻户晓，如网上购物、邮寄信件函件、邮寄物品等。快递，又名速递，兼有邮递功能的门对门物流活动，即指快递公司通过铁路、公路和空运等交通工具，对客户货物进行快速投递。

近几年，中国快运速递产业发展迅速，《中华人民共和国邮政法》（以下简称《邮政法》）、《国内快递市场管理办法》以及《快递服务标准》的实施，更加有利于快递企业的健康发展。同时快递行业还有《快递业务员国家职业标准》、《邮政业消费者申诉处理办法》等规范，更有利于快递行业的可持续地健康发展。本书撰写之际，恰逢新的快递服务国家标准《快递服务》于2012年5月1日起正式实施，对快递服务的验收、时间等方面作了新的规定。

有快递服务，就有快递服务合同。通常情况下使用的是快递公司一方提供的格式合同，托运方基本无沟通和协商变更条款的可能。即便如此，对于快递公司的格式合同条款，还是需要事先了解，以便作为经常成为运单合同主体的托运一方能够心中有数，在发生货物快递遗失、毁损等情形下，托运方能够向快递公司索赔成功。快递公司也需要在进行快递工作的时候，尽量避免重大过失，否则将导致索赔。索赔并不意味着一律免责或者减轻责任。因为运单中很多条款都可能被认定为格式条款，这些格式条款是否有效不能一概而论，而要根据《合同法》的相关规定进行具体分析，有些被认定为免除或者减轻己方责任，加重对方责任的条款，因显失公平而被认定为无效。

通常情况下，快递公司仅采用一式多联的运单方式与托运方签订快递服务合同。本章以合同条款样式的快递服务合同为例，分析快递合同的主要条款。在必要或者重要条款处穿插运单中的部分条款讲解，以便使用者更加了解快递合同。

快递服务合同

甲方（托运方）：
乙方（承运方）：

一、协议说明

甲乙双方本着互惠互利、共同发展的原则，经双方友好协商达成共识，就甲方委托乙方提供文件、物的收取、派送等服务达成如下协议。

协议双方基本情况如下：

甲方：
名称：
地址：
法人代表：
传真：
开户银行：
账号：
乙方：
名称：
地址：
法人代表：
电话：
传真：

1. 除双方另有约定外、任何与本协议相关的信函及费用结算，均使用本协议中甲、乙双方指定的地址和开户银行账号。

2. 本协议一、二条中，甲、乙任何一方的名称、法定地址、开户银行、账号若有变更，变更一方应提前十五天以书面文件通知另一方，该书面通知经加盖公章并经双方业务代表签字确认方有效。

3. 本协议须双方业务代表签印，并加盖公司印章方可有效。

4. 本协议的所有附件是本协议不可分割的一部分，附件内容是协议主体的补充；经双方协商，附件可以在不更改协议主体的情况下独立增删、变更、修改，并具有同样的法律效力及有效期。

● 律师批注

【条款目的】

以上条款约定了快递服务合同的主体信息和说明条款。

【风险提示】

快递服务合同的乙方作为提供服务的承运一方，应当具有快递业务经营许可，并运营规定的快递业务。根据《邮政法》的规定，快递公司必须有严格的服务质量管理制度和完备的业务操作规范、有健全的安全保障制度和措施，等等。

【法律规定】

《中华人民共和国邮政法》(2009.10.01 施行)

第五十一条　经营快递业务，应当依照本法规定取得快递业务经营许可；未经许可，任何单位和个人不得经营快递业务。

外商不得投资经营信件的国内快递业务。

国内快递业务，是指从收寄到投递的全过程均发生在中华人民共和国境内的快递业务。

第五十三条　申请快递业务经营许可，在省、自治区、直辖市范围内经营的，应当向所在地的省、自治区、直辖市邮政管理机构提出申请，跨省、自治区、直辖市经营或者经营国际快递业务的，应当向国务院邮政管理部门提出申请；申请时应当提交申请书和有关申请材料。

受理申请的邮政管理部门应当自受理申请之日起四十五日内进行审查，作出批准或者不予批准的决定。予以批准的，颁发快递业务经营许可证；不予批准的，书面通知申请人并说明理由。

邮政管理部门审查快递业务经营许可的申请，应当考虑国家安全等因素，并征求有关部门的意见。

申请人凭快递业务经营许可证向工商行政管理部门依法办理登记后，方可经营快递业务。

第五十六条　快递企业经营邮政企业专营业务范围以外的信件快递业务，应当在信件封套的显著位置标注信件字样。

快递企业不得将信件打包后作为包裹寄递。

二、协议标的

1. 本协议标的：乙方为甲方提供门到门快件及包裹派送服务。

2. 乙方承运甲方快件到指定地点，该指定地点由甲方在托运书中具体指明。

3. 乙方承诺有合法的经营资质和充足的运力资源，并有义务保证甲方快件安全、准时送达指定地点。

● 律师批注

【条款目的】

以上条款约定了快递服务合同的运送标的。

【风险提示】

一般情况下，运单中会写明运单的性质和使用范围条款，比如申通规定：“申通快递的运单是为发货人准备的，具有契约性质的，不可转让的运单。当发货人以物品所有人或代理人的名义逐项填写本运单，并签字署名后即表示和遵守本运单背书条款的各项内容，并受法律保护。”这个条款往往在运单的前部。这是快递公司对这些条款的合同性质的确认，以后双方发生纠纷都必须按照运单背书条款来解决争议。且快递公司往往把运单定性为债权凭证，规定往往不能转让，以规避合同相对人不确定的风险。这是符合交易习惯的。快递公司还会规定合同的使用范围，如上述条款中包括寄件人和代理人。比如淘宝店家委托他人办理托运，合同虽然不是店家签订的，但解决纠纷时该合同也同样适用店家，根据代理关系，上述条款也是合理的。

另外，通常情况下，运单中还会设置托运物品限制条款。如申通规定：“发运人及其委托的代理人保证所委托发送的物品符合国家法律及运输部门能够接受的，不违背承运人意志的物品。”再如顺丰规定：“本公司不予受理运输的托寄物包括发票、有价证券、国家禁寄的刊物、首饰……及一切法律禁止邮寄的物品。”关于此条款，众多快递公司表述方式不同，有概括表述如申通等，有列举 + 兜底表述如上述顺丰快递。各家快递公司对托运物品的限制不同，所以托运方必须清楚限制条款。有的快递公司对寄件的总报价进行了限制，比如申报价值每单在5 000 元以上的快递公司便不予受理，这是快递公司对自己的保护。在这里，托运人存在这样一个风险：当快递公司对寄件造成损害时，可能会以该寄件不属于承运范围来抗辩。为此建议托运方必须准确申报自己所寄的物品，即使将来快递公司以此为理由抗辩，也会因为审查过失承担相应的责任。对自己寄件进行合理的包装，如果托运人因为包装的原因或申报不实，因物品属性对快递公司造成损失，托运人将对此承担责任。

将货物运到指定地点是快递服务的主要目的，托运方应当明确填写。

【相关案例】①

春节前夕，就职于某银行的马先生突然接到当地一家快递公司送来的来自上海的包裹，马先生接收后没细看就当即拆开。可就在拆开的一瞬间，包裹突然发生爆炸，马先生的右手食指及面部受到轻微伤而流血不止。事后在

① 案例来源：正义网 http://www.jcrb.com/，略有修改。

经报警查不出结果的情形下，马先生找到快递公司要求承担损害赔偿责任，可快递公司认为自己是正常投递，并无过错，拒绝赔偿。

依据《快递业务操作指导规范》第11条第1款、第2款的规定，快递企业应当建立并执行快件收寄验视制度。对寄件人交寄的信件，必要时快递企业可要求寄件人开拆，进行验视，但不得检查信件内容。寄件人拒绝开拆的，快递企业不予收寄。对信件以外的快件，快递企业收寄时应当场验视内件，检查是否属于国家禁止或限制寄递的物品。寄件人拒绝验视的，不予收寄。该条第3款还规定，快递企业在收寄相关物品时，依照国家规定需要寄件人出具书面证明的，应当要求寄件人出示证明原件，核对无误后，方可收寄。而本案快递公司因未依法履行"当场验视、检查"、"要求寄件人出示证明"之职责，属于严重失职行为，应当承担由此给客户造成损害的赔偿责任。

三、协议价格及费用结算

1. 协议价格依本协议的所属附件为准。（附件略）

2. 根据本协议，甲、乙双方之间发生的一切费用均以人民币结算。

3. 本协议涉及的运输费用采用月结方式结算，乙方每月十号前向甲方提供上一个月发生的费用清单及货运签收联等相关单证，甲方收到乙方所提供的费用结算账单明细和相关单证后，进行核对和确认（甲方于十日内审核完毕），审核确认无误后，甲方应于二十个工作日内通过现金或支票方式向乙方支付服务费用，不得拖欠。因乙方原因造成的快递服务费用支付延误，甲方不承担任何责任。

● **律师批注**

【条款目的】

以上条款约定了快递服务合同的价格和费用结算。

【风险提示】

《快递服务标准》中指出，快递服务费用的制定应按照《中华人民共和国价格法》的规定，遵循公平、诚实、信用等原则，而快递组织不应相互串通，操纵市场价格。一般来说，快递服务行业对快递服务的价格有相对明确的规范和标准。但对于散件快递，托运方通常没有议价的权利；公司客户或者长期客户可以和快递公司协商议价。长期固定合作的客户与快递公司之间的快递服务费用也通常采取月结的方式进行，双方应当遵循约定，按期进行结算、付款。

四、甲方权利、义务

1. 甲方有权获知快件在途情况信息和每单快件到货时间及收货情况信息。

2. 快件交接以后,甲方有随时对交付承运快件进行跟踪查询的权利。

3. 甲方有权对甲方快件在乙方的运作过程进行监督,对存在的事故隐患有权提出书面意见。

4. 甲方有通知乙方提货的义务。同时,甲方应准确提供给乙方提货地点、提货时间、快件数量、目的地等货运信息。

5. 甲方有义务按照协议规定及时支付乙方运输服务费用。

● **律师批注**

【条款目的】

以上条款约定了快递服务合同中托运方的权利和义务。

【风险提示】

快递服务合同中托运方的主要权利是监督货物运输和检验签收。签收是快递运送流程中的最后一个环节,在此之前,收货人必须对货品予以检验,以此证明快递公司完好地履行了运送义务。因签收后发现货物质量问题而导致纠纷的情形很多,但各个快递公司的条款都在不同程度上损害了托运人的法定权利,有无效条款的嫌疑。比如申通规定:任何索赔必须在交寄后30天内(以本单所填写日期为准),由发运人提出,并以书面形式通知承运人,同时……顺丰快递规定:有关快件的索赔,寄件人或收件人须于寄件次日起14天内以书面形式向本公司提出索赔要求,并附相关证明文件。该类规定限制了托运方提出索赔的时间,而且认为签收后货损风险应绝对转移。快递运单是格式合同,要求赔偿的权利是民事主体的一项最基本的权利。从法理上讲,诉讼时效的规定属于强制性条款,当事人不能随意约定或更改。所以快递公司规定如此短的索赔期限,在法律上是不妨碍托运人要求赔偿的权利的,只要这种求偿的主张在法定诉讼时效内提出。关于签收后的风险绝对转移,这样的条款也是有问题的。一般来讲,收货人在检验货物后进行签收是对承运人良好履行合同的肯定,此时风险也由承运人转移至收货人。但风险的转移并不绝对,因为有些物品表面检验并不能立即发现问题,所以法律规定在交付后的一定期间内也可以索赔。根据《合同法》第310条的规定,收货人在签收之后一定期间内发现货物有瑕疵,也有向承运人索赔的权利,只是在行使这项权利时有个前提:这时候的证明责任在收货人一方,收货人必须证明货物损失是在承运人运输途中所致。但有时证明起来相当困难。

【相关案例】①

2006年3月12日，甲、乙公司签订销售合同一份，约定由乙公司向甲公司购买一批零部件（价值人民币8 600元），但甲公司必须负责办理运输。2006年3月16日，甲公司至某快递公司办理该批货物的运输事宜。甲公司工作人员向某快递公司支付了50元的运费，快递公司工作人员让甲公司工作人员在其预先拟订的速递详情单上签字。详情单正面印有下列字样："填写本单前，务请阅读背面使用须知！您的签名意味着您理解并接受使用须知内容。"在该速递详情单的背面印有契约条款，条款之一载明："货物必须按实际价值保险，如遇意外损失本站按保价赔偿（无投保发生意外，本站按运价的三倍付赔）。"某快递公司在运输过程中将甲公司的该批货物遗失，后双方就货物遗失的赔偿事项进行协商，但未能达成一致意见，现诉至法院。

这是一起货物运输过程中货物遗失，承运方对速递详情单上格式条款理解不一而引起的纠纷。本案争议的焦点在于：甲公司与某快递公司签订的货运合同中的格式条款是否有效。

一、速递详情单的格式条款违背公平原则

《合同法》第39条规定，"采用格式条款订立合同的，提供格式条款的一方应当遵循公平原则确定当事人之间的权利和义务"。某快递公司速递详情单中关于赔偿货损的格式条款违反了《合同法》第39条的规定，没有遵循公平原则确定承运人与托运人之间的权利、义务。该格式条款减轻自身的赔偿责任而加重托运人甲公司的负担，排除了甲公司主张实体赔偿的主要权利，明显违背公平原则。根据《合同法》第39、40条之规定，应当认定速递详情单中的格式条款无效。

二、速递详情单的格式条款违反法律的强制性规定

《合同法》第311条规定："承运人对运输过程中货物的毁损、灭失承担损害赔偿责任，但承运人证明货物的毁损、灭失是因不可抗力、货物本身的自然性质或者合理损耗以及托运人、收货人的过错造成的，不承担损害赔偿责任。"可见，在货运合同中，承运人承担运输过程中货物的毁损、灭失风险责任是法定义务。本案中速递详情单中的格式条款规定，某快递公司在没有法定免责事由的情况下仍可以不承担大部分赔偿责任，显然违反了法律的强制性规定。且在国内的货物运输合同中，法律未明确，也不要求托运人保险，该速递详情单要求托运人投保，亦违反了法律、法规的强制性规定。

① 案例来源：法律快车网 www.lawtime.cn，江苏省扬州市中级人民法院案例，略有修改。

三、速递详情单中赔偿货损的格式条款未订入合同

《合同法》第39条规定:“采用格式条款订立合同的,提供格式条款的一方应当遵循公平原则确定当事人之间的权利和义务,并采取合理的方式提请对方注意免除或者限制其责任的条款,按照对方的要求,对该条款予以说明。”其中提请注意义务是格式合同使用人的一项非常重要的义务,使用人在提请注意时必须达到相当的程度,以至于足以使相对人注意到免责条款。另外,在提请注意的同时还要对该条款予以说明。纵观本案,某快递公司在与甲公司签订速递详情单时,仅仅让甲公司工作人员在速递详情单上签字,没有提请其注意速递详情单背面的免责条款,某快递公司没能尽到提请注意之义务,因此该速递详情单中赔偿货损的格式条款视为未订入合同。

因此,本案中货运合同中的格式条款无效。理由是:本案的速递详情单为格式合同,该格式合同的条款变相免除或限制被告本应承担的法定责任,且在被告与原告签订合同时未采取合理的方式提请原告注意上述条款,故免责条款应认定无效,应当判令被告按货物价值赔偿原告的损失。

【法律规定】

《中华人民共和国合同法》(1999.10.01施行)

第四十条　格式条款具有本法第五十二条和第五十三条规定情形的,或者提供格式条款一方免除其责任、加重对方责任、排除对方主要权利的,该条款无效。

第三百一十条　收货人提货时应当按照约定的期限检验货物。对检验货物的期限没有约定或者约定不明确,依照本法第六十一条的规定仍不能确定的,应当在合理期限内检验货物。收货人在约定的期限或者合理期限内对货物的数量、毁损等未提出异议的,视为承运人已经按照运输单证的记载交付的初步证据。

五、乙方权利、义务

1. 乙方有按时确认运输费用结算单据的义务和要求按协议规定及时支付运输费用的权利。

2. 乙方有要求甲方在快件交接时提供准确、完备的快件交接单据的权利。

3. 乙方有拒绝承运不符合运输规则快件的权利。如甲方刻意隐瞒其交付的违禁物品,乙方有权向甲方索取由此给乙方带来的直接经济损失和间接社会负面影响的损失。

4. 甲方交付乙方托运的快件，乙方应在承运过程中将准确的货运信息告知甲方指定人员。因特殊情况而发生变化的，乙方须把变化后的信息及时告知甲方，以便甲方作出安排。

5. 乙方有解决和答复甲方对快件查询跟踪的义务。

● **律师批注**

【条款目的】

以上条款约定了快递服务合同中快递公司的权利和义务。

【风险提示】

快递服务过程中，快递公司应当按时、准确地提供快递服务，将所托运货物送到目的地。

本处重点讨论货物在途风险的问题。运输途中的风险应由哪一方承担？律师认为是在收货人签收时才算交付，风险才算转移。以淘宝网交易为例，每个买家都会对快递运送的地址作出说明，卖家应当按照约定的地点交付标的物，也就是说，在快递将货品交至买家时风险才转移。其次，运输合同是卖家签订的，快递公司是卖家选择的，相关运单票证都在卖家手上，比较方便索赔，所以将运输途中的风险配置给卖家，比较合理。

【法律规定】

《中华人民共和国合同法》(1999.10.01 施行)

第一百三十三条　标的物的所有权自标的物交付时转移，但法律另有规定或者当事人另有约定的除外。

第一百四十一条　出卖人应当按照约定的地点交付标的物。

当事人没有约定交付地点或者约定不明确，依照本法第六十一条的规定仍不能确定的，适用下列规定：

(一) 标的物需要运输的，出卖人应当将标的物交付给第一承运人以运交给买受人；

(二) 标的物不需要运输的，出卖人和买受人订立合同时知道标的物在某一地点的，出卖人应当在该地点交付标的物；不知道标的物在某一地点的，应当在出卖人订立合同时营业地交付标的物。

六、免责条款

若在快递服务过程中存在以下情形，则乙方免于承担赔偿责任：

1. 托运人错误填写地址、姓名、电话等信息，导致货损、误送或迟送。

2. 不可抗力造成的货损。

3. 货物本身的自然属性所致的损失。

4. 托运人的包装所致的损失。

5. 因收货人迟延或拒绝收货所致的损失。

6. 因为货损而导致的其他间接损失。

● **律师批注**

【条款目的】

以上条款约定了快递服务合同的免责条款。

【风险提示】

快递公司在运单中最重要的就是免责条款。通常情况下，快递公司为了降低风险就以上几个方面设定免责条款也是合理的，但免责条款所涉及的情形必须由快递公司予以证明，也就是说，证明责任由快递公司承担，若快递公司无法证明损失由免责情形所致，则快递公司必须承担损害赔偿责任。其中，快递公司必须证明托运人错误填写与货损之间有因果关系，并不是说只要托运人填写错误，快递公司就可以免责，快递公司若因为其他原因而造成货损，还是要承担责任的。不可抗力在法律上是有严格限定的，必须是当事人不可预见、不可抗拒、不能避免的原因所致，在这点上，有些快递公司扩大了不可抗力的适用范围。另外，律师建议，托运方如果是寄送价值比较贵重的物品，首先应声明寄件的价值，其次最好投保，以获得最大限度的保障。

七、保险及赔偿

1. 经甲乙双方一致确认，若商品需要保价，则按申报的实际价值加收5%的保价费。

2. 对于甲方所托之物品、文件，因乙方之过失而造成遗失、损坏所衍生出之直接费用，含甲方客户因托运物品、文件的丢失、损坏而向甲方索赔的费用包括但不限于刊登遗失广告及补办该文件所发生的交通、通讯费用（甲方需提供相应的票据）并提供免费的补寄等，乙方须无异议赔偿给甲方，赔偿数额双方协商。

3. 因上述原因给甲方造成的损失而产生的费用，乙方应于三十个工作日内按上述标准给予甲方赔偿。

● **律师批注**

【条款目的】

以上条款约定了快递服务合同的保险以及赔偿问题。

【风险提示】

保险条款几乎是每份快递服务合同或每张运单的必备条款。如申通规定："申通快递公司在原有收费标准的基础上根据客户的要求，需要保价则按申报的实际价值加收3%保价费，否则寄件人默认申通快递公司为其保价最高限额为500元。如圆通规定："您的物件是否保价，由您自愿选择，保价的最高限额为人民币1万元。如您需要保价，请按保额的5%支付保价费。"另外，很多快递公司的保险额都是有封顶的，比如圆通是1万元，申通默认为500元，EMS为10万元。因此，对于超过保险额封顶的物品，托运方应当权衡考虑是否适用快递服务。

另外，本合同明确约定了快递公司的赔偿情形以及赔偿额度、赔付期限，避免了以后发生纠纷。

【相关案例】①

2004年2月25日，太仓富豪铜业有限公司（被上诉人、原审原告，以下简称"富豪铜业"）委托上海佳吉快运有限公司太仓分公司（原审被告，以下简称"太仓佳吉"）将铜管2.95吨运至富豪铜业的客户厦门松井铜器有限公司，因该批货物的外包装存在问题，货物到达厦门后发现铜管有压扁现象，导致富豪铜业客户拒收，为此富豪铜业要求太仓佳吉将该批货物运回。2004年7月6日，富豪铜业与太仓佳吉签订协议书一份。协议约定，富豪铜业于2004年2月25日委托太仓佳吉承运的货物由太仓佳吉返运回太仓，返运途中如货物出现损坏由富豪铜业负责，运费为人民币1 500元，原运单由太仓佳吉收回。协议签订后双方安排运输时，富豪铜业与太仓佳吉签订的货物运单上特别约定："托运货物时，应保价声明货物价格，未保价声明货物价格的，按平均每件货物运费的二至五倍确定货物价格。"该特别约定载于货物运单正面，以黑体字专门标明，明显区别于其他条款。此后，太仓佳吉于2004年8月3日仅将铜管2.5吨运回太仓，缺少了铜管0.45吨。另查明：富豪铜业销售给厦门松井铜器有限公司的铜管2.95吨交易价值为人民币80 561.70元。太仓佳吉系上海佳吉快运有限公司（上诉人、以下简称"上海佳吉"）的分支机构。

---

① 案例来源：上海市第二中级人民法院民事判决〔2006〕沪二中民四（商）终字第474号，略有修改。

一审中，富豪铜业以货损为由要求太仓佳吉按市场价格赔偿损失12 285元，而上海佳吉与太仓佳吉主张应按照双方货物运单的特别约定条款来计算赔偿额，最多赔偿原告损失1 250元。原审法院认为，货物运单的特别约定属限制责任条款。《合同法》规定，因故意或者重大过失造成对方财产损失的免责条款无效。免责条款既包括免除责任的条款，也包括限制责任的条款。故特别约定属于免责条款，现太仓佳吉无法说明货物灭失原因，存在重大过失，该特别约定条款应认定无效。因此，太仓佳吉应按货物的平均销售价格计算赔偿损失。因太仓佳吉系上海佳吉的分支机构，故上海佳吉应对太仓佳吉不能偿还债务部分承担补充赔偿责任。据此，判决太仓佳吉于判决生效后10日内赔偿富豪铜业货物损失人民币12 285元，上海佳吉对太仓佳吉不能偿还债务部分承担补充赔偿责任。

八、保密条款

1. 合作期间，甲、乙双方应严守对方的一切相关秘密，包括商业、技术、公司政策、运价、客户名录、发货情况等，任何一方如违反上述条款并给对方造成不良影响的，违反方必须承担相关法律责任，并赔偿由此给对方带来的一切损失。

2. 本协议终止以后，在三年时间内，该保密条款对甲、乙双方仍然有效。

九、协议终止：

1. 本协议在出现下列情况时终止：

1.1 本协议期满。

1.2 双方一致同意终止本协议。

1.3 由于不可抗力致使本协议无法继续履行，本协议另有规定除外。

1.4 一方根据本协议构成违约，而履约方选择终止本协议。

2. 在出现以下情况时，乙方可以单方面终止本协议：

2.1 甲方连续两次付款超过乙方要求时间(三十天以上)。

2.2 甲方交付乙方承运有违禁物品并有刻意隐瞒行为。

3. 任何一方因内部原因欲终止本协议均须以书面形式提前一个月通知对方，经双方同意方可结束本协议。

4. 在协议执行过程中发生争议的，经双方协商不能解决，可以向东营仲裁委员会申请仲裁。

5. 处理争议期间，除有争议或必须仲裁的部分外，协议其余部分应继续履行。

十、其他事项

1. 本协议自______年______月______日起生效，有效期至______年______月______日。本协议自生效之日起一个月为协议试行期，试行期间如对合作不满，双方均有权终止本协议，但需提前五个工作日通知对方。

2. 本协议有效期一年，协议期满后如双方无异议，重新续签本合同。

3. 本协议未尽事宜，双方可在协议执行期间协商解决，并依书面形式签订补充合同。

4. 本协议一式两份，甲方一份，乙方一份，并对外保密。

甲方：	乙方：
代表人：	代表人：
日期：　年　月　日	日期：　年　月　日

附：某家公司的快递单样本（供参考和对比）

1. 填写详情单前，务请认真阅读该单后面的“用户须知”。

2. 请详细如实填写详情单内填写项目。

3. 为便于快件的迅速投递和联系，务请提供收件人和领件人的电话号码。

4. 快件内请勿夹寄现金、危险品及任何禁寄物品。

5. 邮政法规定的：书信、各类文件、各类单据、证件、各类通知、有价证券等，请勿交本公司寄递。

契约条款

由______________快递作为货运代理的发运人承认以下各条背书条款，作为共同遵守并具有法律效力的约定条件，本条款自发运人和承运人双方签字之日起确认生效。

一、运单

______________快递的运单是为发货人准备的、具有契约性质的、不可转让的运单。当发货人以物品所有人或代理人的名义项填写本运单，并签字署名后即表示接受和遵守本运单背书条款的各项内容，并受法律保护。

二、发运人和承运人的责任及承诺

1. 发运人及其委托的代理人保证所委托发运的物品是符合国家法律规定及运输部门能接受的，不违背承运人意的物品。

2. 对委托承运的物品应妥善包装，且必须符合物品安全运输的要求，对特殊性质的物品（如生化物品、易损坏的物品等）。发运人应做好特殊包装，并向承运人作出特别声明或实行保价措施。

3. 发运人必须在《________快递详情单》上用正楷汉字（国际件以英文）详细填写发运人及收货人的全称姓名、部门地址、联系电话等要件。

4. 发运人承认________快递有权放弃或拒绝不适宜快运方式运输的，有意或无意隐瞒物品真实品名及价值及国家法律明令禁止携带、邮寄、运输的物品，一旦违反，发运人愿意承担由此而产生的一切法律及经济赔偿责任。

5. 发运人及其委托代理人保证接受和支付××快递所公布的物品运价及其相关的包装、仓储和退运费用。

6. ________快递公司在原有收费标准基础上根据客户的要求，需要保价的则按申报实际价值加收____%保价费，否则寄件人默认________快递公司为其保价最高限额____元。

三、被承运物品的知情权

________快递有权获知被承运物品的性质、品名数量及重量等，协助有关政府部门和运输部门对承运的物品进行检查或查处。

四、被承运物品的置留权

发运人及其委托代理人未按承运合同规定支付应付运费及相关费用，则承运人在没有取得有效担保之前，有权留置所承运的物品，并保留对发货人及其委托代理人的追偿权，且对由此而产生的任何损失不负赔偿责任。

五、负责条款

1. ________快递对因不可抗力所造成的物品运送延误、遗失、毁灭或没收不负责任，如战争、暴乱、恶劣天气、航班延误、坠机、火灾、水灾及自然或人为的严重灾害及________无法控制的各种情况或由于发运人的原因造成的没收均不负任何责任。

2. ________快递对由于物品运送的延误或遗失所造成的间接损失或其他非主体性的损失不承担任何赔偿责任。

3. ________快递对由于下列原因所造成的物品运送延误，运送错误及损失不负任何责任：

（1）由于发运人的原因，如地址填写错误或不全；收件人地址变更或无法送达的地域等。

（2）由于发运人所委托运送的物品本身是国家有关政策、法令所明令禁止的，如易燃、易爆、易污染、易腐蚀、有毒的各类粉剂、水剂及其他违禁品。

（3）由于发运人未经声明及包装不当所引起的各种损失。

六、赔偿限额

1. 对一般物品（未经保价）均按每件最高人民币________元赔偿。

2. 对保价的物品按实际金额赔偿。

3. 最高报价额限贰万元人民币。

4. 特殊物品（不包含其商业价值），若国家有规定的按国家规定的赔偿，国家没有规定的，按物品的实际价值赔偿。

七、索赔

1. 任何索赔必须在交寄后______天内（以本单所填日期为准），由发运人提出，并以书面形式通知承运人，同时必须出具此详情单第三联原始副本及支付的费用收据。索赔的要求只有在运费已支付的情况下方可被接受，超过规定期限将视为发运人已认可所委托运送的物品完成了全部程序而放弃追偿的权利。

2. 发运人在提出索赔的同时，有义务继续承担并偿付所欠承运人的运费，发运人无权从中扣除申请赔偿的款项。

八、适用范围

1. 以上所列条款适用于所有享有________________注册商标使用权及经营代理权的公司或其他的指定代理人。

2. ________________快递与发运人之间所签订的所有协议均应符合双方利益及国家的有关法律、法规，并接受所在地区仲裁机构的裁决。

● **律师批注**

【条款目的】

本处附上国内某家快递公司的快递单范本供参考。

在散件快递服务中，一般快递操作流程为：用户打电话通知取件—收件员上门验货收件—收件员将快件统一送到公司指定地点—通过航空、铁路、公路等将物品快速送达目的地所在城市—快递公司取件—通过送件员送达收件人处。

快递公司运单是一张格式合同。格式合同，也称定式合同、标准合同、附从合同。在一般概念中，格式合同指全部由格式条款组成的合同，只有部分是以格式条款的形式反映出来的，则称之为普通合同中的格式条款。《合同法》第39条规定，格式条款是当事人为重复使用而预先拟订并在订立合同时未与对方协商的条款。由于格式合同不容另一方修改，另一方只有全部同意或全部不同意的权利，所以在处理格式合同时不能简单地按照一般合同的方法来处理。各个国家对处理格式合同都有特别规定，我国主要在《合同法》第39、40、41条对格式合同的订立效力及其解释作了具体规定。《中华人民共和国消费者权益保护法》第24条也规定：(1) 经营者不得以格式合同、通知、声明、店堂告示等方式作出对消费者不公平不合理的规定，或者减轻、免除其损害消费者合法权益应当承担的民事责任。(2) 格式合同、通知、声明、店堂告示等具有前款所列内容的，其内容无效。

对于快递运单，托运一方无选择或修改条款的权利，只能接受这家快递公司或选择另一家快递公司。但目前国内法律实践中，对格式条款已经有一定的认定和判断。某一条款被认定为格式条款，其是否有效，应遵循公平原则综合考虑以下因素：(1) 缔约双方的地位。法律对格式条款予以限制，其立法本意是对一些行业、部门因具有一定垄断、优势地位，迫使对方签订不平等条款的情况加以规制。(2) 运输行业的交易习惯。在货物运输合同中，由于承运人在运输过程中，对于所运输的货物承担较大的风险，收取的运费与货物价值通常相差甚远，承运人为了维护自己的利益，在运输合同中通常都订有保价条款，目的在于督促托运人及时准确地申报货物价值，以实现双方在风险分担上的公平。这种做法已经成为货物运输行业的交易习惯，并为法律所确认。《合同法》第312条针对货运合同专门规定，货物的毁损、灭失的赔偿额，当事人有约定的，按照其约定。按照法律规定，完全允许当事人对赔偿限额进行约定。另外，《海商法》、《民用航空法》的相关条文进一步明确了赔偿限额。因此，本案双方当事人关于货物毁损、灭失赔偿额的约定并非显失公平的条款。(3) 是否尽到提示与说明义务。依据《合同法》第39条的规定，采用格式条款订立合同的，提供格式条款的一方应采取合理的方式提请对方注意免除或者限制其责任的条款，按照对方的要求，对该条款予以说明。

第二部分　保管类合同范本律师批注

保管合同是保管人有偿或无偿地为寄存人保管物品，并在约定期限内或应寄存人的请求，返还保管物品的合同。

在保管合同中，寄存人的主要义务包括支付保管费的义务和告知义务；保管人的主要义务包括妥善保管标的物的义务、亲自保管义务、不使用保管物的义务、返还标的物及孳息的义务，以及第三人主张权利时保管人的义务（如第三人对保管物主张权利的，除依法对保管物采取保全或者执行的以外，保管人应当履行向寄存人返还保管物的义务，以及第三人对保管人提起诉讼或者对保管物申请扣押的，保管人应当及时通知寄存人）。

第十章　保管合同

寄存人（简称甲方）：
住址或法定地址：
联系方式：
保管人（简称乙方）：
住址或法定地址：
联系方式：

为妥善保管________________，经甲乙双方协商一致，达成本协议。

第一条　甲方因迁往外地居住，将下列动产目录中记载的物品寄托乙方保管，而乙方愿依约受寄保管。

● **律师批注**

【条款目的】

以上条款在于明确双方签订合同的动因以及合同标的物。明确签署合同的动因有利于双方理解合同的由来，也在一定程度上影响着双方的权利义务，甚至有利于可能介入的第三方对合同的理解和评判。而明确标的物是合同双方签署和履行合同的前提和基础。

【风险提示】

实践中根据具体情况，合同的动因并非必备条款或内容，但是保管物即合同的标的物必须明确而具体。保管物的名称、数量、甚至质量等内容必须明确，否则在返还时就可能引起纠纷。

【相关案例】①

某家具城的甲商户由于场地租赁合同到期，拟迁往另外一个家具城。在新的店面装修完毕之前，有若干家具需要寄存在相邻的商户乙处，因此甲乙双方签署了《保管合同》，约定甲将“一套组合真皮沙发”寄存在乙处，直至甲新店面装修完毕。然而，等到甲前来提取保管物时，乙返还的是一套黑颜色的3件套的仿皮沙发。甲坚称自己寄存的是4件套的红色真皮沙发。于是双方产生纠纷，闹上法庭。

本案中，纠纷的起因在于双方对保管物的内容约定不够详细，如果将保管物的名称、数量、颜色等罗列清楚，再配上一张照片就可以避免此类问题。

【法律规定】

《中华人民共和国合同法》(1999.10.01施行)

第三百六十五条　保管合同是保管人保管寄存人交付的保管物，并返还该物的合同。

第二条　本合同所称保管系不定期限，甲方可随时请求退还，而乙方亦得随时返还保管物。

● **律师批注**

【条款目的】

本条是关于保管期限的规定。

当事人未约定保管期间的，保管合同自然可以随时终止。不但寄存人可以随时领取保管物而终止合同，保管人也可以随时请求寄存人领取保管物而终止合同。当事人约定保管期间的，保管人无特别事由，如保管人患病、丧失行为能力等事由，不得请求寄存人提前领取保管物。

① 案例来源：本案例由笔者根据实践中接触的案例改编。

【风险提示】

在约定了保管期间的有偿保管合同中，当寄存人提前提取保管物时，保管费用如何计算和支付呢？是按照实际保管时间计算和支付还是按照原先约定的保管期间计算和支付呢？为避免纠纷，有必要在保管合同中作出明确约定。

【相关案例】①

甲公司打算对办公室进行重新装修，因此与乙搬家公司签订了《搬家合同》，同时签署了一份《保管合同》，约定由乙方负责甲方装修期间办公家具的有偿保管。保管期限暂定为 3 个月，保管费用为每月 3 000 元。后来甲公司只用两个月就完成了装修，因此提出提前提取保管物，并主张按实际保管时间即两个月支付保管费用 6 000 元。乙方却主张应按照原合同约定的保管期限支付 9 000 元保管费。

法院经审理后认为：合同法赋予了寄存人随时领取保管物的权利，因此，在未约定违约金的情况下，寄存人提前领取保管物，保管人应予同意且不应当要求支付第 3 个月的保管费 3 000 元，因此判决乙方败诉。

【法律规定】

《中华人民共和国合同法》(1999.10.01 施行)

第三百七十六条　寄存人可以随时领取保管物。当事人对保管期间没有约定或者约定不明确的，保管人可以随时要求寄存人领取保管物；约定保管期间的，保管人无特别事由，不得要求寄存人提前领取保管物。

第三条　甲方保证对保管物拥有全部合法权利，不存在任何权属瑕疵。如因任何保管物权属纠纷或法律行动造成乙方损失的，甲方应负赔偿责任。

除依法对保管物采取保全或者交付执行的以外，乙方应当履行向甲方返还保管物的义务。

● **律师批注**

【条款目的】

实际中，如果保管物的权属有瑕疵，如来源不合法，寄存人对保管物的占有不合法等原因，可能导致保管期间出现针对保管物的权利主张或法律纠纷，进而可能给保管人造成不必要的麻烦甚至损失，也有可能导致保管人在这些主张面前错误作为，导致寄存人损失。为此，必须明确双方责任。

① 案例来源：中国知网 http://law.cnki.net/，案情略有删减。

【风险提示】

实践中常见的纠纷类型有:(1) 保管物非法或来源非法导致被查封或扣押;(2) 第三方对保管物提出权利主张后保管人处置不当。

【相关案例】①

苏某出差前委托袁某帮其保管一台电脑。在苏某出差返回的前一天晚上,袁某的朋友刘某到袁某的寝室玩耍,发现袁某代苏某保管的电脑是自己一个多月前丢失的那一台。于是,刘某要袁某暂时把电脑交给他,以便他找苏某交涉,或去公安局报警。

袁某出于对刘某的信任,就把电脑交给刘某。第二天,苏某出差返回后要袁某返还电脑。袁某告诉苏某电脑已给刘某,要他自己去找刘某把事情讲清楚。苏某找到刘某,但刘某坚持认为电脑是自己的,拒绝返还。苏某只得诉至法院,要求袁某返还电脑。

本案中,刘某对袁某表示电脑是自己一个月前丢失的。这符合本条第1款规定的"第三人对保管物主张权利"。根据本条规定,保管人若要免除返还保管物的义务,还需另一个条件,这就是"依法对保管物采取保全或者交付执行"。本案中刘某要袁某把电脑交给他的理由是有利于与苏某交涉,或直接报警。但第三人刘某并没有向法院提出财产保全的申请,法院也没有主动采取保全措施,不存在依法对保管物采取保全的事实。袁某也并未起诉,本案不存在生效的法律文书需要执行。综上所述,苏某的请求有法律依据,袁某负有把电脑返还给苏某的义务。

【法律规定】

《中华人民共和国合同法》(1999.10.01 施行)

第三百七十三条　第三人对保管物主张权利的,除依法对保管物采取保全或者执行的以外,保管人应当履行向寄存人返还保管物的义务。

第三人对保管人提起诉讼或者对保管物申请扣押的,保管人应当及时通知寄存人。

第四条　寄存人交付保管物时,保管人应当验收,并给付保管凭证。

● 律师批注

【条款目的】

保管凭证是明确保管物内容以及返还保管物的书面证据。因此,除非交

---

① 案例来源:http://www.ytgsj.gov.cn/n8951/n8971/n9031/n13222/208483.html。

易习惯决定，通常情况下保管人应向寄存人出具保管凭证。

【风险提示】

保管凭证对于保管物的内容、状态等要记载准确和详细，防止将来产生纠纷；寄存人应当妥善保存和保管凭证，防止丢失或损坏。

【法律规定】

《中华人民共和国合同法》(1999.10.01 施行)

第三百六十八条　寄存人向保管人交付保管物的，保管人应当给付保管凭证，但另有交易习惯的除外。

第五条　保管物中(是/否)有货币、有价证券或者其他贵重物品，具体如下：______________。

● **律师批注**

【条款目的】

由于货币、有价证券或者其他贵重物品价值重大，保管时危险系数高，保管人须尽高度谨慎的注意义务，有时还须采取特殊的保护措施。否则一旦保管物毁损、灭失，寄存人损失重大，保管人的赔偿责任也很重。因此，法律规定，保管物中如有此类物品，寄存人应当事先声明。否则，如保管物毁损、灭失，保管人可以只按一般物品予以赔偿。这是因为，因寄存人未尽声明义务，使保管人无法采取相应的保管措施，对于寄存物毁损、灭失的后果，寄存人存在一定的过错。因此，寄存人应自己承担部分损失。

【风险提示】

在保管物交付时，寄存人有义务向保管人声明是否具有贵重物品，保管人也应注意主动询问并请寄存人确认是否具有贵重物品，并在保管凭证上记载清楚。

【相关案例】①

某旅客入住某饭店，将一些行李寄存在饭店前台。后来该旅客在饭店领取寄存物品时，发现其寄存的一贵重物品丢失，随即向饭店索赔。饭店称：该物品寄存时未作特别声明，饭店为无偿保管，自己没有重大过失，本不应承担任何赔偿责任，最多按照一般物品予以赔偿。该游客认为，不应由自己承担该物品丢失所造成的损失。遂起纠纷。

① 案例来源：中国知网案例库 http://law1.cnki.net/searchcore/Index.aspx，案情略有删减。

律师认为，首先，本案中的保管，属于发生在商业经营类场所的保管，在这类场所中，营业所得的利润已包含了替客人保存物品而应由客人支付的费用，保管实质上并非是无偿的。因此，饭店作为保管人不能基于自己无重大过失而主张免责。其次，贵重物品价值重大，保管人需尽高度的注意义务，但旅客并未依法声明保管物品中夹带有贵重物品，进而保管人未能采取相应的保管措施导致物品丢失。因此，旅客也具有很大过错。所以，就贵重物品丢失造成的损失，饭店应按一般物品予以赔偿。

【法律规定】

《中华人民共和国合同法》(1999.10.01 施行)

第三百七十五条　寄存人寄存货币、有价证券或者其他贵重物品的，应当向保管人声明，由保管人验收或者封存。寄存人未声明的，该物品毁损、灭失后，保管人可以按照一般物品予以赔偿。

第六条　本保管合同为下列第________种：

（1）无偿保管，乙方不得向甲方请求任何名义的费用或补偿。

（2）有偿保管，具体收费标准和支付方式为________________。

● **律师批注**

【条款目的】

本条是关于保管费用的约定。保管合同既可以是有偿保管合同，即收取保管费的合同，也可以是无偿保管合同，即不收取任何报酬的合同。因此，双方必须十分清楚打算采取的保管属于哪一种。

【风险提示】

当事人对保管费没有约定或者约定不明确或不能按有关规定确定的，保管是无偿的。

【相关案例】①

某快递公司在收到王某为收件人的快递后及时与其联系提货，但王某发现来电号码陌生即拒绝接听电话，导致邮包在快递公司的免费保管期超期，快递公司要求王某支付保管费用。王某拒绝支付。

本案中，快递公司要求王某支付保管费用的依据是其与发件人之间签署的快递合同，其中有关于超过保管期需要支付保管费用及支付标准的约定。因此，如无违法内容，发件人应承担支付保管费的责任。实践中，收件人往往

① 案例来源：本案例由笔者根据实践中接触的案例改编。

需要代发件人支付该等费用。

【法律规定】

《中华人民共和国合同法》(1999.10.01 施行)

第三百六十六条 寄存人应当按照约定向保管人支付保管费。

当事人对保管费没有约定或者约定不明确,依照本法第六十一条的规定仍不能确定的,保管是无偿的。

第七条 乙方在本合同履行期间不得也不得许可他人使用保管物,否则引起的一切责任由乙方承担。

● **律师批注**

【条款目的】

本条是关于保管人是否可以在保管期间使用或利用保管物的规定。

【风险提示】

根据保管物及其属性的不同,对保管物的使用或利用可能会在一定程度上降低保管物的价值。此外,寄存人或第三人使用或利用保管物还有可能产生一些意想不到的风险。因此,寄存人应当考虑清楚是否允许保管人使用或利用保管物。

【相关案例】①

林某因公出差,临行前将自己的摩托车交给好友宋某保管,并告知刹车不灵,不要使用。宋某承诺"请你放心,绝不动用"。后有一天,宋某趁着酒兴,驾驶林某的摩托车到北京大道上遛车。因刹车失灵,与一货车追尾,当即昏迷。后经医治,共花去医疗费8 000元,修理摩托车的费用为3 000元。林某回来后,宋某要求林某赔偿其损失共11 000元。林某拒绝,宋某提起诉讼。法院驳回了宋某的诉讼请求,理由是:保管人宋某负有不得擅自使用保管物的义务。并且,林某在临行前已经明确告知保管物的瑕疵。宋某也保证一定不使用。因此,林某没有过错。宋某擅自使用保管物,应承担违约责任。自己的损失完全是由于自己的过错造成的,林某不负责任。

【法律规定】

《中华人民共和国合同法》(1999.10.01 施行)

第三百七十条 寄存人交付的保管物有瑕疵或者按照保管物的性质需

---

① 案例来源:北青网 http://bjyouth.ynet.com/。

要采取特殊保管措施的，寄存人应当将有关情况告知保管人。寄存人未告知，致使保管物受损失的，保管人不承担损害赔偿责任；保管人因此受损失的，除保管人知道或者应当知道并且未采取补救措施的以外，寄存人应当承担损害赔偿责任。

第三百七十二条　保管人不得使用或者许可第三人使用保管物，但当事人另有约定的除外。

第八条　乙方应当妥善保管保管物。但是，由于保管物的自然属性导致保管物在保管期间发生的自然损耗，乙方不承担责任。

● **律师批注**

【条款目的】

本条是关于保管人对保管物尽妥善保管义务的规定。

保管人负有返还保管物的义务，即保管合同只是转移物的占有而不转移物的所有权。保管合同的目的是为寄存人保管保管物，即维持保管物的现状并予以返还。因此保管人为返还保管物并实现合同目的，应当妥善保管保管物，这是保管人应负的主要义务之一。由于保管物的自然属性导致保管物在保管期间发生自然损耗的，不应视为保管人对该项义务的违反，保管人不应承担违约责任。

【风险提示】

尽力准确地界定“妥善”一词，在实践中具有很强的现实意义。何为妥善，应视保管物的性质、合同的目的，以及根据诚实信用原则确定，如棉花应做到防潮，木质家具应做到防虫害，等等。这些都应在保管合同中作出明确约定。

【相关案例】①

春节期间，李某到云南旅游。一天，李某将行李包寄存于某小件寄存处，并声明行李包中夹带有两万元现金，寄存处的人员亦进行了核对，在预交了10元寄存费后，寄存处李某出具了寄存凭证。当日晚上，该寄存处被盗，共丢失寄存包若干。次日，李某发现其行李包已丢失，便向寄存处索赔行李包和现金两万元。寄存处便称因寄存处被窃，已向公安机关报案，待公安机关破案后，由盗窃人予以赔偿。无奈之下，李某以小件寄存处为被告而诉至法

---

① 案例来源：北大法律信息网 http://vip.chinalawinfo.com/case/Result.asp? SFlag=11，案情略有删减。

院。请求寄存处赔偿行李包及现金两万元。法院经审理后判决认为,寄存处未尽到保管义务致使原告行李包丢失,应当赔偿寄存人相应损失,包括提前声明过的两万元现金的损失。

【法律规定】

《中华人民共和国合同法》(1999.10.01 施行)

第三百六十九条 保管人应当妥善保管保管物。当事人可以约定保管场所或者方法。除紧急情况或者为了维护寄存人利益的以外,不得擅自改变保管场所或者方法。

第九条 本件保管物乙方应存置于________________处所,非经甲方同意乙方不得变更保管处所。

- **律师批注**

【条款目的】

本条是关于保管处所的约定。现实经济生活中,寄存人可能对于保管处所有特殊要求,双方应对此作出明确约定并遵照执行。

【风险提示】

当事人约定了保管场所或者保管方法的,除紧急情况或者为了维护寄存人利益的以外,不得擅自改变保管场所或者方法。所谓紧急情况,如保管物因第三人的原因或者因自然原因,可能发生毁损、灭失的危险时,保管人除应当及时通知寄存人外,为了维护寄存人的利益,可以改变原来约定的保管场所或者保管方法。

【法律规定】

《中华人民共和国合同法》(1999.10.01 施行)

第三百六十九条 保管人应当妥善保管保管物。当事人可以约定保管场所或者方法。除紧急情况或者为了维护寄存人利益的以外,不得擅自改变保管场所或者方法。

第十条 保管人不得将保管物转交他人保管,否则应当对可能造成的保管物的损失承担损害赔偿责任。

- **律师批注**

【条款目的】

本条明确了保管人的亲自保管义务,即除非双方另有约定,保管人不能将保管物转委托他人保管。实践中，寄存人可能依对保管人及其保管条件的信赖才决定委托其保管的，因此就需要明确不得转第三人保管。

【风险提示】

对于保管人而言，转保管很容易引发纠纷，需要特别注意。比如在无偿保管的情况下，当保管物被损坏时，除非保管人有重大过失或故意，不需要承担赔偿责任，而如果保管物被损坏是在转保管期间造成的，则保管人很可能要承担赔偿责任。因此，如果确有转保管的必要，保管人要及时与寄存人协商一致。

【相关案例】①

某旅客张某在旅游目的地购买了一辆摩托车，委托其下榻的旅馆暂时保管，并支付了保管费200元。旅馆因没有合适的地方存放，便委托其职员林某保管。不料，林某在一次驾车回家途中发生了交通事故，致摩托车受损。张某得知后，要求旅馆赔偿。

本案中，旅馆应根据保管合同，负起妥善保管保管物的责任，但其却擅自转托林某保管，而林某亦未妥善保管，而是擅自使用，因此旅馆显然未尽到妥善保管的义务。对于擅自将保管物转交第三人而对保管物造成的损失，该旅馆应当承担损害赔偿责任。

【法律规定】

《中华人民共和国合同法》(1999.10.01 施行)

第三百七十一条　保管人不得将保管物转交第三人保管，但当事人另有约定的除外。

保管人违反前款规定，将保管物转交第三人保管，对保管物造成损失的，应当承担损害赔偿责任。

第十一条　寄存人未向保管人支付保管费的，保管人(是/否)可以留置保管物。

● **律师批注**

【条款目的】

依约支付保管费及其他费用是寄存人的主要义务。如果寄存人违反约定不支付保管费(报酬)以及其他费用的，保管人可以将保管物折价或者以拍卖、变卖保管物的价款优先受偿。当然，双方在签署保管合同时明确排除

① 案例来源：中顾法律网 www.9ask.cn/，案情略有改编。

保管人留置保管物的情况除外。

【风险提示】

须注意的是:依照《中华人民共和国担保法》(以下简称《担保法》)的规定,保管人在留置保管物后,应当给予寄存人不少于两个月的期限履行债务。如果寄存人逾期仍不履行债务,才可以处理留置的财产。而且在这段时间内,保管人仍负有妥善保管留置物的义务,如果保管不善致使留置物毁损、灭失的,保管人应当承担民事赔偿责任。

【相关案例】①

张某将一批衣服委托王某保管,保管期限半年,保管费3000元。到期后张因资金紧张无法支付保管费,王某遂将衣服留置,并要求张某在20日内交费取货。但张某因生意忙未能在20日内将所欠保管费交齐,王某就将衣服处理了。于是两人闹上法庭。

律师认为:留置是指债权人按照合同约定占有债务人的动产,债务人不按合同约定的期限履行债务的,债权人有权留置该财产,以该财产折价或者以拍卖、变卖该财产的价款优先受偿。因此,根据《担保法》第84条的规定,张某不能按约定付清保管费时,王某将衣服留置是合法的。但是,《担保法》第87条同时规定了最短通知时限,即不短于两个月。同时担保法规定:债权人可以行使留置权,但同时必须履行妥善保管、不得擅自使用、利用留置物以及返还留置物的义务。

因此,王某将衣服留置后应当给张某两个月以上的履行债务宽限期,但只给了20天,违反了法律规定,他将衣服处理的行为系侵权行为,所以张某有权要求其返还财产,并赔偿损失。

【法律规定】

《中华人民共和国合同法》(1999.10.01施行)

第三百八十条　寄存人未按照约定支付保管费以及其他费用的,保管人对保管物享有留置权,但当事人另有约定的除外。

《中华人民共和国担保法》(1995.10.01施行)

第八十四条　因保管合同、运输合同、加工承揽合同发生的债权,债务人不履行债务的,债权人有留置权。

当事人可以在合同中约定不得留置的物。

第八十七条　债权人与债务人应当在合同中约定,债权人留置财产后,

---

① 案例来源:法制网 http://www.legaldaily.com.cn/,案情略有改编。

债务人应当在不少于两个月的期限内履行债务。债权人与债务人在合同中未约定的，债权人留置债务人财产后，应当确定两个月以上的期限，通知债务人在该期限内履行债务。

债务人逾期仍不履行的，债权人可以与债务人协议以留置物折价，也可以依法拍卖、变卖留置物。

留置物折价或者拍卖、变卖后，其价款超过债权数额的部分归债务人所有，不足部分由债务人清偿。

《中华人民共和国物权法》(2007.10.01 施行)

第二百三十四条　留置权人负有妥善保管留置财产的义务；因保管不善致使留置财产毁损、灭失的，应当承担赔偿责任。

第十二条　保管人违约责任：________________________

寄存人违约责任：________________________

- **律师批注**

【条款目的】

无论是保管人还是寄存人，如果违反了本合同中约定的或者法律规定的义务，就应当向对方承担违约责任。具体有哪些违约责任，应当根据保管合同的具体内容，尤其是保管物的具体情况作出约定。以下是保管人和寄存人主要的违约责任列举，当事方可以选择使用：

1. 保管人的主要违约责任

保管物在保管期间因保管人保管不善而毁损、灭失的，保管人应当承担损害赔偿责任。但保管是无偿的，保管人证明自己没有重大过失的，不承担损害赔偿责任。

不是因为紧急情况所迫或者为了维护寄存人的利益，保管人未按合同约定的保管场所或者方法保管保管物而发生保管物毁损、灭失的，保管人应承担损害赔偿责任。

保管人违反约定擅自将保管物转交第三人保管而发生保管物毁损、灭失的，即使事出意外，仍应负赔偿责任。

保管人未经寄存人同意，自己使用或者让第三人使用保管物的，无论其主观上是否有过错，均应承担违约责任，向寄存人支付违约金或者报酬。保管物为金钱的，保管人应自使用之日起支付利息。

约定保管期限的，无特别事由而要求寄存人提前领取保管物的，应承担违约责任。

2. 寄存人的主要违约责任

寄存人未按合同约定的期限向保管人支付保管费以及其他费用,应当向保管人支付逾期给付的违约金。

寄存人交付的保管物有瑕疵或者按照保管物的性质需要采取保管措施的,寄存人未将有关情况告知保管人,致使保管物受损失的,由寄存人自己承担责任,因此给保管人或者第三人的财产或人身造成损害的,寄存人应承担损害赔偿责任。

【风险提示】

有偿保管还是无偿保管对于保管人的保管义务而言具有重大差别,因此,寄存人应在寄存保管物时做到心中有数。

【相关案例】1①

2010 年 8 月,吴某因女儿考上大学,夫妻决定一起去陪读。两人将自己的房屋出租后,发现自己家的钢琴没地方放,决定找其好朋友刘某代为保管,刘某将钢琴放至自己的车库为其保管。10 月,刘某未经吴某同意便将钢琴租给某校音乐老师张某,租期为一年,租金为 3 500 元。刘某收钱后,将钢琴拉至张某家。

2011 年 1 月份,吴某和孩子从外地回家过年,想借放假机会让孩子练练琴,吴某找到刘某说明此事,刘某称冬天车库地方小放不下钢琴,已将钢琴托付朋友代其保管,不让吴某孩子练琴。吴某坚持让孩子练琴,刘某以各种理由推托,后被逼无奈找来一个电子琴让其练习,吴某不同意,刘某才将实情告诉吴某。吴某责怪刘某事先未找其商量,私自将钢琴租给他人,将刘某告上法庭。

【相关案例】2②

小孙和小曾是大学同学。暑假期间,小曾委托不回家的小孙替其保管电脑,并主动提出要给小孙报酬。小孙答应保管电脑,但谢绝了报酬。意想不到的是,就在小曾返校的头天晚上,小孙宿舍被盗,锁在柜里的电脑被小偷偷走了。由于赔偿问题双方无法达成一致,小曾遂向法院提起诉讼,要求小孙赔偿自己的电脑损失。

法院经审理认为,原、被告双方的意思表示一致,双方之间已形成保管合同关系。但由于双方的保管行为属于无偿保管,而且被告已将电脑锁在柜子里,已尽了注意义务,没有重大过失,故判决驳回了原告小曾的诉讼请求。

---

① 案例来源:http://suihua. dbw. cn/system/2011/04/12/053096823. shtml。

② 案例来源:本案例由笔者根据实践中接触的案例改编。

对方给你多大代价，你就应当承担多大责任。根据利益关系来确定保管人的义务及责任程度，符合民法的等价有偿原则。

【法律规定】

《合同法》无专门或独立的条款对保管合同项下的违约责任作出规定，该类内容散见于《合同法》第十九章。

第十三条　本合同在签订和履行过程中发生的争议，由双方协商解决，协商不成的，按照下列第______种方式解决：

1. 提交________________仲裁委员会裁决。

2. 依法向人民法院起诉。

● **律师批注**

【条款目的】

本条即所谓的争议解决条款。任何合同，在签订和履行过程中都有可能因各种原因发生争议或纠纷，因此必须对如何解决这类纠纷作出事先约定。根据法律规定，当事人既可以选择仲裁也可以选择诉讼方式解决纷争。两种选择均必须遵循相应的规则和要求：如要选择仲裁，则仲裁的意思表示、仲裁事项和仲裁机构必须明确；如选择诉讼，则要遵循法律关于选择法院的级别管辖和地域管辖的规定，等等。

【风险提示】

根据我国目前的法律规定，除劳动争议外，仲裁和诉讼是两种只能“二选其一”的纠纷解决方式。因此，当事人不能既选择仲裁又选择诉讼作为争议解决方式。否则会导致仲裁协议无效，最终只能采取诉讼方式。

【相关案例】①

2010 年 7 月 10 日，北京某服饰有限公司（需方）与河北某股份有限公司（供方）签订了《产品采购合同》，合同约定了需方向供方采购一批服装，服装购销明细、单价及数量见附件（附件略）。合同总金额为 560 万元，付款方式为：样品确认后，需方先行支付合同金额的 20% 作为定金，供方出货后 3 天内需方将合同金额的 60% 划入供方指定账户，其余 20% 的货款作为质量保证金在收货后半年内付清。《产品采购合同》第 12 条还约定：“本合同一式二份，供方、需方各执一份，未尽事宜或发生纠纷，由双方协商解决，协商无效，在需方所在地申请法律仲裁。”在合同履行过程中，需方第 2 期 60% 的合同款未能及时支

① 案例来源：http://blog.sina.com.cn/s/blog_49030d8b0100xwnz.html，案情略有改编。

付给供方，双方协商无果。于是供方向北京市仲裁委提交了仲裁申请。

需方北京公司提出了管辖权异议申请，认为双方所签订的《产品采购合同》第12条未约定具体的仲裁机构，且双方未就仲裁机构达成补充协议，故应依法确认该仲裁条款无效。但供方河北某服务有限公司认为《产品采购合同》是需方北京某服饰有限公司提供的格式合同，经双方协商一致后签署；双方所约定的仲裁机构是确定的、唯一的，即北京市仲裁委员会，申请人要求确认仲裁条款无效缺乏依据。

法院经审理认为，讼争仲裁条款未明确约定仲裁机构，事后双方也未就此问题达成补充协议，故该仲裁协议应依法确认无效。因此裁定：申请人北京某服饰有限公司与被申请人河北某服务有限公司于2010年7月10日签订的《产品采购合同》第12条约定的仲裁协议无效。（本裁定为终审裁定）

【法律规定】

《中华人民共和国合同法》（1999.10.01施行）

第一百二十八条　当事人可以通过和解或者调解解决合同争议。

当事人不愿和解、调解或者和解、调解不成的，可以根据仲裁协议向仲裁机构申请仲裁。涉外合同的当事人可以根据仲裁协议向中国仲裁机构或者其他仲裁机构申请仲裁。当事人没有订立仲裁协议或者仲裁协议无效的，可以向人民法院起诉。当事人应当履行发生法律效力的判决、仲裁裁决、调解书；拒不履行的，对方可以请求人民法院执行。

《中华人民共和国仲裁法》（1995.09.01施行）

第十六条　仲裁协议包括合同中订立的仲裁条款和以其他书面方式在纠纷发生前或者纠纷发生后达成的请求仲裁的协议。

仲裁协议应当具有下列内容：

（一）请求仲裁的意思表示；

（二）仲裁事项；

（三）选定的仲裁委员会。

最高人民法院《关于适用〈中华人民共和国仲裁法〉若干问题的解释》（2006.09.08施行）

第三条　仲裁协议约定的仲裁机构名称不准确，但能够确定具体的仲裁机构的，应当认定选定了仲裁机构。

第四条　仲裁协议仅约定纠纷适用的仲裁规则的，视为未约定仲裁机构，但当事人达成补充协议或者按照约定的仲裁规则能够确定仲裁机构的除外。

第五条　仲裁协议约定两个以上仲裁机构的，当事人可以协议选择其中的一个仲裁机构申请仲裁;当事人不能就仲裁机构选择达成一致的,仲裁协议无效。

第六条　仲裁协议约定由某地的仲裁机构仲裁且该地仅有一个仲裁机构的,该仲裁机构视为约定的仲裁机构。该地有两个以上仲裁机构的,当事人可以协议选择其中的一个仲裁机构申请仲裁;当事人不能就仲裁机构选择达成一致的,仲裁协议无效。

第十四条　本合同自合同签署,并且保管物交付乙方接管时成立。保管物清单见本合同附件。

● **律师批注**

【条款目的】

这是合同的成立和生效条款。保管合同是实践合同。就保管合同而言,仅有当事人双方意思表示一致,合同还不能成立,还必须有寄存人将保管物交付给保管人的事实。

保管合同尽管以保管物的交付为成立要件,但当事人另有约定的除外。例如当事人在合同中明确约定"自合同签字之日起即生效力"。如果有这样的约定,则双方当事人自合同签字之日起即受合同约束,双方应当按照合同的约定履行自己的义务,不得擅自变更或者解除合同,否则承担违约责任。双方当事人在合同中作这样的约定,多是由于保管是有偿的,特别是保管人为了实现获得保管费的合同目的而订立的。当寄存人不交付保管物时,保管人就可以依法追究寄存人的违约责任。

【风险提示】

对于寄存人而言,应主动索要并保存好交付保管物的凭证,也就是保管凭证,否则实践中可能会由于不能证明保管物已交付而承担败诉风险。

【相关案例】①

一天,原告覃女士将车开进其居住的小区,小区的物业管理人员向其发放了《车辆临时出入证》,覃女士将车停放在自己居住的楼下。次日上午,覃女士发现汽车丢失,随即向小区物业反映并向公安机关报案,但该车未能寻回。遂将该小区物业公司告到法院,请求判令物业公司赔偿损失5万元。

覃女士提供的证据有小区物业发放的《车辆临时出入证》,该临时出入证上记载了"此证仅作出入凭证,不承担任何保管和赔偿责任";"请车主妥

① 案例来源:http://bjtlzy. chinacourt. org/public/detail. php? id = 1686。

善保管好车辆，若发生丢失、损毁、撬盗等情况责任自负”等内容。

法院审理后认为，原告提供的《车辆临时出入证》上记载的文字内容，没有反映被告欲为原告保管车辆的意思表示，反而告知车主自行妥善保管车辆。并且，该出入证既没有时间记载，又没有车号记载，更没有收费情况的记载。故该证不具有保管凭证的特征。原告提供的证据，均不能证实原、被告双方已就车辆的保管达成了一致，不能证明双方保管合同成立。对此，原告应当依法承担举证不能的法律后果。据此，法院依法判决驳回原告诉讼请求。

【法律规定】

《中华人民共和国合同法》(1999.10.01 施行)

第三百六十七条　保管合同自保管物交付时成立，但当事人另有约定的除外。

第十五条　本合同一式两份，甲、乙双方各执一份为凭。

附件：保管物清单(略)

甲方：

乙方：

签约时间：

第十一章　车辆保管协议

随着中国经济的日益发展和人民生活水平的不断提高，人均机动车拥有量急剧升高，尤其是在我国的一些大中型城市，机动车数量更是呈现井喷之势。伴随着机动车不断增多，随之而来的机动车停车位紧张的局面日益严重，车辆（包括机动车和非机动车辆）在保管、停放管理过程中发生的车辆毁损或灭失的赔偿问题，也备受关注。

从审判实践看，将车辆停放在他人的停车场，停放人和停车场管理者、经营者之间因停放车辆的毁损、灭失发生的损害赔偿诉讼，可归纳为合同诉讼和消费服务诉讼两大类。

1. 在合同类诉讼中，又可细分为车辆保管合同和车辆停放管理（服务）合同。如果停放人与停车场的管理者、经营者签订了车辆保管合同，发生纠纷后容易认定法律关系性质，但此情况在现实中较少发生。

在车辆停放管理（服务）合同关系中，既有保管合同的某些义务，又有消费服务关系的特征，属于两种法律关系竞合。尽管停车场的管理者或经营者在车辆出入凭证上声明"只提供车位有偿使用，不负保管责任"，但根据《合同法》的有关规定，该单方声明属无效条款。

2. 在消费服务类诉讼中，宾馆、酒楼、商场或者其他娱乐场所的经营者为吸引消费者（顾客）的消费而设置停车场，为消费者提供免费停车服务（附属型消费）。这些场所为顾客提供的停车服务是消费合同的附随义务，虽然在提供服务时没有收取保管费，但这些费用已包括在消费服务收费中。

如经营者与其他停车场的管理者或经营者约定，消费者在其消费达到一定数额，消费者凭票免费停放若干小时的，就不属于附属型消费，而应当认定停放人与其停车场的管理者或经营者形成车辆停放服务合同关系。

在上述三种机动车停放法律关系中，双方当事人之间互享民事权利互负民事义务，存在合理的对价，体现了权利义务相一致的法律原则。因此，当存放车辆发生毁损或灭失情况时，大多情况下保管人要承当相应的损害赔偿责任。具体情形如下：

1. 对签订有车辆保管合同的案件，如果该停车保管合同系有偿合同，在发生车辆毁损或者灭失时，停车场的管理者或者经营者构成违约，应当承担损害赔偿责任，如果车主或者车辆使用人有过错的，应当减轻或者免除保管人的赔偿责任;如系无偿保管合同,停车场的管理者或者经营者虽然也负有妥善保管并交付车辆的合同义务,但其承担的是一般管理人的注意义务,停车场的管理者或者经营者在有重大过失造成车辆毁损或者灭失时,才承担损害赔偿责任。双方当事人对有无重大过失存在争议时,由停放人负举证责任。

2. 对被认定为车辆停放管理(服务)合同关系的案件,停车场的管理者或经营者在机动车停放管理(服务)过程中,应消除停车场可能存在的危及停车安全的隐患,妥善保管停放人的车辆。如因停车场的管理者或经营者的过错造成车辆毁损或灭失的,停车场的管理者或经营者应当承担损害赔偿责任。在停车场管理者或经营者和停放人均有过错时,按照双方过错分担责任。对于免费停放、无卡管理的停车场,停车场管理者不承担车辆毁损或者灭失的责任。

3. 对被认定为附属消费合同关系的车辆保管服务关系的案件,经营者必须承担消费合同的附随义务,将停放在停车场里的车辆视为消费者带入经营场所的财产一并提供保管义务。如因该经营场者没有履行附随的保管义务导致车辆毁损、灭失,由经营者作为直接侵权人承担赔偿责任,不因免费停放而免责。

根据最高人民法院研究室《关于住宿期间旅客车辆丢失赔偿案件如何适用法律问题的答复》,当旅客依旅店值班人员的指示或者许可,将车辆停放于旅店的停车场地后,旅店对车辆即负有保管义务。即使旅店未对车辆停放单独收费,但在旅店不能证明自己对车辆被盗没有重大过失的情况下,应承担损害赔偿责任。

本书仅对规范第一类车辆存放法律关系的车辆保管合同作出注解,供广大读者借鉴。

车辆保管议书①

停车场地点:__________市__________路__________号。

甲乙双方经过友好协商,签订本车辆保管协议书。

一、甲方将其所有的汽车交由乙方保管。保管时间为______年______月______日至______年______月______日。

① 合同范本来源:北大法意网 http://www.lawyee.net/。

● **律师批注**

【条款目的】

以上条款目的在于明确保管物和保管期限。

【风险提示】

应注意审查乙方是否具有保管车辆并收费的经营资质，实践中经常出现由于乙方不具备相应经营资质而私自收费，要么“看管人”只收费不看管，要么“看管人”收费后逃之夭夭的案例。

【相关案例】①

2010年8月，发生在北京市润枫水尚和华纺易城居民小区的一个“毁车”案例具有相当的代表性和典型意义：数十位小区居民将车停放于小区外的路侧停车场过夜，结果被人为泼洒硫酸，遭受巨额损失。后经查实，虽然居民停车处施划了停车位，并且有公司在收取停车费，但实际上，收取停车管理费的两家公司却尚未完成有关部门的经营备案，也就是尚未取得停车场经营资质。根据朝阳区市政市容委指挥中心的回复，只有在经营备案申请批准的前提下，才能划定停车管理的区域、车位等，然后才能按照发改委制定的标准收费。在此之前，是不允许停车管理公司实施收费的。

毁车事件发生后，各大保险公司拒绝对这种人为恶意破坏理赔，车主们一直在与停车管理公司协调赔偿事宜。但两家公司除了答应对办理停车证的车主补偿外，大部分临时停车车主索赔都被直接拒绝。

【法律规定】

《中华人民共和国合同法》(1999.10.01施行)

第三百七十六条　寄存人可以随时领取保管物。

当事人对保管期间没有约定或者约定不明确的，保管人可以随时要求寄存人领取保管物；约定保管期间的，保管人无特别事由，不得要求寄存人提前领取保管物。

二、甲方所有的汽车的品牌是________，颜色为________，型号为________，车牌号为________，汽车购买时间为______年______月______日，汽车行驶里程(订合同日)为________公里。

① 案例来源：搜房网 http://www.soufun.com/news/2010-08-15/3671292.htm，案情略有改编。

● **律师批注**

【条款目的】

本条意义在于明确保管物的具体内容。鉴于保管物的特点和属性，对于汽车的品牌、颜色、型号、车牌号、购买时间、行驶里程等加以明确和固定后，这些保管物的基本内容和属性就确定下来了。这样一来，不但明确了保管物的具体内容，而且可以防止保管人私自使用保管物。

三、甲方应将其停放在停车场的车辆上好保险锁(杆)。

● **律师批注**

【条款目的】

寄存人将车辆上好保险锁(杠)有利于车辆的安全保管，有利于实现保管目的，因此应提醒和要求寄存人履行此项义务。

【风险提示】

如果由于寄存人未上好车辆保险锁(杆)，导致保管期间车辆内物品丢失或者车辆丢失的，寄存人应当承担相应的损失，保管人可以相应减轻赔偿责任。

四、乙方承担对甲方车辆的保管义务。

● **律师批注**

【条款目的】

在于明确甲方对车辆的保管义务。在实践中，对于此类机动车存放法律关系多有争议。有时保管人(物业公司或停车管理公司)经常会主张车辆停放是一种有偿使用关系，即把车位作为一种财产，保管人只提供有偿使用服务，不负责车辆的看护保管，车辆损毁灭失由车主自负责任。这也是当前物业管理公司或停车管理公司单方最喜欢用的措辞。在每个地方停车的时候，停车卡的背面都有这样的措辞。有了本条约定，就可以明确排除保管人的该类无理主张。车主按照合同约定将车辆停放在停车场指定的停车位上，车辆不受他人的非法侵犯。车主有权要求物业公司尽职尽责地履行保管车辆的义务，保障车辆在停车场的安全。车辆在停车场的安全，既包括车辆本身的安全(例如避免车辆本身的毁损、丢失等)，也包括车内财产的安全(例如避免车内的财产毁坏、丢失等)。

【风险提示】

从法律意义上而言，甲方将车辆停放乙方停车场并交付费用，这样的法律关系性质明确即为保管合同，而非车位租赁关系或者其他法律关系。因此乙方的保管义务也是明确的。尽管在实际中有一定争议，且个别地方甚至认可该类法律关系为车位租赁关系，但律师建议：不管协议中是否明确约定了保管人的保管义务，保管人都应该清楚地意识到并切实履行其保管责任，切勿疏忽大意。

【相关案例】①

詹某某居住在某物业公司负责管理的某某山庄，并已交纳2004年1—3月的车辆保管费人民币330元。2004年3月25日，詹某某将车停在地下停车场，并领取了出入卡。第二天上午，詹某某前往停车场开车时发现该车被盗，马上向物业公司保安反映并报警。之后，詹某某将停车场和物业公司诉至罗湖法院。

罗湖法院审理认为：詹某某将其车辆停放在停车场，物业公司收取了管理费用，詹某某将该车放置在停车场内，双方形成了车辆保管合同关系，物业公司负有保证詹某某车辆不被损坏和不被偷盗的安全注意义务。詹某某车辆被盗，物业公司存在过错，包括未对驶出的该车采取措施查验和阻挡；该车从停车场入口驶出而非从出口驶出；发现该车被盗后，不及时报警，错失时机。法院判决物业公司应对詹某某的车辆损失承担赔偿责任，停车场承担补充清偿责任。一审判决后，停车场和物业公司不服提起上诉。

深圳中院终审认为，上诉人和詹某某之间成立的是车辆保管合同关系。车辆出入卡注明了停车场只提供车位使用服务的规定并不能构成双方合同的条款。并且，即使该项规定构成一项合同的条款，这也是停车场单方制定的格式条款，根据《合同法》第40条的规定，该条款免除了自己的责任，排除了车主的主要权利，应当认定无效。詹某某车辆被盗，物业公司存在重大过错。因此，对于詹某某车辆灭失，物管公司应当根据《合同法》第374条的规定承担损害赔偿责任。判决驳回起诉，维持一审判决。

【法律规定】

《中华人民共和国合同法》(1999.10.01施行)

第三百七十四条　保管期间，因保管人保管不善造成保管物毁损、灭失的，保管人应当承担损害赔偿责任，但保管是无偿的，保管人证明自己没有重大过失的，不承担损害赔偿责任。

---

① 案例来源：http://www.9ask.cn/blog/user/zoulc/archives/2011/181403.html。

五、甲方支付的车辆保管费为每年______元，车辆保管费每季度初的三天内交一次，合同签订后交第一季度保管费。

● **律师批注**

【条款目的】

本条为对车辆保管费收费标准及支付方式的约定。

【风险提示】

保管费的计费是以年为单位的，因此要注意与保管期间的衔接。如保管期间为14个月，则最好明确每月的保管费（如每年的1/12），否则容易产生纠纷。

【法律规定】

《中华人民共和国合同法》(1999.10.01施行)

第三百六十六条　寄存人应当按照约定向保管人支付保管费。

当事人对保管费没有约定或者约定不明确，依照本法第六十一条的规定仍不能确定的，保管是无偿的。

六、甲方如在应交保管费十天内未交清车辆保管费，合同终止，乙方不承担保管责任。

● **律师批注**

【条款目的】

按时交纳保管费是寄存人的义务，否则应承担相应的违约责任。根据本条规定，寄存人逾期交费超过一定期限的，保管人实际上有权单方解除保管合同。合同解除的法律后果之一就是保管人保管责任的终止。

【风险提示】

如果没有约定逾期交费即可终止合同的明确期限，而只是约定寄存人逾期交费的保管人有权终止保管合同，则保管人应注意在解除合同前应首先给予寄存人合理的催告期限。否则保管人无权单方面终止保管合同。

【相关案例】①

张某因公派出国1年，遂将其私家车保管于其单位附近的公共停车场。

---

① 案例来源：中国法院网 http://www.chinacourt.org/article/detail/2012/04/id/511164.shtml，案情略有改编。

双方约定保管期限1年，保管费用每半年支付一次，费用提前预付。合同签订后，张某交纳了前半年的保管费500元。后因张某公务繁忙忘记及时支付下半年的保管费用，导致逾期。停车场也一直未与张某预先留下的联系方式取得联系并催要保管费。不幸的是，车辆在保管合同成立后第7个月突然被盗。张某要求停车场赔偿其车辆被盗损失，停车场认为，张某未按协议支付保管费用，保管合同已经终止，其不再承担车辆被盗损失的赔偿责任。

法院经审理后认为：张某逾期未及时交纳保管费，并不必然导致车辆保管合同终止。由于停车场未给予张某合理催告，因此停车场无权单方面解除车辆保管合同。也就是说，车辆被盗时保管合同仍在有效期内，停车场应对其未尽安全保管义务造成的车辆被盗损失负责。

律师认为：本案中，如果停车场就张某逾期交费事宜与其进行联系，并催缴相关费用，而张某在合理期限内仍然未交费的，则停车场有权单方面解除保险合同。此后如发生车辆被盗事件则停车场就可以免责了。

【法律规定】

《中华人民共和国合同法》(1999.10.01施行)

第九十一条　有下列情形之一的，合同的权利义务终止：

(一) 债务已经按照约定履行；

(二) 合同解除；

(三) 债务相互抵消；

(四) 债务人依法将标的物提存；

(五) 债权人免除债务；

(六) 债权债务同归于一人；

(七) 法律规定或者当事人约定终止的其他情形。

第九十四条　有下列情形之一的，当事人可以解除合同：

(一) 因不可抗力致使不能实现合同目的；

(二) 在履行期限届满之前，当事人一方明确表示或者以自己的行为表明不履行主要债务；

(三) 当事人一方迟延履行主要债务，经催告后在合理期限内仍未履行；

(四) 当事人一方迟延履行债务或者有其他违约行为致使不能实现合同目的；

(五) 法律规定的其他情形。

七、乙方对甲方车辆的被偷和被损坏承担赔偿义务。

● **律师批注**

【条款目的】

保管人的主要义务即谨慎看管车辆,保证车辆在保管期间的安全,以及车内财物的安全。车辆安全包括防止车辆被盗被抢,更多情况下是防止车辆被损害,如被碰撞、剐蹭等。如果保管人未尽到合理的注意和保管义务,则应对因此给寄存人造成的损失承担赔偿责任。

【风险提示】

保管人,如物业公司,承担车辆毁损、丢失赔偿责任需要具备一定的条件:第一,车辆是在保管期间毁损、丢失的,车辆在保管合同成立之前或保管期间届满以后毁损、丢失的,物业公司不承担赔偿责任。第二,车辆的毁损、丢失是由于物业公司未尽善良保管人义务造成的,而不是由于不可抗力、第三人侵害以及其他因素造成的。第三,不存在法定的免责情形:车辆有瑕疵或者车辆的保管需要采取特殊措施,车主不及时告知造成车辆受损的,物业公司不承担赔偿责任;车辆保管合同是无偿的,物业公司能证实无主观故意或重大过失的,也不承担损害赔偿责任。

因此,物业公司为了更好地履行小区管理职责,维持良好生活秩序,保障业主的人身和财产安全,在日常生活中应当加强自身保管责任意识,确保小区停车的巡查、安检和必要的登记核查等工作,才能有效地避免因管理不善而承担车辆毁损、丢失的赔偿责任。

【法律规定】

《中华人民共和国合同法》(1999.10.01 施行)

第三百七十四条　保管期间,因保管人保管不善造成保管物毁损、灭失的,保管人应当承担损害赔偿责任,但保管是无偿的,保管人证明自己没有重大过失的,不承担损害赔偿责任。

八、如遇甲方的车辆出现被偷和被损坏的情况,甲方应在三天之内将其购车和上牌、年审等法律文件交由乙方,用于报案、赔偿、索赔、诉讼用,纠纷解决后三天内将上述证件归还给甲方。

● **律师批注**

【条款目的】

保管期间一旦车辆发生被偷和被损,则保管人有义务赔偿寄存人受到的损失。这时,就需要根据车主的购车、上牌等材料确定车辆的原始价值,作为确定损失金额的重要依据。同时,这些材料还是报案用的必备材料。这些材料都在寄存人或车主手中保管。因此，有必要约定寄存人的配合义务。

【风险提示】

一般来讲，车主的车辆会投保“全险”，如果出现车辆被盗、被抢等情形，则保险公司会在保险范围内对车主进行赔偿。但需要指出的是：从实践情况来看，各家商业保险公司都会在车险保单条款中明确提出：车辆处于维修或保管期间发生的丢失和毁损等损失不在保险范围以内；无驾驶证或驾驶证有效期已届满、持未按规定审验的驾驶证，以及在暂扣、扣留、吊销、注销驾驶证期间驾驶被保险机动车等都属于免责范围。因此，对于保管人而言，一旦出现车辆保管期间被偷或者被损毁，保管人在赔偿寄存人损失后很难从保险公司获得补偿。

【相关案例】①

秦先生出外就餐时将车停在该餐厅的车库中。餐后，秦先生来到车库后发现寄放的车辆已不见踪影，于是向停车场管理员进行询问。管理员称，刚才由于打瞌睡没有注意来往行人和车辆，并建议秦先生马上向公安部门报案。经公安部门对该停车场的一番调查，认定秦先生的车辆已被盗。

与此同时，秦先生也向其所投保的保险公司报了案。秦先生认为，他为车上了全险，其中包括盗抢险，保险公司理所当然应该理赔。同时，他也向停车场方面提出了索赔请求。

事情发生以后，停车场认为应向保险公司索赔。保险公司则坚持认为，秦先生丢车时是将车停放于收费停车场，由该停车场负责保管，停车场理应承担赔偿责任。

律师认为，停车场对秦先生停放在其处的车辆被盗的事实，应承担保管不力的赔偿责任。如果保险公司按照保单条款向秦先生支付了保险赔款，则随后可行使追偿权，要求停车场支付该笔费用给保险公司。

九、乙方承诺已经为停车场购买机动车车场责任保险。

● **律师批注**

【条款目的】

如果停车场已经购买了机动车车场责任保险，则可以极大地提高车辆发生损失后保管人对寄存人的赔付能力，因此寄存人就可以放心地将车交付

① 案例来源：中顾法律网 http://news.9ask.cn/rssh/bjtj/201004/486291.html，案情略有改动。

保管。

机动车停车场责任保险是指，在保险期间，由于被保险人或者其雇员的过失而致使行驶或停放在保险单所载经营性停车场区域范围内的机动车损毁或者全车丢失，依法应由被保险人承担经济赔偿责任的，保险人将根据本保险合同的规定在约定的赔偿限额内负责赔偿机动车的损失。保险人根据保险合同的规定，在约定的赔偿限额内负责赔偿以下费用：发生保险事故后，被保险人为减少损失或防止损失扩大而支付的必要的、合理的费用；被保险人实际支付的事先经保险人书面同意的与保险事故直接相关的诉讼费、律师费、仲裁费和事故鉴定费。国内已有几十家保险公司推出此项保险业务，例如太平洋保险、平安保险、华泰保险，等等，旨在有效地规避停车场的经营风险。

【风险提示】

保管人购买了机动车停车场责任保险只是提高了其赔付寄存人的能力，并不意味着自身就可以高枕无忧了。因为保险公司赔付寄存人损失后，如果停车场存在明显管理不当等过错或者其他保险合同约定情形的，保险公司仍有可能向停车场追偿全部或部分损失。因此，投保机动车停车场责任保险并不能免除停车场的保管责任。

【相关案例】①

某运输公司司机王某驾车途中停车休息，将运输大卡车停放于旅店附近一个大型收费停车场，醒来后发现卡车丢失。公安机关经调查后出具了车辆被盗的证明。幸运的是，该收费停车场在保险公司投保了机动车车场责任保险。最终，经过报案、索赔等手续，王某自保险公司取得了绝大部分损失赔偿金，而停车场的赔偿责任最终由保险公司承担。

本案中，假设停车场在停车管理上有重大疏忽或者过错，如停车管理员擅离职守导致车辆被盗，则保险公司有权利依据保险合同相关条款要求停车场承担相应的损失。

【法律规定】

以华泰财产保险公司的《机动车车场责任保险条款》为例：

承保标的范围：中国境内的党政机关、各类企业、事业单位、社会团体、个体经济组织以及其他组织均可投保本保险，均可作为本保险合同的被保险人。

① 案例来源：车天下 http://www.chetx.com/news/2004-07-15/10016637.htm，由笔者编写案情形成本案例。

主要保险责任:在保险期间内,被保险人在本保险合同列明的区域范围内从事本保险合同列明的停车管理活动时,因过失导致意外事故,造成停放于本保险单明细表列明的停车场地内处于被保险人控制下的机动车辆发生下列损失,依照中国法律(不包括港澳台地区法律)应由被保险人承担的经济赔偿责任,保险人按照本保险合同约定负责赔偿:(一)机动车辆的损坏或损毁;(二)整车被盗窃、被抢劫、被抢夺,经县级以上公安部门立案侦查,满三个月未查明下落的。

保险事故发生后,被保险人因保险事故而被提起仲裁或者诉讼的,对应由被保险人支付的仲裁或诉讼费用以及事先经保险人书面同意支付的其他必要的、合理的费用(以下简称"法律费用"),保险人按照本保险合同约定也负责赔偿。

十、甲方应保证其车辆为通过合法途径、履行了合法手续后购买的车辆。否则,乙方不承担损失赔偿责任。

● **律师批注**

【条款目的】

实践中,如果保管物的权属有瑕疵,如来源不合法、寄存人对保管物的占有不合法等原因,可能导致保管期间出现针对保管物的权利主张或法律纠纷,进而可能给保管人造成不必要的麻烦甚至损失,也有可能导致保管人在这些主张面前错误作为,导致寄存人的损失。为此,必须明确双方责任。

【风险提示】

实践中常见的纠纷类型有:(1)保管物非法或来源非法导致被查封或扣押;(2)第三方对保管物提出权利主张后保管人处置不当。

【相关案例】①

凌翔和李夏曾是关系不错的朋友,当凌翔提出想将自己的奔驰车暂时寄放在李夏那里时,李夏毫不犹豫地应了下来。车子在李夏那里放了几个月后,就开始有朋友找他借车用。碍于情面,李夏没征得凌翔同意就答应了。不料,借出的奔驰车刚开到苏州,就因悬挂的车牌与车辆不符被公安局查扣了。李夏很着急,陪着车主凌翔赶往苏州,却未能将车带回上海。嗣后,凌翔的奔驰车被强制报废。

法庭上,凌翔坚称,李夏擅自将奔驰车借与他人才导致车辆被强制报废,

---

① 案例来源:http://www.sh.chinanews.com/pageurl/20108161936377.html。

李夏应该赔偿自己15万元经济损失及银行同期贷款利息。而李夏向法庭出示了赴苏州公安机关取得的调查笔录等证据，表明其在奔驰车被扣后及时通知了凌翔，因凌翔自己行为不当才导致奔驰车最终被强制报废。

原来，凌翔购车后一直未办理过户登记手续，直至奔驰车被强制报废前，凌翔一直都不愿出示由自己保管的车辆买卖、登记信息等材料，导致公安机关无法认定奔驰车的车主情况、车辆来历等事实。

法院认为，虽然李夏私自将车辆借给他人使用导致车辆被扣押存有过错，但在事发后及时通知了凌翔，其目的是通过凌翔持有的相关车辆登记材料，取回车辆，弥补过失。凌翔未向公安机关出示具体材料，也未采取其他积极主动的行为，直接导致了车辆被强制报废。因此，凌翔对奔驰车被强制报废存在过错。李夏作为车辆保管人，有协助凌翔取回车辆的义务，但并不是奔驰车被强制报废的直接原因。

最终，嘉定法院驳回凌翔的诉请。

【法律规定】

《中华人民共和国合同法》(1999.10.01 施行)

第三百七十三条　第三人对保管物主张权利的，除依法对保管物采取保全或者执行的以外，保管人应当履行向寄存人返还保管物的义务。

第三人对保管人提起诉讼或者对保管物申请扣押的，保管人应当及时通知寄存人。

十一、如双方争议不能协商解决则应将纠纷交由停车场所在地法院通过诉讼解决。

● **律师批注**

【条款目的】

本条即所谓的争议解决条款。任何合同，在签订和履行过程中都有可能因各种原因发生争议或纠纷，因此必须对如何解决这类纠纷作出事先约定。根据法律规定，当事人既可以选择仲裁也可以选择诉讼方式解决纷争。本合同中双方即选择通过诉讼解决纠纷。选择诉讼的同时，需要遵循法律关于选择法院的级别管辖和地域管辖的规定等。

【风险提示】

在遵循法律关于管辖法院有关规定的情况下，合同双方要注意明确管辖法院，如果约定不明或不确定，则要适用另外一套制度，主要是《民事诉讼法》第24条的规定，以确定对案件具有管辖权的法院。

【相关案例】①

甲公司和乙公司签订铁矿粉买卖协议，甲公司向乙公司购买铁矿粉300吨，双方约定发生纠纷由乙公司所在地法院管辖。后乙公司因甲公司违约，向乙公司所在地法院起诉。对此，甲公司提出管辖权异议，但该院裁定对本案有管辖权。甲公司不服向上级法院提出上诉，认为双方对管辖法院约定不明，应当无效，本案依法应由被告所在地人民法院管辖。二审法院经审查认为，双方关于管辖的约定在诉讼时即具有唯一性及排他性，不违背法律强制性规定。原告乙公司住所地的某区法院对本案有管辖权，裁定驳回上诉，维持原裁定。

通过上述案例，我们可以看出，正是由于甲公司和乙公司在协议中明确约定了管辖问题，乙公司才能够在自己所在地的法院起诉。

【法律规定】

《中华人民共和国民事诉讼法》(2012.08.31 修正)

第二十三条　因合同纠纷提起的诉讼，由被告住所地或者合同履行地人民法院管辖。

第二十六条　因保险合同纠纷提起的诉讼，由被告住所地或者保险标的物所在地人民法院管辖。

第三十四条　合同或者其他财产权益纠纷的当事人可以书面协议选择被告住所地、合同履行地、合同签订地、原告住所地、标的物所在地等与争议有实际联系的地点的人民法院管辖，但不得违反本法对级别管辖和专属管辖的规定。

《关于适用〈中华人民共和国民事诉讼法〉若干问题的意见》

24. 合同的双方当事人选择管辖的协议不明确或者选择民事诉讼法第二十五条(修改后第三十四条)规定的人民法院中的两个以上人民法院管辖的，选择管辖的协议无效，依照民事诉讼法第二十四条(修改后第二十三条)的规定确定管辖。

十二、本协议一式两份，甲乙双方各执一份，经双方完成车辆交接并在本协议上签字盖章后生效。

● 律师批注

【条款目的】

本条款在于约定合同的生效条件，即本合同在什么条件下生效。一般的

① 案例来源：找法网 http://china.findlaw.cn/lawyers/article/d119525.html。

民商事合同在双方签字盖章后即生效，但本合同在法律性质上是保管合同，根据《合同法》的相关规定，保管合同在保管物交接后生效。

【风险提示】

需要注意本合同并非签字盖章即生效，合同的生效有特殊的法律要求。

【相关案例】①

梁先生将一辆小货车开到某停车场停放保管。次日8时左右，梁先生前去取车时发现小货车已丢失。于是梁先生要求停车场的所有人王先生承担赔偿责任。

法庭上，停车场所有人王先生辩称，梁先生的车辆没有交给停车场保管，其未能出示停车场的停车牌及办理登记手续，梁先生没有证据证明车辆保管合同成立，因而不承担赔偿责任。

法院认为，梁先生要求赔偿的前提是双方之间存在已经生效的保管合同，而保管合同自保管物交付时成立。由于梁先生不能证明其已经交付了车辆，因此无法证明保管合同成立。最终，法院驳回了梁先生的诉讼请求。

【法律规定】

《中华人民共和国合同法》(1999.10.01 施行)

第三百六十七条　保管合同自保管物交付时成立，但当事人另有约定的除外。

甲方：

乙方：

签约时间：

签约地点：

① 案例来源：南宁法院网 http://nnzy.chinacourt.org/public/detail.php? id=7765。

第十二章　企业邮箱托管合同①

企业邮箱托管合同

甲方：
地址：
电话：
传真：
邮编：

乙方：
地址：
电话：
传真：
邮编：

甲、乙双方经过友好协商，本着平等互利、友好合作的意愿达成本合同，并郑重声明共同遵守。

一、定义

1.1　"甲方"意指________________________________。

1.2　"乙方"意指________________________________。

1.3　"第三方"意指除甲方、乙方之外的任意一方。

1.4　"甲方产品"指甲方自行开发的，具有独立版权的电子邮件系统及产品的相关说明、文档、资料。

● **律师批注**

【条款目的】

以上条款即通常所说的释义条款。合同定义或用语不准确、不统一，不

---

① 范本来源：北大法意网 http://www.lawyee.net/。

但使合同缺乏可操作性，还会导致纠纷的产生。因此，有些合同往往一开始就把合同中用到的重要的指代、称谓或专门用语固定下来，这样既方便下文的引用，也可防止各方理解偏差产生歧义。

【风险提示】

定义一定要严谨和周详，一定要体现和反应合同主体各方的真实意图，否则容易弄巧成拙，反而容易产生纠纷。

合同纠纷案件中，因合同文字含义表述不准确引起的占相当大的比例。有的是双方都马虎，也有的其中一方故意留下“隐患”以便日后占便宜。为此，订立合同时，一定要字斟句酌，仔细推敲，务必使文字表述清楚、准确，不会发生歧义，以利于维护双方合法权益。

【相关案例】①

甲公司拥有的“平安”号货轮在某财产保险公司投保。该货轮在一次装船作业中意外沉没。甲公司遂与乙打捞公司签订沉船打捞合同，约定打捞总费用7万元，合同并附有补充条款：“打捞完毕先付打捞费1万元，余款由保险理赔时一次性付清。”

后来打捞公司将船打捞出水，甲公司向乙公司支付了1万元打捞款。但是，某财产保险公司以事故损失不属承保范围为由拒绝甲公司索赔。甲公司以此为由拒绝支付余下6万元打捞费给乙公司。乙公司将甲公司告上法庭。

甲公司认为，自己与打捞公司签订的合同属于附条件生效的合同，该合同补充条款约定“余款由保险理赔时一次性付清”为支付打捞余款的所附条件，由于没有发生保险公司理赔的事实，所以该条款尚未生效，拒绝支付剩余打捞费用。

法院经审理后认为，沉船打捞合同是双方真实意思表示，是有效合同。保险公司拒绝赔偿，正说明理赔程序已经结束，此处的“理赔”不能理解为“支付赔款”，而是审理赔付。保险公司是否赔款，是保险公司与被保险者之间的事，不能作为被告拒绝支付打捞劳务费的理由，甲公司应按合同约定支付剩余打捞费用。

二、甲方的工作内容

甲方向乙方提供基于乙方的因特网域名____________为后缀的企业邮箱托管服务，负责该系统的日常维护，保障系统正常运转。甲方为乙方设立管理员信箱，乙方可自行管理其所有信箱。

① 案例来源：广州海事法院经典案例 http://news.sina.com.cn/c/2006-11-15/110610508633s.shtml，案情略有改编。

● **律师批注**

【条款目的】

本条是关于合同目的和合同标的的约定。企业邮箱的托管和维护为双方签署本合同的动机，系统的正常运转是最终目的。此外，大多数提供该项服务的企业还可以提供网盘、WAP邮箱、群发单显等多种功能，双方可以选择使用。

【风险提示】

系统运转过程中可能会出现多种故障或不正常现象，双方应该尽可能地对此有所预见，并且对相应措施提出方案，以免日后产生麻烦和纠纷。该类故障包括系统瘫痪、网络故障、垃圾邮件过多、收发邮件障碍，等等。

三、甲方承诺尊重用户隐私，不公开、不泄露用户邮件内容。

甲方不能公开用户的姓名、邮件地址、电子邮箱、账号和电话号码。除非：

a. 乙方特别要求或者同意甲方向第三方通过电子邮件服务透露这些信息。甲方在诚信的基础上，维护用户的个人利益。

b. 根据公安部颁布的《计算机信息网络国际联网安全保护管理办法》规定，用户使用互联网络应登记备案。根据中华人民共和国国家安全机构、公安部门的要求及根据相应的法律程序要求，甲方会提供乙方的注册信息。

● **律师批注**

【条款目的】

本条是对甲方保密义务的要求。毫无疑问，企业的电子邮箱中往来传输的邮件会包含大量企业商业秘密和个人隐私，作为托管方，保密性要求是第一位的，因此在合同中约定受让方的保密义务就显得尤为必要。同时，根据相关法律规定，受托方还应当制定用户信息安全管理制度。

与此同时，国家相关法律法规又对受托方在内的互联网信息服务提供者提出了严格的法律要求，即信息服务提供者有法定义务向相关政府主管部门提供托管方的若干信息。托管方和受托方必须遵守这些法定义务。

【风险提示】

实践中，部分受托方由于缺乏严格有效的保密制度，或者内部管控不到位，因此不排除出现泄露托管方隐私或商业秘密的可能。鉴于此，托管方在寻求合作方时务必仔细审查其资质和信誉，确认其具备完善的网站安全保障措施、信息安全保密管理制度、用户信息安全管理制度等，并严格其保密义务。

【相关案例】①

2006年8月，浙江律师郭力发现在百度上搜索"浙江金道律师事务所郭力"字样，可以看到自己一个月前向北京万网志成科技有限公司提供服务的某单位电子邮箱发送的私人求职邮件，包括其所带附件的全文。遂提起诉讼。

2007年12月7日，海淀区法院开庭审理此案，原告郭力要求被告"万网"和"百度"致歉，并赔偿经济损失及精神抚慰金一百余万元。中国万网公司是本案的第一被告，"百度"公司为第二被告。

法庭认为：郭力邮件内容被链接系由于所发送邮件地址非正常外泄导致，万网公司提供的证据表明，该公司已按行业惯例在根目录下安装了禁止链接的"ROBOTS"协议，并采取了相当于密码功能的超长地址字符串以保障邮件安全。现有证据无法印证该公司所提供的电子邮件服务与国家强制性技术标准相悖，在无法明确邮件地址外泄真实原因的前提下，不代表万网公司具有非法介入郭力邮件以获取其个人秘密的主观过错。

对于第二被告方"百度"的责任，判决认为：搜索引擎服务的功能在于自动抓取、收集互联网中的各类信息，并按设定方式进行整理、归纳，建立索引以方便信息查找。除非有证据显示该邮件地址是由于百度公司恶意获取，否则对于搜索引擎而言，将邮件附件真实地址视为开放的可链接信息并无不当。同时，现有证据也无法证明百度公司具备公开郭力通信内容的主观故意或过失。

基于上述原因，法庭驳回了郭力的全部诉讼请求。案件受理费5 055元，也由郭力承担。

【法律规定】

《互联网信息服务管理办法》(2000.09.25施行)

第六条　从事经营性互联网信息服务，除应当符合《中华人民共和国电信条例》规定的要求外，还应当具备下列条件：

（一）有业务发展计划及相关技术方案；

（二）有健全的网络与信息安全保障措施，包括网站安全保障措施、信息安全保密管理制度、用户信息安全管理制度；

（三）服务项目属于本办法第五条规定范围的，已取得有关主管部门同

① 案例来源：中国商事仲裁网 http://www.ccarb.org/news_detail.php? VID =4105，为海淀区人民法院经典案例，案情略有改编。

意的文件。

第十六条　互联网信息服务提供者发现其网站传输的信息明显属于本办法第十五条所列内容之一的,应当立即停止传输,保存有关记录,并向国家有关机关报告。

《计算机信息网络国际联网安全保护管理办法》(1997.12.30 施行)

第七条　用户的通信自由和通信秘密受法律保护。任何单位和个人不得违反法律规定,利用国际联网侵犯用户的通信自由和通信秘密。

第八条　从事国际联网业务的单位和个人应当接受公安机关的安全监督、检查和指导,如实向公安机关提供有关安全保护的信息、资料及数据文件,协助公安机关查处通过国际联网的计算机信息网络的违法犯罪行为。

第十一条　用户在接入单位办理入网手续时,应当填写用户备案表。备案表由公安部监制。

四、如果乙方的企业信箱发布的信息违反中华人民共和国有关法律规定,甲方有权终止企业信箱服务。甲方在乙方未提供详尽信息资料或资料不准确时,有权终止乙方使用甲方收费电子邮件服务。

● **律师批注**

【条款目的】

一方面,不得利用互联网发布违法信息是乙方的法定义务,另一方面,法律对于甲方等互联网信息服务提供者也有明确要求,禁止在其系统或平台上出现和传播非法信息。因此,本条约定旨在保证甲方服务平台和双方合作的合法运行。

【风险提示】

对于托管方而言,其使用该邮箱服务的员工实际上是真正的义务方。因此,托管方必须做好对员工的教育工作,防止个别员工利用邮箱系统平台发布或传输违法信息,导致托管方违约。

【相关案例】①

原告刘某诉称:被告开办的搜狐网站在未经许可的情况下,擅自将其1995年出版的译著《堂吉诃德》以三种版式在网上登出,供人阅读下载。该行为侵害了其享有的著作权,故向法院起诉。最终法院判令搜狐公司向原告书面赔礼道歉并赔偿原告刘某人民币3000元。

---

① 案例来源:《人民法院报》,2003年10月4日。

法院认为：搜狐公司作为仅提供分类搜索引擎链接服务的网络信息服务提供者，无义务对所链接的全部信息和信息内容是否存在权利上的瑕疵先行作出判断和筛选。法院最终判决搜狐公司承担相应的法律责任，是由于其在原告明确提出权利主张后，仍未积极地采取措施，致使侵权状态得以延续。

【法律规定】

《计算机信息网络国际联网安全保护管理办法》(1997.12.30 施行)

第四条　任何单位和个人不得利用国际联网危害国家安全、泄露国家秘密，不得侵犯国家的、社会的、集体的利益和公民的合法权益，不得从事违法犯罪活动。

第五条　任何单位和个人不得利用国际联网制作、复制、查阅和传播下列信息：

（一）煽动抗拒、破坏宪法和法律、行政法规实施的；

（二）煽动颠覆国家政权、推翻社会主义制度的；

（三）煽动分裂国家、破坏国家统一的；

（四）煽动民族仇恨、民族歧视，破坏民族团结的；

（五）捏造或者歪曲事实，散布谣言，扰乱社会秩序的；

（六）宣扬封建迷信、淫秽、色情、赌博、暴力、凶杀、恐怖，教唆犯罪的；

（七）公然侮辱他人或者捏造事实诽谤他人的；

（八）损害国家机关信誉的；

（九）其他违反宪法和法律、行政法规的。

《互联网信息服务管理办法》(2000.09.25 施行)

第十五条　互联网信息服务提供者不得制作、复制、发布、传播含有下列内容的信息：

（一）反对宪法所确定的基本原则的；

（二）危害国家安全，泄露国家秘密，颠覆国家政权，破坏国家统一的；

（三）损害国家荣誉和利益的；

（四）煽动民族仇恨、民族歧视，破坏民族团结的；

（五）破坏国家宗教政策，宣扬邪教和封建迷信的；

（六）散布谣言，扰乱社会秩序，破坏社会稳定的；

（七）散布淫秽、色情、赌博、暴力、凶杀、恐怖或者教唆犯罪的；

（八）侮辱或者诽谤他人，侵害他人合法权益的；

（九）含有法律、行政法规禁止的其他内容的。

第十六条　互联网信息服务提供者发现其网站传输的信息明显属于本

办法第十五条所列内容之一的，应当立即停止传输，保存有关记录，并向国家有关机关报告。

五、乙方的义务：

5.1 乙方承诺不用该邮件系统传输任何非法信息，遵守所有邮件服务的协议规定。

5.2 为了得到甲方所提供的邮箱服务，乙方同意支付以下费用：邮箱服务费________年________元人民币；其他费用（请列出项目，比如域名）：________元人民币。两项合计________元人民币。

5.3 乙方应在合同生效后________日内，一次性将第一年度的前述所有费用支付至甲方，其余年度的费用自第一次应付费用之日每满12个月支付一次。

● **律师批注**

【条款目的】

以上条款明确了乙方守法义务和按时支付合同价款的义务。这是乙方最重要的两项义务。守法义务是法定义务，按时付款则是合同约定义务。

【风险提示】

乙方应教育或培训其员工，使所有使用该邮箱服务的员工做到不以该系统传输非法信息。否则，乙方员工的行为应视同为乙方行为，导致乙方在本合同项下的违约。

六、服务条款

6.1 合同期限内，甲方提供一个技术服务信箱________________，接到用户信息后，2个小时内给出答复。非工作时间内可以通过语音邮件留言到________________中。

6.2 系统中相应软件的升级，甲方承诺给予乙方免费升级的优惠。新增软件功能另议。

● **律师批注**

【条款目的】

合同期内，邮箱系统很可能出现故障或异常现象，需要甲方及时维修或调整。为确保双方联系和沟通无障碍，确保甲方服务效率，需要建立一个响应机制。一旦出现问题，乙方可以及时向甲方反馈，甲方可以及时了解、发现和解决问题。

此外，甲方系统属于电子产品，经常更新换代或升级。按照一般行业惯例，接受服务的一方会享受到免费升级的服务。但是，如果软件或系统增加新的功能，是否收费需要双方另行协商。

【风险提示】

响应机制的设立应根据委托方的实际情况和需要与受托方协商确定。如有些企业的工作时间较长，甚至24小时高度依赖邮件系统，这种情况下双方建立的响应机制就必须适用这种特点。

七、误期及罚款

7.1 乙方未在合同规定时间向甲方付款（以银行汇出时间为准），每延期一周，支付年度合同总价的0.25%的违约金，违约金最高不超过每年度合同总价的5%。

7.2 由于甲方原因造成系统延期开通，每延期一周，支付相当于每年度合同总价0.25%的违约金，违约金最高不超过每年度合同总价的5%。

● **律师批注**

【条款目的】

以上条款即违约责任条款。每份合同的违约责任条款应根据合同标的和合同具体内容等科学、严密地设定。作为本合同而言，甲方的主要违约行为是系统不能按时开通，影响到乙方的正常使用；而乙方的主要违约行为是不能按时支付合同价款。

【风险提示】

违约金额或违约金标准的设定不是随心所欲的，需要遵循合理、公平、与违约给对方造成的损失大致相当的原则，否则违约方有权要求调整。

【相关案例】①

2009年3月1日，致和公司与万钧公司签订了合同总价30万元的设备购销合同一份。合同约定，签约当天致和公司支付合同总价30%的预付款9万元，余款20万在货到验收后7日内支付，预留1万元作为质保金，时间为6个月，若致和公司未按约支付预付款，则万钧公司有权顺延交货时间。

合同另外约定，致和公司单方解除合同或出现不履行合同之情形，须向万钧公司支付合同价款总额的1/2以承担违约责任；致和公司中途退货，则预付款不再退还，并承担因退货给万钧公司造成的损失，包括产品的原材料

① 案例来源：http://jssb.njnews.cn/html/2010-04/07/content_483858.htm。

费用、加工费、保管、运输等费用。致和公司迟延给付本合同约定的款项，每逾期1天，须以迟延履行款项的1%向万钧公司承担违约责任。

致和公司收到设备后陆续支付万钧公司15万余元，截至2009年6月1日为止，致和公司尚欠万钧公司6万元。由于不能讨回款项，于是万钧公司将致和公司起诉至法院，要求按照合同约定履行付款义务并支付致和公司15万元违约金及因逾期付款承担的违约责任。

法院审理认为：致和公司与万钧公司签订的合同合法有效，万钧公司按照合同的约定履行了交货义务，而致和公司未能按照约定履行付款义务，属于违约，应当承担违约责任。但是合同中约定的违约责任与万钧公司实际受到的损失严重不符，万钧公司主张的违约金高于其实际造成的损失，故依法判决致和公司立即支付万钧公司余款以及支付违约金2万元整。

【法律规定】

《中华人民共和国合同法》(1999.10.01 施行)

第一百一十四条　当事人可以约定一方违约时应当根据违约情况向对方支付一定数额的违约金，也可以约定因违约产生的损失赔偿额的计算方法。

约定的违约金低于造成的损失的，当事人可以请求人民法院或者仲裁机构予以增加；约定的违约金过分高于造成的损失的，当事人可以请求人民法院或者仲裁机构予以适当减少。

当事人就迟延履行约定违约金的，违约方支付违约金后，还应当履行债务。

八、不可抗力。本合同任何一方因不可抗力不能全部或部分履行本合同时，应在不可抗力事件发生之日用电话、传真、电子邮件等合理方式向对方通报不能履行或不能完全履行的理由，并在不可抗力事件发生后10天内将有关机构出具的证明文件提交给对方。若因遭到不可抗力的一方未能及时通知对方，而使对方的损失扩大，则须对不可抗力给对方造成的损失承担责任。

● **律师批注**

【条款目的】

不可抗力条款是规定在合同订立后发生当事人在订立合同时不能预见、不能避免、不可克服的意外事故，以致不能履行合同或不能如期履行合同时，遭受不可抗力的一方可以免除履行合同的责任的条款。

根据我国《民法通则》的规定，所谓不可抗力，是指“不能预见、不能避免和不能克服的客观情况”。

不可抗力可以是自然原因酿成的，也可以是人为的、社会因素引起的。前者如地震、水灾、旱灾等，后者如战争、政府禁令、罢工等。不可抗力所造成的是一种法律事实。当不可抗力事故发生后，可能会导致原有法律关系的变更、消灭，如必须变更或解除合同；也可能导致新的法律关系的产生，如财产投保人在遇到因不可抗力所受到的在保险范围内的财产损失时，与保险公司之间产生赔偿关系。

当不可抗力事故发生后，遭遇事故一方应采取一切措施，使损失减少到最低限度。在订立买卖合同时，一般都订有不可抗力条款，其内容包括：不可抗力内容；遭到不可抗力事故的一方向另一方提出事故报告和证明文件的期限和方式；遭遇不可抗力事故一方的责任范围。如因不可抗力使合同无法履行，则应解除合同。如不可抗力只是暂时阻碍合同履行，则一般采取延期履行合同的方式。凡发生不可抗力事故，当事方已尽力采取补救措施但仍未能避免损失的情况下，可不负赔偿责任。

【风险提示】

不同性质的合同法律关系对于不可抗力条款的约定会有所区别，这主要是因为有些合同在签订或履行过程中受到或可能受到不可抗力影响比较小，而有些合同受不可抗力影响的可能性就比较大，如国际贸易合同等。

因此，对于履行期限较长、涉及主体较多、具有涉外因素的合同一般对不可抗力条款的要求相对较严格。该类合同中的不可抗力条款应尽量做到内容完备，且最好以列举加兜底的方式说明哪些事件属于不可抗力，防止到时候引起争议。

此外，应当注意：(1) 金钱债务的迟延责任一般不得因不可抗力而免除；(2) 迟延履行期间发生的不可抗力不具有免责效力。

【相关案例】①

1985年2月13日，中国某公司A和香港某公司B签订了纤维板的来料加工和补偿贸易合同。合同的主要内容是中方A公司利用港方B公司和另外两家香港的金融机构共同提供的设备为港方B进行来料加工，每生产1吨板材的加工费为1600美元，港方B负责提供给中方A的来料数量为：每年不少于200吨。中方A以来料加工费偿还设备贷款的本息。但在实际履行中，港方B仅提供来料50吨。1987年10月，双方签订补充协议，再次规定了

① 案例来源：圣才学习网 http://www.100xuexi.com/。

港方B提供来料的义务和数量。结果该补充协议仍未履行,致使中方引进的设备无法得到充分利用,只偿还了设备贷款本息的一小部分。中方提请仲裁,要求港方B赔偿包括设备贷款在内的经济损失。港方B答辩称:B公司未能履行合同的全部义务,是因为国际市场发生重大变化,原料价格上涨,数量短缺,无法买到原料所致。最后生产该原料的工厂停产,B更是无法买到。这是不可抗力事故,港方不应承担责任。

我们认为,港方应该承担责任。因为:

1. 根据买卖合同的有关法律和惯例,当事人一方因不可抗力事件不能履行合同的全部和部分义务时,应及时通知另一方并出具有关的证明文件。本案中港方并未及时通知对方并出具有关证明。

2. 不可抗力事件必须是该事件的发生和后果是当事人不可避免的、不能克服的。本案合同中并未规定具体一家或几家工厂提供原料。所以,一家工厂停产不能提供规定的原料,并不能证明其他工厂也无法生产和提供同类的原料。对此,港方所述的理由不充分,不足以证明该事件的发生和后果是不可避免的和不能克服的。

3. 不可抗力事件还必须是事前无法预见的。而本案中,双方在签订补充协议前,港方已经没有完全履行合同。在签订补充协议时,港方理应预见在执行补充协议时将存在签订补充协议前曾出现过甚至还继续存在的履行不能的风险。

由上述分析可知:港方以一家工厂停产买不到规定的原料为不可抗力要求免责的说法是不成立的。港方应负违约责任并承担赔偿中方经济损失的责任。

【法律规定】

《中华人民共和国合同法》(1999.10.01施行)

第一百一十七条　因不可抗力不能履行合同的,根据不可抗力的影响,部分或者全部免除责任,但法律另有规定的除外。当事人迟延履行后发生不可抗力的,不能免除责任。

本法所称不可抗力,是指不能预见、不能避免并不能克服的客观情况。

第一百一十八条　当事人一方因不可抗力不能履行合同的,应当及时通知对方,以减轻可能给对方造成的损失,并应当在合理期限内提供证明。

九、仲裁

凡发生与合同有关的争执,甲乙双方通过友好协商解决,协商不成时,双方同意将争议提交________仲裁机构通过仲裁解决。

● **律师批注**

【条款目的】

本条即所谓的争议解决条款。根据法律规定,当事人选择仲裁作为争议解决方式时,仲裁的意思表示、仲裁事项和仲裁机构必须明确。

【风险提示】

根据我国目前的法律规定,除劳动争议外,仲裁和诉讼是两种只能"二选其一"的纠纷解决方式。因此,当事人不能既选择仲裁又选择诉讼作为争议解决方式。否则会导致仲裁协议无效,最终只能采取诉讼方式。

【法律规定】

《中华人民共和国合同法》(1999.10.01 施行)

第一百二十八条　当事人可以通过和解或者调解解决合同争议。

当事人不愿和解、调解或者和解、调解不成的,可以根据仲裁协议向仲裁机构申请仲裁。涉外合同的当事人可以根据仲裁协议向中国仲裁机构或者其他仲裁机构申请仲裁。当事人没有订立仲裁协议或者仲裁协议无效的,可以向人民法院起诉。当事人应当履行发生法律效力的判决、仲裁裁决、调解书;拒不履行的,对方可以请求人民法院执行。

《中华人民共和国仲裁法》(1995.09.01 施行)

第十六条　仲裁协议包括合同中订立的仲裁条款和以其他书面方式在纠纷发生前或者纠纷发生后达成的请求仲裁的协议。

仲裁协议应当具有下列内容:

(一) 请求仲裁的意思表示;

(二) 仲裁事项;

(三) 选定的仲裁委员会。

最高人民法院关于适用《中华人民共和国仲裁法》若干问题的解释(2006.09.08 施行)

第三条　仲裁协议约定的仲裁机构名称不准确,但能够确定具体的仲裁机构的,应当认定选定了仲裁机构。

第四条　仲裁协议仅约定纠纷适用的仲裁规则的,视为未约定仲裁机构,但当事人达成补充协议或者按照约定的仲裁规则能够确定仲裁机构的除外。

第五条　仲裁协议约定两个以上仲裁机构的,当事人可以协议选择其中的一个仲裁机构申请仲裁;当事人不能就仲裁机构选择达成一致的,仲裁协议无效。

第六条　仲裁协议约定由某地的仲裁机构仲裁且该地仅有一个仲裁机

构的，该仲裁机构视为约定的仲裁机构。该地有两个以上仲裁机构的，当事人可以协议选择其中的一个仲裁机构申请仲裁；当事人不能就仲裁机构选择达成一致的，仲裁协议无效。

十、合同的生效及其他

10.1 本合同经签字并加盖公章后即生效。合同正本一式______份，甲乙双方各执______份，各份具备同等法律效力。

10.2 本合同有效期______年，自本合同生效之日起算。

10.3 本合同未尽事宜由甲乙双方另行协商。

● **律师批注**

【条款目的】

以上条款约定了本合同的生效日期及有效期。若双方当事人对于合同生效条件和生效时间未作约定，则根据《合同法》第32条之规定，合同自双方签字、盖章之日起生效。

对于合同的生效附条件者可如此约定："本合同自乙方向甲方支付第________条之约定的定金时生效。"

对合同生效附有期限者可如此约定："本合同自______年______月______日起生效。"

【风险提示】

要注意：(1) 签字并且加盖公章是本合同生效的两个条件，签字和盖章是并列关系而非选择性关系。(2) 如果合同一方是自然人，则建议除签字外，还应摁手印确认。因为有时当事人签字时并非用自己平时的字迹，一旦涉诉就否认是自己签的，鉴定也鉴定不出来，而摁手印可以解决这个问题。

【相关案例】①

由于甲一直在城里工作，遂将城郊房屋委托给其邻居乙照管并使用。由于乙是做生意的，甲的五间临街房正好适合他的需要，于是乙问甲是否愿意出售该房。甲想将房屋卖掉，但考虑到自己在外地工作的儿子想要调回本市工作，这房子可以给他住，但不知道他能不能回来。于是，双方经商谈，订立了如下房屋买卖合同："房价人民币50万元；在2004年7月25日前，如果甲的儿子调不回本市工作，卖方甲便将房屋卖给乙方。房款在交房时一并付齐。"合同订立后，甲的儿子在2004年5月20日顺利调回本市。6月份，乙通

---

① 案例来源：北大法意网 http://www.lawyee.net/。

过熟人了解到：由于城市规划的需要，该城郊结合部要扩建为城市，这五间房屋可能要升值。乙在得知该情况后，找到甲，要求其把房子卖给他。

甲称由于其儿子已经调回本市工作，房子不能卖给乙。乙认为双方的买卖房屋的合同与甲的儿子无关，甲应当履行合同。双方遂起争议，

法院经审理认为：本案中的房屋买卖合同是一个附生效条件的合同，双方当事人约定的以甲的儿子调不回本市作为条件符合法律的规定，为有效的合同。该合同中约定的条件由于甲的儿子调回了本地而未成就，因此，甲没有义务将房屋卖给乙。对于乙要求甲将房子卖给自己的诉讼请求，由于合同未生效，法院不予支持。

【法律规定】

《中华人民共和国合同法》(1999.10.01 施行)

第四十四条　依法成立的合同，自成立时生效。

法律、行政法规规定应当办理批准、登记等手续生效的，依照其规定。

第四十五条　当事人对合同的效力可以约定附条件。附生效条件的合同，自条件成就时生效。附解除条件的合同，自条件成就时失效。

当事人为自己的利益不正当地阻止条件成就的，视为条件已成就；不正当地促成条件成就的，视为条件不成就。

第四十六条　当事人对合同的效力可以约定附期限。附生效期限的合同，自期限届至时生效。附终止期限的合同，自期限届满时失效。

甲方(盖章)：
法定代表人(签字)：
年　　月　　日
签订地点：

乙方(盖章)：
法定代表人(签字)：
年　　月　　日
签订地点：

第三部分　仓储类合同范本律师批注

仓储业务是专为他人储藏、保管货物的一种商业活动。随着国际贸易的不断发展，仓储营业的作用日益重要，并已成为现代社会化大生产和国际、国内商品流转中一个不可或缺的环节。在我国社会主义市场经济的运行中，仓储业作为一种专门提供储存保管服务的行业，一方面可以为众多的企业、事业单位和其他经济组织储存、保管生产或流通中的物资，减少其建设仓库的基建投资和保管费用，缓解其生产与储备的矛盾；另一方面也有利于提高仓库的使用率，加强市场经济中物质的储备和流转，使仓储业向专业化、企业化、现代化发展，形成规模化经营，还可以为国家储备提供适当场所。

仓储合同，又称仓储保管合同，是指保管人储存存货人交付的仓储物，存货人支付仓储费的合同。在仓储合同的当事人中，提供储存保管服务的一方称为保管人（也称仓库营业人），接受储存保管服务并支付报酬的一方称为存货人。《合同法》第 381 条规定："仓储合同是保管人储存存货人交付的仓储物，存货人支付仓储费的合同。"

仓储合同属于保管合同的一种特殊类型，仓储合同作为一种商事合同，与保管合同存在很大的区别，因而我国合同法中将其作为独立的有名合同固定下来。《合同法》第 395 条规定，如果仓储合同一章没有规定的内容，应当适用保管合同的有关规定。足见二者在性质上有相同之处，但由于仓储营业的特殊性质，使得仓储合同又有其显著的法律特征。

本部分将介绍几类比较常见的仓储合同，并主要分析一般仓储合同条款，以帮助使用者在使用仓储合同时明确权利义务和责任，并列出其他几种特殊的仓储合同作为参考。

第十三章 北京市仓储合同(通用范本一)[①]

本章将以北京市工商局制定的示范文本为例,分析常见的仓储合同的主要条款。

北京市仓储合同

合同编号:

保管人: **签订地点:**

存货人: **签订时间:**

● **律师批注**

【条款目的】

以上内容规定了仓储合同的首部信息。

【风险提示】

合同一般分为首部、主体和尾部三部分。合同首部一般包括合同的名称、编号、签约日期、签约地点、合同双方的名称、地址和联系方式。提醒注意的是仓储合同作为特殊保管合同,其中的保管人必须是有仓储设备并专事仓储保管业务的民事主体。仓储合同区别于一般保管合同的一个重要标志就是仓储合同主体的特殊性。仓库营业人,它可以是法人,也可以是个体工商户、合伙企业、其他组织等,但必须具备一定的资格,即必须具备仓储设备和专门从事仓储保管业务的资格。所谓仓储设备,是指可以用于储存和保管仓储物的必要设施,这是保管人从事仓储经营业务必不可少的基本物质条件。仓储保管人应具备的仓储设备,该设备须能充分实现仓储物存货人物之保管的基本目的,即应当至少满足储藏和保管物品的需要。所谓从事仓储业务的资格,是指保管人必须取得专门从事或者兼营仓储业务的营业许可,这是国家对保管人从事仓储经营业务的行政管理要求。在我国,仓储保管人应当是在工商行政管理机关登记,从事仓储保管业务,并领取营业执照的法人或其他组织。

① 该合同为北京市工商局制定并在工商网站上公布的示范文本,合同编号为:BF-2001-0901。

仓储合同是诺成合同，又称为不要物合同，即双方当事人意思表示一致就可成立、生效的合同。而保管合同是实践合同，或称为要物合同。保管合同除双方当事人达成合意外，还必须有寄存人交付保管物，合同从保管物交付时起成立。这是仓储合同与保管合同的重要区别之一。

仓储合同为不要式合同，既可以采用书面形式，又可以采用口头形式。无论采用何种形式，只要符合合同法中关于合同成立的要求，合同即告成立，而无须以交付仓储物为合同成立的要件。这就意味着，双方当事人意思表示一致即受合同约束，任何一方不按合同约定履行义务，都要承担违约责任。

【相关案例】①

某贸易发展有限公司从外地采购了一批真皮皮鞋，因为库房存货空间紧张，该贸易公司联系了某储运有限公司，就此批皮鞋的储存订立了一份仓储合同。合同约定：储运公司为贸易公司仓储保管真皮皮鞋一批，时间为6个月，保管费为2万元。合同订立后，储运公司为了履行该合同开始积极准备仓库，进行了腾空和清理打扫工作，并专门为储存真皮皮鞋采取了一些必要的措施。但是，贸易公司由于考虑到运费的问题，接受了另一家较储运公司更近的公司的要约，订立了另一个仓储合同。而后，贸易公司向储运公司发来紧急电报，声称由于皮鞋供货商违约，原定储存的皮鞋无法采购入库，因此不再需要储运公司提供仓库保管货物了。贸易公司认为没有将货物入库，二者之间的仓储合同没有成立生效。纠纷由此而生，储运公司将贸易公司告上了法庭。

贸易公司与储运公司就仓储事宜的主要条款达成了一致，合同即宣告成立，合同的成立对双方当事人产生了法律约束力，双方当事人应该按照合同的约定履行义务。对于贸易公司来说，它应该及时交付货物，办理入库手续，并协助储运公司验收货物。案中储运公司基于这样一个已经有效成立的合同而从事了各种准备工作，以保证按时为贸易公司提供符合合同约定的仓储设施和仓储服务。因此，本案中，贸易公司不交付货物入库构成了违约，储运公司为了给贸易公司腾出仓位，停止了其他的存储业务，因此所受的损失应当由贸易公司承担。

【法律规定】

《中华人民共和国合同法》(1999.10.01 施行)

第三百八十一条　仓储合同是保管人储存存货人交付的仓储物，存货人支付仓储费的合同。

---

① 案例来源：法法网 www.fafawang.com。

第三百八十二条 仓储合同自成立时生效。

第一条 仓储物

仓储物名称	品种规格	性质	数量	质量	包装	件数	标记	仓储费
合计人民币金额(大写):				¥				

(如表格不够用,可以另接)

● **律师批注**

【条款目的】

本条规定了仓储合同的仓储物。

【风险提示】

仓储合同的标的物须为动产。在仓储合同中,存货人应当将仓储物交付给保管人,由保管人按照合同的约定进行储存和保管,因此,依合同性质而言,存货人交付的仓储对象必须是动产。换言之,不动产不能成为仓储合同的标的物。在仓储合同中,作为动产的仓储物,并非如一般保管合同那样,必须为特定物或特定化了的种类物。存货人交付储存保管的货物既可以是一定数量的特定物,也可以是一定品质数量的种类物。较为普遍的情况是,仓储保管人在保管储存期限届满或者依照存货人的请求而返还仓储物时,一般采取的是原物返还,而不能是其他代替物。

【相关案例】①

2000年1月,某市物资供销处与市郊昌隆贸易货栈签订了一份仓储合同。合同规定,昌隆贸易货栈保管物资供销处的机电产品和新型建筑材料,期限1年,仓储费每月900元。2000年4月,物资供销处由于市内仓容小,进货多,在未经与对方协商同意的情况下,把未列入合同保管物资的平板玻璃

---

① 案例来源:找法网 http://china.findlaw.cn。

也送到昌隆贸易货栈的仓库，保管人员照样收了下来。因仓容有限，保管人员便把玻璃放在库房外新搭的简易货棚里。2000 年 12 月，物资供销处准备把全部储存的物资运走时，发现十几箱玻璃因货棚漏雨而大部分破损报废，要求对方赔偿损失。

这时，昌隆贸易货栈才发觉玻璃不属于保管标的，不但拒绝赔偿，而且要求对方增加仓储费。双方争执不下，物资供销处遂诉至法院。

在本案中，保管人员验收入库时，把不属于保管物资的玻璃收入仓库；在保管的过程中，对此物资又没有尽到妥善保管的义务，由于仓储条件太差，导致了该批物资的损失，所以贸易货栈不仅不能对于额外多收的保管物资要求存货人补交仓储费，而且对于该批物资的损失还要承担赔偿责任。

因而，为了妥善保管仓储物，保管人一方面应认真验收仓储物种类，数量是否与合同相符；另一方面保管人应按合同规定，定期或不定期地会同存货人就仓储物的保管情况进行检查，如发现问题，应及时采取必要措施，以保证仓储物的完好无损。这样就便于保管人与存货人就仓储物的毁损、灭失分清责任，及时把握仓储物的品质、数量等状况，并对出现异状的仓储物及时采取措施。

第二条　储存场所、储存物占用仓库位置及面积：________________。

● **律师批注**

【条款目的】

本条规定了仓储合同的储存场所、储存位置以及该场所的具体情形。

【风险提示】

如前分析，仓库营业人必须具备一定的资格，其中之一就是必须具备仓储设备，可以用于储存和保管仓储的必要设施，仓库是必备的设施。仓库又名货仓，是一些用做储存货物的建筑物。为方便合作，仓库通常邻近码头、火车站、飞机场等。定好仓库后，存货人需要和保管人协商确定所储存的货物所占用的仓库位置，以免货物进仓库之后发生位置纠纷。

第三条　仓储物：________________，规格为：________________。（是/否）有瑕疵，瑕疵是：________________________________。

● **律师批注**

【条款目的】

本条规定了仓储物初步验收与瑕疵批注。

【风险提示】

存货人常常出于想少交保管费或其他方面的动机，在货物的品名和种类上弄虚作假。在大部分情况下，存货人为了降低仓储费用，故意将危险物品作为普通物品，将特别货物当做一般货物，将贵重物品作为普通物品。也有相反情况，有的为了获得不法利益，有意将普通货物填写为贵重物品。意在合同期限届满后，再诬陷仓库营业人偷换了他的货物而主张索赔。

【相关案例】①

2001年2月26日，悦信贸易公司将244台电脑运送到天宏公司位于上海蕴川路的仓库，天宏公司工作人员在未经清点的情况下，出具了“现场作业单”，确认收到244台电脑。同年5月8日，悦信贸易公司的相关人员去仓库，清点提货，现场只有235台笔记本电脑。故请求法院判令被告天宏公司赔偿原告的经济损失。

经查，该批电脑在被运出外高桥仓库装箱出运前，经海关开箱检查，实际数量为235台；综合各项证据，法院驳回了原告的诉请。

本案中，仓储公司的工作人员在入库前没有认真验收，导致货物实际数量与仓单记录不符，本案中若无其他证据，仓单就成了唯一的有效凭证，由仓储公司承担货物数量短缺的责任。可见，入库的初检十分重要。

第四条　仓储物（是/否）需要采取特殊保管措施。特殊保管措施是：
____。

● **律师批注**

【条款目的】

本条规定了仓储物的特殊保管措施。

【风险提示】

对于性质特殊的仓储物，由于保管条件特殊，就要求存货方尽到必要的告知义务，同时仓库营业人不仅要拥有适宜的场所，更应具备相当的专业知识，否则货物变质，双方均要承担损失。存货人储存易燃、易爆、有毒、有放射性等危险物品或者易腐等特殊货物的，与普通物品有很大的差别，具有较大的危险性，稍有不慎，就可能造成危险物品本身损坏、人身伤亡以及仓储设备、其他仓储物毁损的严重后果，所以，在储存过程中，必须采取特别措施加以防范。易变质物品因其自身的特性，也需要采取与普通物品不同的保管措

① 案例来源：北大法宝网某判决书，有改动。

施，否则就有可能导致该物品价值的丧失。

为了便于保管人采取相应措施保管这些特殊的仓储物品，存货人应当向保管人说明货物发生和预防危险、腐烂的方法，提供有关的保管、运输等技术资料，并采取相应的防范措施。

【相关案例】①

柯某系台州市路桥区一鼎农产品冷藏库的业主。2009年10月13日，李某从外地购买了1816箱生姜，存放于一鼎冷藏库二楼冷库与该库二、三楼的走廊上。并支付了装卸费770元及一个月的保管费2000元，柯某发给李某进出货卡。2009年11月29日，李某提生姜时，发现库内的生姜已全部变质。李某以生姜已全部冻坏等为由，向法院提起诉讼，请求判令柯某赔偿损失。

柯某称：李某在存放生姜前，没有告知储存生姜的合适温度，对提供的保管场所的温度在1—5摄氏度间，是经过考察并认可的；在进出货卡内"存货须知"第3条也声明，"物品入库前五天，货物人应到本库看测，如在五天内物品发生变质，由本库负担，如在五天后发生质量问题，本库概不负责"。

本案中，因双方对生姜的保鲜常识缺乏应有的了解，造成生姜变质，双方均有责任。柯某作为专门从事仓储保管业务的从业人员，应当清楚生姜等农产品通常的保鲜条件。把本应储藏在13—17摄氏度下的生姜存放在1—5摄氏度的冷库中，造成生姜变质，应承担60%的赔偿责任；李某作为存货人，对生姜的保鲜条件既未尽到告知义务，也未在生姜入库后对仓储条件提出异议，应自负40%的损失。另进出货卡内"存货须知"第3条属免除一方责任、加重另一方责任的条款，不予采纳。

【法律规定】

《中华人民共和国合同法》(1999.10.01施行)

第三百八十三条　储存易燃、易爆、有毒、有腐蚀性、有放射性等危险物品或者易变质物品，存货人应当说明该物品的性质，提供有关资料。

存货人违反前款规定的，保管人可以拒收仓储物，也可以采取相应措施以避免损失的发生，因此产生的费用由存货人承担。

保管人储存易燃、易爆、有毒、有腐蚀性、有放射性等危险物品的，应当具备相应的保管条件。

第五条　仓储物入库检验的方法、时间与地点：____________________。

① 案例来源：北大法宝网某判决书，有改动。

● **律师批注**

【条款目的】

本条规定了入库检验的主要事项。

【风险提示】

入库是指仓储物进入仓库时所进行的清点检验和接收工作。它是履行储存保管合同的基础。要根据合同规定的数量、质量、品种、规格等进行安排。对大宗物资和危险物品的新品种入库,存货人应当将其数量和特性提前告知保管人,以便做好接收准备。入库检验方式方法应该提前在合同中约定,符合标准后再验收入库。

【相关案例】①

某包袋公司与某物流公司签订仓储合同,约定:储存地点为上海嘉定区某镇,货物品类为高档包袋,货物包装为纸箱包装或编织袋包装;货物的交接方式为外包装交接:(1) 如果外包装无破损情形,被告对包装内部货物的数量、质量不负赔偿责任;……(3) 货物应外包装完好无损,无拆封痕迹(具体判断标准为:贵司封条是否完好),无破损勒痕,无受潮湿水渍现象;双方在实际履行中,货物的交接以外包装纸箱整箱交接。原告如需提取零星包袋,非整箱提取的,则取货后由原告再自行封箱。

包袋有限公司诉称,2008 年 10 月 24 日,其工作人员发现存放在仓库的 5 种型号 799 只高档拎包严重发霉损坏,已无法出售,为此,诉至法院,请求赔偿经济损失。

该物流公司称,发霉的包袋都是原告在中国生产销往日本,没有销路后又回销国内的,生产时间很久了,而且包袋的材质是羊毛与皮革混合的,包袋公司没有经过防霉的特殊处理,因此包袋霉变不是自己的责任。

经勘查,现存放在仓库内的包袋共 104 箱,为纸箱包装,有封箱带封口。所有纸箱外表面较干净,纸箱亦比较挺括,未发现破损、塌软、水渍和霉点痕迹。各自选取 3 个纸箱打开后,发现纸箱内壁非常干净,没有任何水渍、污渍痕迹。箱内放置的包袋有 7 个装或 10 个装,每个包袋有独立塑料袋包装,取出后发现包袋上有霉点,纸箱及包袋内未放置防潮剂。

本案中的 104 箱货物,无论是纸箱外观,还是纸箱内壁,均没有遭受水浸或受潮后塌软的迹象,包袋发霉不应是物流公司仓库的环境引起的。此外,涉案包袋是广州生产经出口日本后返销国内的,生产后存放时间比较长,包装时纸箱及包袋内未放置防潮剂,故不排除由于长时间的存放而使包袋发霉

① 案例来源:北大法宝网某判决书,有改动。

的可能。并且双方约定的检验方法是:如果外包装无破损情形,物流公司对包装内部货物的数量、质量不负赔偿责任。故本案中,包袋公司的损失应自行承担。

【法律规定】

《中华人民共和国合同法》(1999.10.01 施行)

第三百八十四条　保管人应当按照约定对入库仓储物进行验收。保管人验收时发现入库仓储物与约定不符合的,应当及时通知存货人。保管人验收后,发生仓储物的品种、数量、质量不符合约定的,保管人应当承担损害赔偿责任。

第六条　存货人交付仓储物后,保管人应当给付仓单。

● **律师批注**

【条款目的】

本条规定了仓单的交付。

【风险提示】

仓单是收取仓储物和提取仓储物的凭证,仓单还可以通过背书转让或出质,因此仓单应当具备一定的形式。无论仓单是转让还是出质,受让人和质权人并不了解存货人和保管人之间的合同的具体内容,因此法律规定了仓单应当记载的事项,以便受让人或质权人明确自己的权利和行使自己的权利。尽管仓单中记载了仓储合同中的主要内容,但仓单不是仓储合同,只是作为仓储合同的凭证。

【相关案例】①

某肉联厂与某大型超级市场约定,由肉联厂向超市提供净猪肉及各种肉制品共计5000斤,折合人民币3万元。由于超市本身的冷藏设备有限,双方遂又约定由肉联厂代为保存3天,按日计收仓储费。超市随后将该批货物转手卖给了某宾馆,宾馆持仓单前往肉联厂提货。肉联厂在仓单上盖了章,但实际出货时只给了宾馆净猪肉3000斤,而以超市尚未付清所有保管费及部分货款共计18500元为由,扣下肉制品2000斤。宾馆认为,自己已向超市付清所有货款,又持有仓单,肉联厂的做法是违法的。于是向法院起诉,请求肉联厂交货。

① 案例来源:北京中小企业律师网 http://www.smelawyers.cn/info.asp? lb_id=2471,案情略有改编。

肉联厂留置肉制品的行为没有法律依据，应当立即向宾馆交付肉制品2 000斤。仓单是收取仓储物的凭证和提取仓储物的凭证，一旦转让后，货物的所有权即发生转移。所欠仓储费用是债权，不能对抗物权。肉联厂应向超市主张仓储费。

【法律规定】

《中华人民共和国合同法》(1999.10.01 施行)

第三百八十五条　存货人交付仓储物的，保管人应当给付仓单。

第三百八十六条　保管人应当在仓单上签字或者盖章。仓单包括下列事项：

（一）存货人的名称或者姓名和住所；

（二）仓储物的品种、数量、质量、包装、件数和标记；

（三）仓储物的损耗标准；

（四）储存场所；

（五）储存期间；

（六）仓储费；

（七）仓储物已经办理保险的，其保险金额、期间以及保险人的名称；

（八）填发人、填发地和填发日期。

第七条　储存期限：从______年____月____日至______年____月____日。

● **律师批注**

【条款目的】

本条规定了储存期限。

【风险提示】

储存期限亦即合同义务履行期限、风险承担期限。存货人已通知货物出库或合同期已到，由于存货人(含用户)的原因不能如期出库，应承担违约责任；由于存货人调拨凭证上的差错所造成的实际损失，由存货人负责。

【相关案例】①

某粮油公司以每公斤1.6元的价格购进了50吨优质大米，存放在邻近的一仓储公司的仓库。仓单上没有关于储存期间的记载。一个月后，仓储公司要求粮油公司将货物在3天之内提走，因为它已经将仓库预租给了第三

① 案例来源：法法网 www.fafawang.com。

人。粮油公司表示提货可以，但3天时间不够，因为它要重新寻找场地，要求延长到7天。仓储公司对其要求不予理睬。从第四天开始将粮油公司尚未提走的大米陆续挪到仓库外面的空地。时值夏季，常有暴雨。第五天晚上天气变化，突降暴雨，将空地上的10吨大米淋湿。随后粮油公司将剩下的大米提走，并向法院起诉，请求判决仓储公司支付损害赔偿金15 000元。

存货人之所以与保管人签订仓储保管合同，其目的并不是为了转让货物的所有权，而是由保管人暂时保管货物，保管期间届满，存货人有权提取仓储物。如果并未约定存储期限，保管人应提前通知，给存货人合理的期限提取仓储物。故本案中粮油公司的诉讼请求应该得到支持。

第八条　仓储物的损耗标准及计算方法：＿＿＿＿＿＿＿＿＿＿＿＿。

● 律师批注

【条款目的】

本条规定了损耗的计算标准、方法。

【风险提示】

损耗标准是指仓储物在储存、运输过程中由于自然因素（如干燥、风化、散失、挥发、粘结等）和仓储物本身的性质和度量衡的误差等原因，不可避免地要发生一定数量的减少、破损或计量误差。有关主管部门对此作出规定或者由合同当事人商定仓储物自然减量标准和合理磅差（一般以百分比或千分比表示），统称为损耗标准。

损耗的处理是指实际发生的损耗超过标准或者没有超过标准规定时如何划分经济责任，以及对实物如何进行处理。

第九条　保管人发现仓储物有变质或损坏的，应及时通知存货人或仓单持有人。

● 律师批注

【条款目的】

本条规定了保管人的通知义务。

【风险提示】

由于保管人须有一定的资质，故实务中尽了通知义务并非高枕无忧，还需尽到与业务能力匹配的审慎义务。

【相关案例】①

2010年5月，吴某将263箱苹果梨存储在谷某经营的冷库内，仓储费为3 500元，期限至2010年11月15日。双方将所有的苹果梨先行放置于冷库内一周左右，冻实后，吴某带工人按谷某的指示将冻梨箱置于冷库的一侧码垛摆好。后谷某用钢网将存放的苹果梨封闭并锁门，钥匙由吴某保管。2010年8月，谷某发现梨垛高度下降，便打电话给吴某，但吴某没有去查看。2010年11月16日，吴某去提货时发现梨出现腐烂变质的情况，于是申请公证处作了证据保全，并将全部苹果梨放置于谷某家院内。

2010年12月16日，吴某诉至法院，请求判令谷某赔偿其冻梨损失36 595元，并退还保管费3 500元。

吴某将新鲜的苹果梨存储在谷某经营的冷库内，并交纳了冷冻费用，双方口头约定的仓储合同合法有效。谷某在仓储物码垛前进行了特别冷冻，确保每箱梨已冻实，该行为即已完成了对仓储物的验收。而验收后在仓储期间仓储物发生了质量的变化，该损失应由保管人谷某承担。吴某保管门钥匙，但在谷某要求其前来查看时，未到现场，其怠于履行配合保管人管理的义务，以至于损害结果的发生，自身也存在过错，但该过错不是导致仓储物大部分腐烂的直接原因。虽然吴某经催告之后未前来处置，保管人谷某也应对该货物作出及时的处置，防止损失进一步扩大，因此，谷某对仓储物的全部腐烂部分承担赔偿责任。对于扩大的损失双方均有过错，应分担责任。

【法律规定】

《中华人民共和国合同法》(1999.10.01施行)

第三百九十条　保管人对于入库的仓储物发现有变质或其他损坏，危及其他仓储物的安全和正常保管的，应当催告存货人作出必要的处置。因情况紧急，保管人可以作出必要的处置，但事后应当将该情况及时通知存货人或者仓单持有人。

第十条　仓储物(是/否)已办理保险，险种名称：________________；保险金额：__________；保险期限：__________；保险人名称：________。

第十一条　仓储物出库检验的方法与时间：____________________。

● 律师批注

【条款目的】

以上条款规定了出库检验的具体事项。

---

①　案例来源：北大法宝网某判决书，有改动。

【风险提示】

保管人验收直接涉及切身利益，因此保管人必须在验收期限内按合同约定或法律规定的项目、方法进行仔细、全面的验收。没有在验收期限内验收或验收不准确的，因此而造成的损失一律由保管人负责。

【相关案例】①

某市商贸大厦因为维修，与本市某仓库订立了仓储保管合同，约定由仓库为商贸大厦保管洗衣机500台，保管期限3个月。合同还规定了保管费用、违约责任等内容。出库时，商贸大厦将洗衣机分批运走，保管员认为"商贸大厦信誉好，最后一批没有验收登记"。几天后，商贸大厦人员称少了20台洗衣机，要求仓库赔偿损失。该仓库负责人称，商贸大厦的500台洗衣机入库后，便贴了封条，仓库大门锁了3把锁，钥匙分别在3个保管人员手中，并且已全数运走，因此不存在问题，仓库拒绝赔偿。双方发生争执，商贸大厦遂诉至法院，要求该仓库赔偿损失。因为登记的出库数量比入库数量少20台，所以法院支持了商贸大厦的诉讼请求。

因为保管人没有认真做好仓储物的出库验收工作，使得在出库单数量与入库单数量不同的情况下，保管人处于不利地位。

第十二条　结算方式与时间：________________________。

● **律师批注**

【条款目的】

本条规定了仓储费用的结算时间与付款方式。

【风险提示】

保管费用的收取是仓库营业人得以正常开展仓储保管业务的物质保证。实践中，有的存货人会采取多种手段对仓库营业人进行欺诈，如诡称将账记在其他单位身上；有的存货人在与仓库营业人签订仓储合同时，在货物的质量上弄虚作假，或以次品充当真品，或其交付储存的货物已经过了有效期或者即将到达有效期，或者其交付储存的货物即将或已经变质，却当做质量合格的物品。以期少交或不交仓储费用。

【相关案例】②

华亿立公司委托某医药公司自2007年1月起至2007年12月31日为其

① 案例来源：找法网 http://china.findlaw.cn。

② 案件来源：北京市西城区人民法院〔2009〕西民初字第1386号民事判决书。

仓储医疗器械，医药公司应因此向华亿立公司提供了不足150平方米的仓库，仓储费为每日105元。华亿立公司于每季度最后一个月的25日前将当季度的仓储费9 580元一次性全额支付给医药公司。合同签订后，医药公司依约履行了全部合同义务，但华亿立公司仅支付了部分仓储费，截至2008年12月25日已累计拖欠仓储费57 120元。经医药公司多次催要，华亿立公司拒不腾空其存储于医药公司的物品，亦不支付拖欠的仓储费，其行为已经给医药公司造成了损失，医药公司遂诉至法院，法院判令被告将其存放于原告处的医疗器械全部搬走；判令被告向原告支付其拖欠的仓储费。

双方签订的《仓储合同》系真实意思表示，且不违反国家的相关法律法规，该合同真实有效，当事人均应按约履行各自义务。华亿立公司应当在接受仓储服务后依照双方约定及时足额支付相应款项，并于合同期满后及时提取仓储物。因此医药公司要求被告华亿立公司依据约定支付仓储费、提取仓储物的诉讼请求，应予支持。

第十三条　储存期间届满，存货人或者仓单持有人应当凭仓单提取仓储物。存货人或者仓单持有人逾期提取的，应当加收仓储费，具体如下：__________；提前提取的，不减收仓储费。

● **律师批注**

【条款目的】

本条规定了存货人提前或逾期提取仓储物的费用结算办法。

【风险提示】

《合同法》第393条规定："储存期间届满，存货人或者仓单持有人应当凭仓单提取仓储物。存货人或者仓单持有人逾期提取的，应当加收仓储费；提前提取仓储物的，不减收仓储费。储存期间届满，存货人或者仓单持有人不提取仓储物的，保管人可以催告其在合理期限内提取，逾期不提取的，保管人可以提存仓储物。"

第十四条　存货人未向保管人支付仓储费的，保管人（是/否）可以留置仓储物。

● **律师批注**

【条款目的】

保管人对于所保管的货物，因保管费及因保管所支出的必要费用以及因仓储物的瑕疵而遭受的损害，在存货人拒绝赔偿时，享有留置权。

【风险提示】

保管人在行使留置权时应注意：

1. 只能留置存货人的货物，在存货人将仓单转让给第三人的情况下，保管人不得拒绝仓单持有人提货。

2. 保管人在行使留置权时，对于可分物，只能就存货人所拒付费用的金额留置相当金额的货物。只有在仓储物是不可分物的情况下，保管人才能整体留置存货人的货物。

3. 保管人在对存货人的货物行使留置权时，仍然应履行妥善保管仓储物的义务，否则，要对其未尽到妥善保管义务承担损害赔偿责任。

4. 保管人就存货人的货物行使留置权后，应及时通知存货人，催告其及时履行合同义务。逾期仍不履行的，保管人可以就留置物变价、拍卖，并就变价、拍卖的价款中优先受偿。

【相关案例】①

某个体户赵某在前景仓库寄存彩电100台，价值共计100万元。双方商定：仓库自1999年1月15日至2月15日期间保管，赵某分三批取走；2月15日赵某取走最后一批彩电时，支付保管费2 000元。双方为保管费的多少发生争议。赵某认为自己的彩电实际是在1月25日晚上才入前景仓库的，应当少付保管费250元。前景仓库拒绝减少保管费，理由是仓库早已为赵某的彩电的到来准备了地方，至于赵某的彩电是不是准时进库是赵某自己的事情，与仓库无关。赵某认为，前景仓库位于江边码头，自己又通知了彩电到站的准确时间，前景仓库不可能空着货位。只同意支付1 750元保管费。前景仓库于是拒绝赵某提取所剩下的彩电。

赵某要求减少保管费是否合理？不合理。本案当事人签订的是仓储合同，我国《合同法》第382条规定："仓储合同自成立时生效。"这就意味着仓储合同是诺成性合同，而诺成性合同其成立不以交付标的物为要件，双方当事人就合同主要条款达成一致，合同即成立。若合同签订后，因存货人原因货物不能按约定入库，依然要交付仓储费。

前景仓库在赵某拒绝足额支付保管费的情况下是否可以拒绝其提取货物？可以拒绝。本案虽为仓储合同，但在寄存人不支付仓储费，而双方对留置无相反约定的情况下，保管人可以留置仓储物，拒绝其提取仓储物。但本案保管人前景仓库明显过多留置了赵某的货物，是不妥的。因为在仓储物是可分物时，保管人在留置时仅可留置价值相当于仓储费部分的仓储物。而本

① 案例来源：找法网 http://china.findlaw.cn。

案的仓储物恰恰是可分物。所以前景仓库没有理由留置所剩下的彩电，而只能留置相当于250元的货物。

【法律规定】

《中华人民共和国合同法》(1999.10.01施行)

第三百八十条　寄存人未按照约定支付保管费以及其他费用的，保管人对保管物享有留置权，但当事人另有约定的除外。

第十五条　存货人违约责任：______________________________。

保管人违约责任：____。

● **律师批注**

【条款目的】

本条规定了双方的违约责任。

【风险提示】

简单列举仓储合同中保管人的违约责任通常有：(1) 保管人验收仓储物后，在仓储期间发生仓储物的品种、数量、质量、规格、型号不符合合同约定的，承担违约赔偿责任；(2) 仓储期间，因保管人保管不善造成仓储物毁损、灭失，保管人承担违约赔偿责任；(3) 仓储期间，因约定的保管条件发生变化而未及时通知存货人，造成仓储物的毁损、灭失，由保管人承担违约损害责任。

仓储合同中，存货人的违约责任通常有：(1) 存货人没有按合同的约定对仓储物进行必要的包装或该包装不符合约定要求，造成仓储物的毁损、灭失，自行承担责任，并由此承担给仓储保管人造成的损失。(2) 存货人没有按合同约定的仓储物的性质交付仓储物，或者超过储存期，造成仓储物的毁损、灭失，自行承担责任。(3) 危险有害物品必须在合同中注明，并提供必要的资料，存货人未按合同约定而造成损失，自行承担民事和刑事责任，并承担由此给仓储人造成的损失。(4) 逾期储存，承担加收费用的责任。(5) 储存期满不提取仓储物，经催告后仍不提取，仓储人承担由此提存仓储物的违约赔偿责任。

【相关案例】①

某供销公司将外购的50吨普通螺纹钢销往某造船厂，该厂提出钢材质量不符国家标准，拒绝接受。供销公司遂将该批钢材存放于某金属公司，金属公司出具了保管手续。金属公司在保管期间，未经供销公司同意，擅自销

① 案例来源：法法网 www.fafawang.com。

售了一部分保管的钢材。在金属公司销售期间,当地技术监督局接到群众举报,对该批钢材进行跟踪监督,并将该批钢材随机抽样送某产品质量监督检验所检验,该批钢材被定为劣质品,技术监督局遂以金属公司经销劣质钢材为由,依法将其库存的钢材全部没收,并申请当地法院强制执行。法院在执行过程中,将该批钢材以1 200元/吨的废次钢材价格进行了处理:后因金属公司无法返还供销公司委托保管的50吨钢材,供销公司向其按合格钢材价值索赔未果,遂诉至法院。

在上述案例中,金属公司在保管期间,未经供销公司同意,擅自销售了一部分保管的钢材的行为,造成到期不能如数返还仓储物的后果,金属公司要承担相应的违约责任。当然,由于该批钢材已被确认为劣质钢材,原告要求被告按合格钢材价值赔偿的诉讼请求于法无据,应按照法院在执行过程中以废次钢材处理的价格即1 200元/吨计算,判令被告赔偿原告损失6万元。

第十六条　合同争议的解决方式:本合同项下发生的争议,由双方当事人协商解决或申请调解解决;协商或调解不成的,按下列第____种方式解决(只能选择一种):

(一)提交______________仲裁委员会仲裁;

(二)依法向______________人民法院起诉。

● **律师批注**

【条款目的】

本条规定了争议解决的方式。

【风险提示】

合同双方约定该争议解决条款时,应注意:有效的仲裁条款不因合同无效而无效,并且仲裁程序前置。

第十七条　其他约定事项:____________________________________。

● **律师批注**

【条款目的】

本条规定了合同的其他约定事项。

【风险提示】

在仓储合同中,合同主体双方若有特殊要求,可在本处作约定。只要不违反合同法律法规的规定、与本合同中的其他条款不冲突,均有效。

存货人	保管人
存货人(章):	保管人(章):
住所:	住所:
营业执照号码:	营业执照号码:
身份证号:	身份证号:
法定代表人:	法定代表人:
委托代理人:	委托代理人:
电话:	电话:
传真:	传真:
开户银行:	开户银行:
账号:	账号:
税号:	税号:
邮政编码:	邮政编码:

北京市工商行政管理局制定

附件:通用仓储仓单示例

仓单正面(此仓单背面无内容)

GB/T 18354

凭单提货

×××公司仓单

填发日期(大写)　　年　　月　　日　　　　NO.

存货人:____________　　账号:____________

储存期:________至________　　仓库地址:____________

仓储物名称	规格	单位	数量	包装	体积	重量	备注
货值合计金额(大写)					¥(小写)		

注:仓储物(已/未)办理保险

保管人:(签章)________　　保险金额:¥________元

保险期限________,保险人:________

记账:　　　　复核:

骑缝章加盖处

（附件粘贴处）

● **律师批注**

【条款目的】

附件为通常使用的仓单格式范例。2012年1月，中华人民共和国质量监督检验检疫总局及中国国家标准化管理委员会联合发布了《仓单要素和格式规范》征求意见稿。本书将该仓单范本列示分析，以做示范，仓储合同可以参照使用。

《合同法》第386条规定，仓单须经保管人签名或者盖章，且须具备一定的法定记载事项。第387条规定：仓单是提取仓储物的凭证。存货人或者仓单持有人在仓单上背书并经保管人签字或者盖章的，可以转让提取仓储物的权利。

仓单是仓储（物流）企业开展仓储服务过程中，与客户（委托方）之间业务交接的基本凭证，是货物所有人拥有物权的重要凭证。合规的仓单的使用对于促进我国现代物流业、期货交易、货物质押融资的健康发展、保障相关各方的权益、维护社会经济秩序，具有重要意义。

通用仓储仓单用于普通仓储业务中。仓储物的出库单、入库单都视为仓单。根据《合同法》第386条的规定，仓单包括下列事项：

1. 存货人的名称或者姓名和住所。仓单是记名证券，因此应当记载存货人的名称或姓名和住所。

2. 仓储物的品种、数量、质量、包装、件数和标记。在仓单中，有关仓储物的有关事项必须记载，因为这些事项与当事人的权利义务直接相关。有关仓储物的事项包括仓储物的品种、数量、质量、包装、件数和标记等。这些事项应当记载准确、详细，以防发生争议。

3. 仓储物的损耗标准。仓储物在储存过程中，由于自然因素和货物本身的自然性质可能发生损耗，如干燥、风化、挥发等，这就不可避免地会造成仓储物数量上的减少。对此,在仓单中应当明确规定仓储物的损耗标准,以免在返还仓储物时发生纠纷。

4. 储存场所。储存场所是存放仓储物的地方。仓单上应当明确载明储存场所,以便存货人或仓单持有人能够及时、准确地提取仓储物。同时,也便于确定债务的履行地点。

5. 储存期间。储存期间是保管人为存货人储存货物的起止时间。储存时间在仓储合同中十分重要,它不仅是保管人履行保管义务的起止时间,也是存货人或仓单持有人提取仓储物的时间界限。因此,仓单上应当明确储存期间。

6. 仓储费。仓储费是保管人为存货人提供仓储保管服务而获得的报酬。仓储合同是有偿合同,仓单上应当载明仓储费的有关事项,如数额、支付方式、支付地点、支付时间等。

7. 仓储物已经办理保险的,其保险金额、期间以及保险人的名称。如果存货人在交付仓储物时,已经就仓储物办理了财产保险,则应当将保险的有关情况告知保管人,由保管人在仓单上记载保险金额、保险期间以及保险公司的名称。

8. 填发人、填发地点和填发时间。保管人在填发仓单时,应当将自己的名称或姓名以及填发仓单的地点和时间记载于仓单上,以便确定当事人的权利义务。

仓单联数一般应为三联,包括会计记账联、正本提货联和会计底卡联。仓单上所记载的要素不应更改,更改的仓单无效。必备要素未记载或记载不全的仓单无效。仓单中货物价值金额应以中文大写和数字同时记载,二者应一致;二者不一致的仓单无效。仓单上的记载事项应真实,不应伪造、变造。

仓单生效必须具备两个要件:(1) 保管人须在仓单上签字或者盖章。保管人在仓单上签字或者盖章表明保管人对收到存货人交付仓储物的事实进行确认。保管人未签字或者盖章的仓单说明保管人还没有收到存货人交付的仓储物,故该仓单不发生法律效力。当保管人为法人时,由其法定代表人或其授权的代理人及雇员签字;当保管人为其他经济组织时,由其主要负责人签字;当保管人为个体工商户时,由其经营者签字。盖章指加盖保管人单位公章。签字或者盖章由保管人选择其一即可。(2) 仓单须包括一定的法定必要记载事项。依《合同法》第386条的规定,仓单的法定必要记载事项共有八项:其中,存货人的名称或者姓名和住所,仓储物的品种、数量、质量、包装、件数和标记,储存场所,填发人、填发地和填发日期四项为绝对必要记载事项,不记载则不发生相应的证明效力。其余四项属于相对必要记载事项,如当事人不记载则按法律的规定来处理。

仓单除作为已收取仓储物的凭证和提取仓储物的凭证外，还可以通过背书转让仓单项下货物的所有权，或者用于出质。存货人在仓单上背书并经保管人签字或者盖章，转让仓单始生效力。存货人以仓单出质应当与质权人签订质押合同，在仓单上背书并经保管人签字或者盖章，将仓单交付质权人后，质押合同始生效力。

第十四章　仓储合同(通用范本二)

仓储合同,又叫仓储服务合同。本章以实践中经常使用的合同文本为范本,供使用者选择,并分析该仓储合同的主要条款,与前一章相同的地方,不再作重点分析。

仓 储 合 同

合同编号:________

甲方:
地址:
邮编:
电话:
传真:

乙方:
地址:
邮编:
电话:
传真:

经双方协商,甲方委托乙方代为仓储________(下称仓储物)。为明确双方的权利和义务,拟定如下条款共同遵守:

第一条　仓储物

编号	仓储物名称	包装	品种规格	数量	质量

● **律师批注**

【条款目的】

本条规定了仓储合同的仓储物。

【风险提示】

如同前一章所分析，仓储合同的标的物须为动产。在仓储合同中，合同双方应当对仓储物的特征作详细约定。

第二条　储存地点：______________________________

第三条　储存方法：______________________________

第四条　储存期限：______________________________

● **律师批注**

【条款目的】

以上条款规定了仓储合同的仓储物的储存地点、方法和期限。

【风险提示】

该3个条款是仓储合同的重要条款，必须在合同中予以明确。储存地点和储存方法涉及保管人的资质，保管人必须具有相应的存储资质，必须依法取得从事仓储保管业务的经营资格和相应的仓储设施。同时，仓储合同是诺成合同，即双方意思表示一致、合同成立时，仓储约定即生效，因此，明确仓储期限也同等重要，有利于划清合同双方的责任时间界限。

第五条　特殊仓储物的保管

如果仓储物属于易燃、易爆、有毒、有腐蚀性、有放射性等危险物品或者易变质物品，甲方应当说明该物品的性质，提供有关资料。甲方违反前款规定的，乙方可以拒收仓储物，也可以采取相应措施以避免损失的发生，因此产生的费用由甲方承担。乙方储存易燃、易爆、有毒、有腐蚀性、有放射性等危险物品的，应当具备相应的保管条件。

● **律师批注**

【条款目的】

本条约定了特殊仓储物的保管。

【风险提示】

对于特殊的仓储物，合同双方应当对于储存条件、保管措施等方面作出特别约定。根据《合同法》第383条的规定：储存易燃、易爆、有毒、有腐蚀性、有放射性等危险物品或者易变质物品，存货人应当说明该物品的性质，提供有关资料。存货人违反前款规定的，保管人可以拒收仓储物，也可以采取相应措施以避免损失的发生，因此产生的费用由存货人承担。保管人储存易燃、易爆、有毒、有腐蚀性、有放射性等危险物品的，应当具备相应的保管条件。

第六条　仓储物入库、验收及出库手续

1. 甲方应在仓储物到达前____个工作日及时通知乙方车号、数量等有关信息，以便乙方安排劳务计划，及时做好接货工作。

2. 乙方应按照合同规定的包装外观、仓储物品种、数量和质量，对入库物进行验收，如果发现入库仓储物与合同规定不符，应及时通知甲方。乙方验收后，发生仓储物的品种、数量、质量不符合约定的，乙方应当承担损害赔偿责任。

3. 甲方应当向乙方提供必要的仓储物验收资料，如未提供必要的仓储物验收资料或提供的资料不齐全、不及时，所造成的验收差错及贻误索赔期或者发生仓储物品种、数量、质量不符合合同规定时，乙方不承担赔偿责任。

4. 验收期限：国内仓储物不超过____天，国外到货不超过____天。超过验收期限所造成的损失由乙方承担。仓储物验收期限，自仓储物和验收资料全部送达乙方之日起，至验收报告送出之日止。日期均以运输或邮电部门的戳记或直接送达的签收日期为准。

5. 乙方应按甲方的出库单安排仓储物出库，否则不予办理。

6. 出入库运输方式为铁路运输或汽运。

第七条　甲方的责任和义务

1. 甲方不能按期存货，应承担乙方相应的空仓损失。

2. 甲方超出本合同约定的储存量储存或逾期不提取仓储物时，应向乙方支付相应的超出部分或逾期部分的保管费。

● 律师批注

【条款目的】

以上条款约定了存货人的义务。

【风险提示】

通常情况下，存货人的义务有：(1) 存货方对入库场的货物数量、质量、规格、包装应与合同规定内容相符，并配合保管方做好货物入库场的交接工作;(2) 按合同规定的时间提取委托保管的货物;(3) 按合同规定的条件支付仓储保管费;(4) 存货方应向保管方提供必要的货物验收资料;(5) 对危险品货物,必须提供有关此类货物的性质、注意事项、预防措施、采取的方法等;(6) 由于存货方原因造成退仓、不能入库场,存货方应按合同规定赔偿保管方;(7) 由于存货方原因造成不能按期发货,由存货方赔偿逾期损失。合同当事人应当在合同中明确约定存货人的义务。

【相关案例】①

原告(赵博)与被告(梁财,系洛阳市吉利区华达冷库的业主,个体工商户)发生仓储合同纠纷。2008 年 9 月 20 日,原告将 671 袋茭白交付被告贮藏。2008 年 10 月 8 日,原告赵博与被告梁财签订仓储合同一份,约定由被告为原告贮藏保管茭白 671 袋,存放时间从 2008 年 9 月 20 日至 2008 年 11 月 20 日,第一个月仓储费 2 800 元,第二个月 2 000 元。被告按照原告要求的温度 0—1 度、湿度 85% 以上进行严格控制,力保茭白质量,原告应每周检查,发现问题及时解决。2008 年 10 月 17 日,原告预付被告仓储费 2 000 元。原告的茭白在冷库贮藏期间,原告没有按照合同要求每周去检查。合同到期后,茭白变质,原告一直没有将茭白拉走。诉讼期间,原告将变质的茭白全部拉走。另外,原告的茭白全部用编织袋包装,扎有绳子,由原告组织人员堆放在被告的冷库内。被告在庭审中提起反诉,要求原告支付仓储费 4 800 元及消毒费 400 元,原告仅认可 2 800 元仓储费。因原告无充分证据证明自身无过错,法院经庭审认定,驳回原告诉请。

当事人对自己提出的主张,有责任提供证据。被告的冷库具有仓储营业资格,且以盈利为目的,故本案原、被告之间系仓储合同关系。根据合同法的规定,储存期间,因保管人保管不善造成仓储物毁损、灭失的,保管人应当承担损害赔偿责任。因仓储物的性质,包装不符合约定或者超过有效储存期造成仓储物变质、损坏的,保管人不承担损害赔偿责任。原告在本案中所举证的两项情况说明,内容均是证明茭白质量不好,至于茭白变质的原因、被告在保管茭白期间有无主观过错,原告均无证据证明,其他证据均是原告自己所记录,不能作为有效证据使用,况且,原被告所签协议中明确约定原告应每周检查,但原告明知茭白不易保存,却疏忽大意没有每周按时检查,致使茭白变质,且原告在庭审中也承认茭白变质与包装不规范有一定原因。本案被告在主观上没有过错,一直在积极履行合同,原被告双方签订的合同中约定每周

---

① 案例来源:河南省洛阳市中级人民法院〔2009〕洛民终字第 1174 号(2009 年 9 月 10 日),略有改动。

检查的义务由原告承担，被告只承担冷库温度的控制，被告已经举证证明冷库的温度控制在原告要求的范围之内，茭白也没有丢失，一般判断应是茭白包装不规范、堆放不合规范造成的变质，责任完全在于原告，被告具有免责事由，这也是合同法规定的法定免责事由，况且原告也无直接和有力证据证明被告主观有过错或保管不善，被告已尽到了善良管理人的注意义务。

第八条　乙方的责任和义务

1. 因乙方原因在仓储物装卸和运输过程中造成的损失，由乙方负责赔偿。

2. 乙方对入库仓储物发现有变质或者其他损坏的，应当及时通知甲方或者仓单持有人。若乙方怠于行使危险通知义务致使甲方或仓单持有人遭受损失的，乙方应承担赔偿责任。

3. 乙方对入库仓储物发现有变质或者其他损坏，危及其他仓储物的安全和正常保管的，应当催告甲方或者仓单持有人作出必要的处置。因情况紧急，乙方可以作出必要的处置，但事后应当将该情况及时通知甲方或者仓单持有人。

4. 乙方承担库内仓储物管理、安全保障、库内过磅、仓储物的数量盈亏责任及出入库作业。在储存期间由于乙方保管不善而发生仓储物灭失、短少、变质、污染、损坏的，乙方应承担违约赔偿责任，因不可抗力造成的除外。

5. 甲方交付仓储物时乙方应填发仓单交付甲方收执。仓单应包括下列事项：(1) 存货人的名称或者姓名和住所；(2) 仓储物的品种、数量、质量、包装、件数和标记；(3) 仓储物的损耗标准；(4) 储存场所；(5) 储存期间；(6) 仓储费；(7) 仓储物已经办理保险的，其保险金额、期间以及保险人的名称；(8) 填发人、填发地和填发日期。

6. 乙方根据甲方或者仓单持有人的要求，应当同意其检查仓储物或者提取样品。

7. 由于乙方的责任，造成退仓或不能入库时，应按合同规定赔偿甲方运费和支付违约金。

8. 乙方对危险物品和易腐仓储物，不按规程操作或妥善保管，造成毁损的，负责赔偿损失。

9. 乙方承诺：不泄露甲方的任何商业秘密，否则承担相应的法律责任。

● **律师批注**

【条款目的】

以上条款约定了保管人的义务。

【风险提示】

乙方的服务内容即为仓储合同中保管方应尽的义务。对于仓储合同中保管人的义务,通常认为有:(1) 允许存货人检查和采取样品的义务。(2) 接受和验收存货人的货物入库的义务。(3) 危险通知义务。在货物发生变化、临近失效期或第三人主张权利时,保管人应当通知存货人。(4) 对仓储物实行储存和保管的义务。(5) 返还仓储物的义务。(6) 给付仓单义务。合同双方可以根据需要进行约定。

【法律规定】

《中华人民共和国合同法》(1999.10.01 施行)

第三百八十八条　保管人根据存货人或仓单持有人的要求,应当同意其检查仓储物或者提取样品。

第三百八十四条　保管人应当按照约定对入库仓储物进行验收。保管人验收时发现入库仓储物与约定不符合的,应当及时通知存货人。保管人验收后,发生仓储物的品种、数量、质量不符合约定的,保管人应当承担损害赔偿责任。

第三百八十五条　存货人交付仓储物的,保管人应当给付仓单。

第九条　损耗标准和损耗处理

在仓储物装卸车皮及仓储物入库工作中,甲方承担____‰的库耗。

第十条　合同费用计算及支付

1. 仓储物的装卸及短途运输包干费________元/吨,过磅费________元/吨,仓储费________元/吨/天。

2. 乙方在每月末提出各项应收费用的结算清单,甲方在次月________日前向乙方支付应结款项。

3. 甲方应保证按时、按合同金额结算。由于甲方的责任造成逾期付款的,甲方应向乙方支付相当于从到期日起至实际付款日期间银行同期利息的违约金。

第十一条　违约金和赔偿方法

1. 甲乙双方违反本合同项下仓储物入库、仓储、出库相关约定给对方造成损失的,应向对方承担相应的违约责任。

2. 赔偿仓储物的损失，一律按照甲方进货价及相应的运费、保险费及其他成本计算。

第十二条 不可抗力

本合同任何一方因不可抗力不能全部或部分履行本合同时，应在不可抗力事件发生之日起三(3)日内用电话、传真、电子邮件等合理方式向对方通报不能履行或不能完全履行的理由，并在不可抗力事件发生后十(10)天内将有关机构出具的证明文件提交给对方。若因遭到不可抗力的一方未能及时通知对方，而使对方的损失扩大，则须对不可抗力给对方造成的损失承担责任。

第十三条 合同有效期

本合同有效期自______年____月____日至______年____月____日止。

第十四条 通知

1. 本合同项下甲乙双方的联系信息：

甲方：____

乙方：____

2. 甲乙双方的任何一方如更改其名称、地址、开户银行、银行账号、联系人及联系方式时均应及时通知对方。否则，责任方须承担由此给对方造成的损失。

第十五条 争议的解决

因本合同的签署、生效及履行而产生的所有争议双方应通过友好协商解决，如协商不成，双方同意提交________法院通过诉讼解决。

第十六条 合同的生效

本合同一式______份，甲乙双方各执______份，自甲乙双方签字并盖章之日起生效。

（签署页略）

附件　提货单(供参考)

____________公司提货单

电话:　　　　　　　　　　　　　　　　　　　　传真:

提货单位:　　　　　　　　　　　　　　　　　　编号NO:00-000

(盖章处)　　　　　　　　　　　　　　　　　　签发日期:

储存卡号	货物名称及型号	应发重量(大小写)	单位	应发件数(件)	实发重量(仓库填写)
			吨		
			吨		
			吨		
			吨		
合计			吨		

<table>
<tr><td>提货仓库</td><td></td><td>联系电话</td><td></td><td>仓库地址</td><td colspan="2"></td></tr>
<tr><td>提货人姓名</td><td></td><td>身份证号</td><td></td><td></td><td colspan="2"></td></tr>
<tr><td>车辆编号</td><td colspan="4"></td><td rowspan="6">发货单位盖章处</td><td rowspan="6"></td></tr>
<tr><td colspan="5">备注:本提单有效期三天,过期作废。</td></tr>
<tr><td colspan="5">发货要求说明:</td></tr>
<tr><td colspan="5"></td></tr>
<tr><td colspan="5"></td></tr>
<tr><td colspan="5"></td></tr>
</table>

● **律师批注**

【风险提示】

仓储合同的提货单非常重要。提货单不仅是承托双方仓储合同的证明,而且是该仓储合同的一个组成部分。提货单的签发与接受行为表明:在承托双方之间达成了一个补充协议,共同认可承运人将按提货单约定的方式或法定的方式交付货物。但提货单不等于合同,合同双方应当注意,仓储合同必须签订书面的合同,不能用提货单代替。

第十五章　混藏仓储合同

仓储合同按照仓储方式的不同,可以分为保管式仓储、消费式仓储和混藏式仓储。

保管式仓储也叫一般仓储,是指以特定物或特定化的种类物为标的物,合同期限届满时,保管人将原物返还于存货人的仓储方式。

消费式仓储是指存货人不仅将一定数量品质的种类物交付仓储保管人储存保管,而且与保管人相互约定,将储存物的所有权也移转于保管人处,在合同期届满时,保管人以相同种类、相同品质、相同数量的替代品返还的仓储合同。消费式仓储合同的不同之处是涉及仓储物所有权转移到保管人,自然地保管人需要承担所有人的权利和义务。消费式仓储经营人的收益,除了约定的仓储费(一般较低)外,更重要的是消费仓储物与到期购回仓储物所带来的差价收益。

混藏仓储合同是指存货人将一定品质数量的种类物交付保管人储藏,而在储存保管期限届满时,保管人只需以相同种类、相同品质、相同数量的替代物返还的仓储合同。例如存货人存入100袋小站大米,取回时只要是相同种类和品质的100袋大米,可以是东北产的,也可以是天津产的。混藏仓储经营人的收入依然来自于仓储保管费,存量越多、存期越长收益越大。混藏式仓储是成本最低的仓储方式,但若存货品种增加,则会使仓储成本增加。在混藏仓储经营中尽量开展品种少、大批量的混藏经营。

混藏式仓储合同文本的条款与一般仓储合同文本略有不同,本部分主要列示以仓储玉米为范例的混藏式仓储合同条款,必要时讲解合同条款、提示法律风险。

混藏仓储合同

甲方(交易商):
乙方(交货仓库):

根据《中华人民共和国合同法》的有关规定,经甲乙双方友好协商,签订本合同。

第一条　甲乙双方同意遵守执行《__________玉米中心批发市场交易管理办法》及该文件、通知的有关规定。

第二条 玉米入库

1. 甲方玉米入库须持__________玉米中心批发市场(以下简称市场)批准的《__________玉米中心批发市场交货仓库入库通知单》(见附件一),并通知乙方,乙方应按《__________玉米中心批发市场交货仓库入库通知单》安排接收玉米事宜。

2. 玉米入库,甲方应到库监收。若甲方不到库监收,则认定甲方对乙方所收的实物重量、质量及包装没有异议。

第三条 入库验收

1. 重量验收:以乙方经计量检验合格的地磅为准,麻袋重量按0.9公斤/条计。

2. 质量检验:乙方负责对甲方货物是否有异味、活虫、结块发热、霉变及水分进行检验,确认是否符合仓储保管要求。按市场交货要求进行检验,检验内容包括:水分、容重、杂质、不完善粒总量、不完善粒中的生霉粒、色泽、气味。

3. 包装验收:麻袋包装,缝口、缝补必须用麻袋线。

标识的包装验收标准:

(1) 麻袋规定为长107 ±5 cm、宽74 ±3 cm不破、不漏的麻袋。麻袋卫生要求为无油污,无霉变,无严重的煤灰、石灰、铁锈、泥土、水渍等污染。包装物标准根据__________玉米中心批发市场最新公布文件为准。

(2) 麻袋缝口可以是机器缝口或手工缝口。机器缝口必须达到两头锁紧双趟标准;手工缝口必须达到双线16针以上(含16针)标准。

标识麻袋验收标准:

(1) 麻袋应不破、不漏。麻袋卫生要求为无油污,无霉变,无严重的煤灰、石灰、铁锈、泥土、水渍等污染。

(2) 麻袋缝口可以是机器缝口或手工缝口。机器缝口必须达到两头锁紧双趟标准;手工缝口必须达到双线14针以上(含)标准。

4. 货物验收后,乙方须填写入库验收单。入库验收单包括以下内容:

(1) 到货日期、货种、入库重量、入库件数、货位号、质量检验结果、包装、对货物质量处理意见通知、检验人及检验日期。

(2) 如甲方货物存在有异味、发热、结块、霉变、活虫、水分过高或不均等不符合保管条件的货物及时建议甲方处理,如甲方没有给予明确的答复,乙方有权拒收。

5. 乙方须将验收结果（入库验收单加盖业务章）及时通知甲方，如甲方对乙方质量检验结果有异议，双方派人重新抽样检验，以共同检验结果为准。水分检验结果作为本合同第五条第五款的计算依据。

第四条　仓单生成

1. 乙方根据验收结果可向甲方开具市场统一印制的用于抵顶分期货款的仓单（见附件二），加盖向市场预留的印鉴，注明用途为“抵顶分期货款”。

2. 乙方根据__________玉米中心批发市场指定的质检机构检验结果，对符合交货标准的玉米开具注册交货用的仓单，并注明为“交货用”，甲方向市场申请仓单注册。

3. 甲方用提货单重新开具仓单，应在扣减对应货物的损耗后，按第四条第一、二款重新检验开具仓单。

第五条　玉米保管要求

1. 乙方按国家和当地粮食主管部门仓储有关规定对甲方的玉米实施保管以维护货物储存期间的质量安全。

2. 乙方不得将入库货物与其商品性能相抵触、污染、串味、养护措施和灭火方法不同的商品存放在同一仓间。

3. 乙方对入库货物须集中堆放，火车入库一车皮一个货位，汽车入库一般60吨一个货位，货位须有明显、不可移动的标识。

4. 仓单生成后，乙方不能移动、开包、调包甲方玉米。

5. ① 初始注册仓单的玉米，入库水分在14%以内（含）的玉米入库当月的损耗按2‰扣，入库水分在14%以上的玉米先将入库过地磅数折算成含14%水分玉米的重量，折算办法为：入库重量 = 过磅重量 * [1 - (入库水分 - 14%)]，损耗再按2‰扣，从第二个月起，每个月的损耗为1‰（不足半个月按0.5‰计，超过半个月按一个月计）。② 用提货单重新注册仓单的玉米，每个月损耗为1‰（不足半个月按0.5‰计，超过半个月按一个月计）。

6. 乙方在储存玉米的过程中发现非乙方管理原因出现的问题，应及时通知甲方采取措施，费用由甲方承担。交货仓库发现交易商所储存货物出现虫情，应及时通知货主，如货主在3日内不到场，则视为同意熏蒸，熏蒸费由货主承担。

第六条　玉米出库

1. 必须凭市场签发的提货单(见附件四)提货。

2. 提货人应出具单位介绍信和本人身份证,并在乙方登记、签字结清相应全部费用。

3. 出库重量以实际过乙方经计量检验合格的地磅为准,扣减损耗后,短缺重量由乙方承担。

4. 包装物数量按货位图标明的数量为准,重量以0.9公斤/条计算。

第七条　计费项目、标准

仓储等费用由甲方按市场最新公布已执行的标准向乙方支付。交货仓库杂项作业服务费由甲乙双方协商制定。

第八条　责任划分

1. 甲方责任:

(1) 乙方严格按第五条的相关规定进行保管,储存过程中玉米质量出现变化时,甲方在接到乙方通知后应及时处理,否则造成损失由甲方自行承担。

(2) 按规定保管的玉米因储存时间过长引起质量自然变化,责任由甲方承担。

2. 乙方责任:

(1) 乙方应按本合同第三条规定验收,在验收过程中发现与规定不符的情况,应及时以入库验收单形式通知甲方,要求其整理、调换,若乙方没及时通知甲方,造成甲方损失,由乙方赔偿;

(2) 乙方违反本合同第五条规定,造成甲方损失,由乙方赔偿;

(3) 乙方违反本合同第六条规定,造成的损失,由乙方赔偿;

(4) 乙方仓库必须保财产险,乙方若没保财产险,因此造成的损失由乙方负担。

(5) 储存期间,玉米超出规定储存损耗率以外的短缺,造成甲方损失,由乙方赔偿。赔偿为同质量的玉米或按同质量玉米现行市场价补其玉米款,方式由双方协商解决。

第九条　未尽事宜

本合同未尽事宜,双方友好协商解决。

第十条 其他约定

本合同一式两份,甲乙双方各执一份。甲乙双方签字盖章生效。

甲方(盖章):	**乙方(盖章):**
地址:	**地址:**
法定代表人(签字):	**法定代表人(签字):**
委托代理人(签字):	**委托代理人(签字):**
电话:	**电话:**
邮政编码:	**邮政编码:**
年 月 日	**年 月 日**

(附件略)

● 律师批注

如同前文所分析,混藏式仓储作为一种特殊的仓储方式,主要有如下特点:

1. 混藏仓储的对象是种类物。混藏仓储的目的并不是完全在于对原物的保管,有时寄存人仅仅需要实现物的价值的保管即可,保管人以相同种类、相同品质、相同数量的替代物返还,并不需要原物返还。因此当寄存人基于物之价值保管的目的而免去保管人对原物的返还义务时,保管人减轻了义务负担,也扩大了保管物的范围,种类物成为保管合同中的保管物。保管人即以种类物为保管物,则在保存方式上失去各保管物特定化的必要,所以将所有同种类,同品质的保管物混合仓储保存。

2. 混藏仓储的保管物并不随交付而转移所有权。混藏保管人只需为寄存人提供保管服务,而保管物的转移只是物的占有权转移,与所有权的转移毫无关系,保管人无权处理存货的所有权。各寄存人对该混合保管物按交付保管时的份额,各自享有所有权。例如,农民将小麦付给粮站保管,约定粮站可以混藏小麦,在农民需要时即时返还,粮站对小麦等并无所有权。所有的小麦混合储存于粮站,形成一种保管物混合的状况,各寄存人对该混合保管物交付保管时的份额各自享有所有权。

3. 混藏仓储是一种特殊的仓储方式。混藏仓储与保管仓储既有联系也有一定的区别。保管仓储的对象是特定物,而混藏仓储的对象是种类物。混藏仓储在物流活动中有重要作用,在提倡物尽其用、发展高效物流的今天,赋予了混藏仓储更适应社会发展的新功能。在我国农村,农民将自己的余粮交粮食部门保管,当农民需要时,还可以领回自己的粮食,这种仓储行为是受政府鼓励的。这种仓储方式有效地缓解了政府购粮专项资金的压力，也增强了社会的稳定性。

正因为混藏式仓储有如上特点，混藏仓储在物流活动中发挥着重要作用，在提倡物尽其用、发展高效物流的今天，赋予混藏仓储更新的功能，配合以先进先出的运作方式，使得仓储物资的流通加快，有利于减少耗损和过期变质等风险。另外，混藏方式，能使仓储设备投入最少，仓储空间利用率最高。存货品种增加，会使仓储成本增加，所以在混藏仓储经营中尽可能开展少品种、大批量的混藏经营。因此，混藏仓储主要适用于农村、建筑施工、粮食加工、五金等行业，对品质无差别、可以准确计量的商品。

第十六章　委托储存合同

委托储存，又称仓库租赁，是指仓库所有人将所拥有的仓库出租给存货人，只提供基本的仓储条件、进行环境管理、安全管理等一般性的仓储管理，由存货人自行保管其商品的仓储经营方式。仓库租赁合同从严格意义上说只是财产租赁合同。但由于仓库出租方具有部分仓储保管的责任，所以具有仓储合同的一些特性。

本文将以通常使用的委托储存合同为范本，简要讲解合同的条款，未讲解之处参见本部分第十三章的通常合同版本部分。

委托储存合同

合同编号：________
签约地点：________
签订日期：______年____月____日

甲方（委托方）：
乙方（受托方）：

根据《中华人民共和国合同法》等有关法律、法规的规定，甲、乙双方经协商一致，就甲方租用乙方仓库存放货物、委托乙方储存等事宜，签署本合同。

第一条　租赁标的

1.1　本合同确定的货物存放、租赁标的为乙方仓库。

1.2　该出租仓库位于：________。面积为________平方米。

● **律师批注**

【条款目的】

以上条款规定了委托储存合同的租赁仓库信息。

【风险提示】

以上条款是重要的合同条款。只有明确了所租赁的仓库，才能储存货物，并明确下一步的仓储事务的安排。

第二条 租赁目的

1.3 甲方租赁此仓库用于________。

1.4 甲方存放在乙方仓库中的________等货物的所有权属于甲方,未经甲方书面同意,乙方不得动用、处置或留置该货物,或在甲方货物上设定其他权利,并不得有其他损害甲方所有权的行为。

● **律师批注**

【条款目的】

以上条款规定了委托储存合同的租赁目的。

【风险提示】

以上条款规定甲方租赁仓库的目的,以及约定所存储的货物所有权的归属。委托储存合同的本意是,通过租赁仓库所有人、经营人的合适的场地来存放特定的货物,存储方和仓库所有人并不发生货物的所有权的任何改变。仓储经营人应该根据需要提供合适的仓库、场地和仓储设备,并保证所提供的仓储资源质量可靠,应该加强环境的管理、安全管理工作,协助租用人使用好仓储资源,必要时可为租用人提供仓储保管的技术支持。

【相关案例】①

原告肖昌德诉称:2002年5月10日,原告与被告敦煌公司签订了《冷藏库房租赁合同》之后,便将大批毛皮分别装进被告的1、2号冷库内,其中1号冷库内装有两万多张猫皮和几万张狗皮。原告按合同约定向被告支付了相关费用。6月初,原告曾请人用了3天的时间对两个冷库的毛皮进行了翻动,以使冷库内的毛皮温度达到同一。同年11月19日,因毛皮在冬季不需要冷库保存,原告遂将毛皮转移到其他地方保存,在请人搬运过程中,发现1号冷库存放的毛皮全烂了,立即叫搬运工人停止搬运,但该库房已搬运走了7车的毛皮(约一万七千多张毛皮)到广汉市裘皮厂。原告找到了被告负责人一同查看了现场,被告负责人却说是因毛皮在冷库存放过久,已超出了合同约定时间造成的,对此不负责任。原告与被告之间虽签订的是《冷藏库房租赁合同》,但实际上冷库的所有管理由被告负责,因此,原、被告之间实为仓储合同关系。原告为了将这批毛皮保存好,才将毛皮存放于冷库,并为此向被告支付了3万余元的保管费用,现却因被告的管理不善造成1号冷库内的毛皮全部腐烂,造成原告经济损失28万元,被告对此应承担赔偿责任,请求

① 案例来源:四川省广汉市人民法院〔2003〕广汉民初字第007号,略有改动。

法院依法判决。

被告敦煌公司辩称：我公司与原告之间的纠纷应属租赁合同纠纷，而非仓储合同纠纷。我们双方是在真实意思表示下签订的《冷藏库房租赁合同》，由原告租用我公司的2号冷藏库，之后，我们又口头约定，由原告租用1号冷藏库的一部分，租金每月2 000元，其他与2号冷藏库相同。合同签订后，我公司向原告提供了合同约定标准的冷库，在合同的履行过程中，原告将毛皮存放进冷库，并未经我公司验收，我公司也未向原告出具收货凭证，且原告也曾请人到冷库内对毛皮进行了翻动，证明原告对冷库进行了实际管理。合同明确约定原告不得将盐及盐水浸泡的物品存入冷藏库，而原告的狗皮是盐渍皮，故原告的损失是由其自身的管理不善所造成的，因此，原告的损失应由其自行负担。

针对被告的答辩原告又称：我们口头协议的1号冷藏库未约定执行方式，只是约定温度与2号库相同，至于在管理方面，因被告方人手不够，当时约定由原告请人定期翻动毛皮。

经法院审理，认定：原、被告于2002年5月10日就原告所使用的被告2号库签订的《冷藏库房租赁合同》，是在平等、自愿、协商一致的基础上形成的，属双方真实意思表示，其内容不违反法律规定，应当有效。双方对依据该合同原告所租用的2号冷藏库内的毛皮并无争议，而是对口头协议的1号冷藏库的货物因变质发生争议，由于双方对此未形成书面合同，发生争议后，对口头协议内容的表述各不一致，原告认为，1号冷藏库内有他人的货物，温度由被告控制，故应属仓储性质，被告予以否认。《中华人民共和国合同法》第381条规定，仓储合同是保管人储存存货人交付的仓储物，存货人交付仓储费，并对经验收后的仓储物的数量、品种、质量发生变化造成的损失，由保管人承担损害赔偿责任的合同。由此可知，"交付验收"应是仓储合同成立的必备要件，而且也是仓储合同中仓储物风险转移的界限。

从本案可以得知委托储存合同的基本特征，如前所分析，货物的所有权不发生任何改变。仓储经营人应该根据需要提供合适的仓库、场地和仓储设备，并加强环境的管理、安全管理工作，协助租用人使用好仓储资源，必要时可为租用人提供仓储保管的技术支持。

第三条　租赁时限

3.1　租赁期限为____个月，自________至________止。

3.2　该租赁期限到期后，是否续租，由双方另行协商，并通过书面方式确定。

第四条　租金标准及支付方式

4.1　仓租费用标准为：_____元/天。仓租费用从单仓实际入库当日起计算，至全部出库完毕当日停止计算。

4.2　仓租费用按月缴付，每月一日乙方将仓租费用清单交付甲方，经甲方核对无误后，乙方向甲方开具相应金额发票，甲方收到发票后五日内支付上月的仓租费用，如最后一日适逢节假日，在节假日后三个工作日内支付。

4.3　甲方必须在首次货物入库前将______万元押金汇入到乙方指定账户。

4.4　乙方需在甲方汇入上述押金后两日内向甲方出具收条。在本合同履行期限截至最后一期时，由甲乙双方协商一致，根据最后一期实际结算金额冲抵最后一期租金，并多退少补。

4.5　除本合同明确约定应由甲方支付的费用外，乙方不得再向甲方主张其他费用。

4.6　甲乙双方的指定账户信息如下：

甲方指定账户信息如下：

开户人：________

开户银行：______________

账号：____________________

乙方指定账户信息如下：

开户人：________

开户银行：______________

账号：____________________

● **律师批注**

【条款目的】

以上条款规定了委托储存合同的租金支付。

【风险提示】

从仓库出租方的角度来讲，进行仓库租赁经营时，最主要的一项工作是签订仓库租赁合同，在法律条款的约束下进行租赁经营，取得经营收入。从仓库承租方的角度来讲，签订仓库租赁合同，支付租金，在法律条款的约束下获得所租赁的仓库使用权，并在仓库出租方的配合和技术支持下存储货物。

根据合同法律的约定，承租人应当按照约定的期限支付租金。对支付期限没有约定或者约定不明确的，双方可以协议补充。承租人无正当理由未支付或者迟延支付租金的，出租人可以要求承租人在合理期限内支付。承租人逾期不支付的，出租人可以解除仓库租赁合同。但是，《合同法》第231条规定：因不可归责于承租人的事由，致使仓库部分或者全部毁损、灭失的，承租人可以请求减少租金或者不支付租金。因仓库部分或者全部毁损、灭失，致使不能实现合同目的的，承租人可以解除合同。另外，《合同法》第228条还规定，如果第三人对仓库主张权利，影响承租人对仓库使用、收益的，承租人可以请求减少租金或者不支付租金。当然，第三人主张权利时，承租人应当及时通知出租人。

第五条　货物保管及损失损耗处理

5.1　货物入库后甲方自行保管，质量和数量由甲方自负，与乙方无关。如甲方需要乙方协助，乙方应当配合，但有关如除虫会产生灭虫费，如倒包会产生装卸费等费用由甲方负责。

5.2　货物进仓完毕后，由甲乙双方在储存货物的平房仓大门口加贴封条。未经甲方许可，乙方不得私自撕开封条（紧急情况下出于保护甲方利益考虑时除外，但须立即书面通知甲方）。

5.3　货物进出仓损耗由甲方承担。货物保险由甲方购买，发生保险理赔范围内货物损失时，乙方要及时向甲方报告，并配合甲方做好保险理赔工作。

5.4　在租赁期限内，甲方负责购买租赁仓库的保险，乙方负责购买租赁仓库内乙方的财产及其他必要的保险（包括责任险）。若甲乙各方未购买上述保险，由此而产生的所有赔偿及责任分别由甲乙各方自行承担。

● **律师批注**

【条款目的】

以上条款规定了委托储存合同的货物保管损失损耗的处理方法。

【风险提示】

委托储存合同双方应该就货物的保管事宜作出具体详细的约定，包括货物如何保管、双方各自承担的义务、货物出现毁损灭失应该如何分担责任等；如需购买保险，则双方的保险责任又是如何承担。建议双方在合同中作详细约定，以免在货物出现保管问题后出现各执一词、无法分清责任的情形。

【相关案例】①

张林与人合伙共同经营五金销售业务，在朋友介绍下，张林向A公司租赁了一仓库作为堆放各种五金器材之用。双方由于是朋友介绍，没有签订正式书面合同，A公司表示只是出租场地，但张林如果要取货，必须向仓库管理员出示有效的仓单。张林按月向A公司支付租金。之后，张林在提供仓单取货时，发现仓库中少了价值近10万元的货物，于是向A公司提出索赔。A公司认为，与张林双方之间只是租赁关系，自己不应承担保管义务，因此货物的缺损不应当由公司承担责任。双方诉至法院。

本案中，A公司与张林之间之间构成的是仓储合同关系，根据合同法的规定，储存期间，因保管不善造成仓储物毁损、灭失的，保管人应当承担损害赔偿责任。本案中，由于双方没有明确的书面约定，只能根据双方的行为来对合同关系进行判断。而根据双方实际履行合同的行为来看，A公司虽然表示只是租赁场地，但在张林取货时却要求其提供有效的仓单，其行为很可能对双方已经构成了仓储合同关系，应当承担相应的赔偿责任。在本案中，A公司应当对张林的损失承担赔偿责任。

第六条　出入库手续和时间

6.1　甲方须在货物入库前五个工作日将入库计划通知乙方，乙方应及时安排接收事宜，准备仓房及其他设施设备、人力和运力等。

6.2　甲方须在货物出库前五个工作日通知乙方，告知出库具体货位、数量和时间，以便乙方做好相应准备。

第七条　管理与检查

7.1　甲方向乙方派驻一至两名驻库管理员，对乙方仓库存放的货物进行驻库管理，驻库管理员所有费用由甲方承担。甲方驻库人员必须遵守乙方仓库的有关规章制度。

7.2　甲方对仓库有随时检查监督的权利，乙方应配合甲方的检查，确保仓库适合存储本合同项下的货物。

第八条　违约责任

8.1　甲方违约责任

如甲方未按本合同约定向乙方支付仓租费，乙方有权要求甲方尽快支付；同时，每延迟一日，甲方按逾期支付仓租费用的3‰的比例按日向乙方

① 案例来源：110法律咨询网 http://www.110.com/ziliao/article-250565.html。

支付滞纳金。

8.2　乙方违约责任

如乙方违反本合同第二条的约定，包括但不限于擅自处置甲方货物或在货物上设定担保等权利，或有其他损害甲方所有权的行为，甲方有权立即解除合同，乙方除应立即向甲方交付全部货物或支付该笔货物的全部货款外，还应向甲方支付相当于货物当时市场价值100%的违约金，不足弥补甲方损失的，另行赔偿。

因乙方原因导致甲方货物损失的，或乙方违反本合同约定的其他义务，给甲方造成损失的，应当予以全额赔偿甲方的直接和间接损失。

第九条　合同的生效、变更、终止与解除

9.1　本合同经双方法定代表人或其委托代理人签字，并加盖单位公章后生效。

9.2　由于不可抗力不能按约定条件履行合同时，任何一方应及时将事件情况书面通知对方，并在五个工作日内提供事件详情和事发地有关部门出具的有效证明文件，按照事件对履行合同影响的程度，由双方协商解决。

9.3　当发生解除合同事项时，要求解除合同的一方应及时书面通知对方。

第十条　争议的解决方式

双方因本合同发生争议的，应协商解决，也可请求双方上级单位进行调解，协商、调解不成的，任何一方均可向甲方所在地法院提起诉讼。

第十一条　其他

11.1　甲乙双方的任何一方如更改其在本合同中所列名称、地址、开户银行、银行账号时均应及时通知对方，否则应承担相应的不利后果。

11.2　本合同执行期内，甲乙双方均不得随意变更或者解除合同。如有未尽事宜，须由双方另行协商、签订补充协议确定。

第十二条　合同的生效

本合同一式____份，甲乙双方各执____份，自双方签字盖章之日起生效。

（签署页略）

第十七章　国家救灾备荒种子储备合同

国家因其所承担的巨大社会责任而储备物质，为了预防自然灾害、社会动荡等意外事故的发生和人民经济生活中的特殊需要而为国家储备行为，因此订立的仓储合同属于国家救灾备荒种子合同。

1996 年 8 月 9 日财政部、农业部联合发布的《国家救灾备荒种子储备贷款贴息资金管理办法》(财农字[1996]202 号)规定："国家救灾备荒种子储备贷款贴息资金是中央财政为保证国家储备救灾备荒种子任务顺利完成而设立的预算内专项资金，为加强对国家救灾备荒种子储备贷款贴息资金的管理，特制定本办法。为了保证灾区及时用上良种，尽快恢复农业生产，国家实行救灾备荒种子储备制度。本办法适用于承担国家救灾备荒种子储备任务的种子公司、原(良)种场和种子站等单位。"同时，农业部及国家有关部门每年会发布关于该年度的救灾备荒种子储备任务通知。

国家救灾备荒种子储备合同属于国家储备仓储合同的一种，性质较为特殊，行政色彩浓厚，双方的权利义务并不对等，乙方须接受甲方的监管、监督，甲方负责提供财政补贴。本章提供农业部与各省级单位农业厅签署的国家救灾备荒种子合同供参考，除个别条款外，不再对条文一一分析。

国家救灾备荒种子储备合同

甲方：农业部种植业管理司

乙方：________省(区、市)农业(牧)厅(委、局)

为保障农业生产救灾用种需求，严格落实国家救灾备荒种子储备任务，规范储备管理，经甲、乙双方协商一致，签订本合同。

第一条　乙方受甲方委托承担国家救灾备荒种子储备任务，承储单位、储备地点及储备种子的种类、品种、数量按照甲方下达的《______年国家救灾备荒种子储备任务》落实。

第二条　储备期限为______年____月____日至______年____月____日。

第三条　甲方将依照有关要求，根据乙方完成的国家救灾备荒种子储备任务，于______年____月底以前，按财政部有关规定拨付给乙方______年种子储备补助资金。除此之外，甲方不再负担其他费用。

乙方应按照储备任务将储备补助资金及时拨付给承储单位。种子储备补助资金为财政专项资金，必须专款专用。

第四条　乙方应与承储单位签订二级储备合同，确保储备种子的品种、数量、质量及储备时间，储备的种子要达到国家相关标准。

● **律师批注**

【风险提示】

该类国家救灾备荒种子储备合同因其特殊性，国家相关业务司局应注意：科学制定储备计划、科学选定储备品种、遴选承储企业、实行合同管理，并以备荒为主、兼顾救灾功能。被选中的承储、代储单位应注意：未经允许不得擅自动用国家储备商品；不得虚报库存数量，保证库存数量与账目一致；收到的中央财政补助资金按规定设立资金专户管理，按规定用途使用。

第五条　储备种子的调拨权在甲方，乙方不能擅自动用。若因受灾等特殊原因需要调拨救灾备荒种子的，必须由受灾省（区、市）农业行政主管部门向甲方提出调拨申请。

第六条　救灾备荒种子的调拨本着保本原则，调拨价格由调出和调入双方共同商定。

第七条　乙方接到甲方《同意动用国家救灾备荒种子通知书》后，应尽快组织储备种子调拨，并于调运之日起30日之内，将调拨种子的品种、数量、质量、调出（入）时间和地点及救灾面积、挽回经济损失等情况如实上报甲方。

第八条　乙方应于2010年9月30日之前，以正式文件向甲方报送本年度救灾备荒种子储备工作总结报告。主要内容包括：国家救灾备荒种子储备任务的落实情况，储备种子的调拨情况，储备种子在救灾中发挥的作用和效益，储备合同的执行情况，补助资金申请表，以及下一年度拟承担的国家救灾备荒种子储备计划。

第九条　甲方有权对乙方执行本合同的情况进行监督检查。对乙方执行不到位的，甲方有权提出整改要求。

第十条　合同签订后，甲、乙双方不得违约。乙方如有违反本合同规定，甲方有权收回全部储备补助资金，并取消乙方下一年度承储救灾备荒种子的资格，乙方还应承担相应的违约责任。涉及违法犯罪的，还应承担刑事责任。

第十一条　由于不可抗力原因，乙方需要改变储备计划的，必须报经甲方批准同意。

第十二条　本合同未尽事宜，由合同双方另行协商。

第十三条　本合同经双方签字后开始生效。

本合同一式两份，甲、乙双方各持一份。

甲　方：农业部种植业管理司（公章）
负责人：　　　　　　　　　　　　　年　　月　　日

乙　方：________（区、市）农业（牧）厅（委、局）（公章）
负责人：　　　　　　　　　　　　　年　　月　　日

附录　运输、保管、仓储类合同范本

目　录

一、运输类合同范本　/ 204

1. 运输合同　/ 204
2. 货物委托运输合同(通常版本二)　/ 207
3. 铁路货物运输合同　/ 210
4. 公路货物运输合同　/ 213
5. 水路货物运输合同　/ 216
6. 航次租船合同　/ 221
7. 航空货物运输合同　/ 225
8. 多式联运合同　/ 230
9. 快递服务合同　/ 235

二、保管类合同范本　/ 242

1. 保管合同　/ 242
2. 车辆保管协议　/ 243
3. 企业邮箱托管合同　/ 245

三、仓储类合同范本　/ 248

1. 北京市仓储合同(通用范本一)　/ 248
2. 仓储合同(通用范本二)　/ 251
3. 混藏仓储合同　/ 255
4. 委托储存合同　/ 258
5. 国家救灾备荒种子储备合同　/ 262

一、运输类合同范本

1. 运输合同①(通常版本一)

运输合同

托运方:
地址:
承运方:
地址:

根据国家有关运输规定,经过双方充分协商,特订立本合同,以便双方共同遵守。

第一条 货物情况

名称	规格	数量	单价(元)	总额(元)	其他

第二条 包装要求

托运方必须按照国家主管机关规定的标准包装;没有统一规定包装标准的,应根据保证货物运输安全的原则进行包装,否则承运方有权拒绝承运。

第三条 货物起运地点:______________;货物到达地点:____________。

第四条 货物承运日期:______________;货物运到期限:____________。

第五条 运输质量及安全要求:____________________________________。

第六条 货物装卸责任和方法:____________________________________。

第七条 收货人领取货物及验收办法:_____________________________。

第八条 运输费用及结算方式:____________________________________。

第九条 各方的权利义务

---

① 合同范本来源:北大法意网 http://www.lawyee.net/Contract/Contract_Display.asp。

一、托运方的权利义务

1. 托运方的权利:要求承运方按照合同规定的时间、地点,把货物运输到目的地。货物托运后,托运方需要变更到货地点或收货人,或者取消托运时,有权向承运方提出变更合同的内容或解除合同的要求。但必须在货物未运到目的地之前通知承运方,并按有关规定付给承运方所需费用。

2. 托运方的义务:按约定向承运方交付运杂费。否则,承运方有权停止运输,并要求对方支付违约金。托运方对托运的货物,应按照规定的标准进行包装,遵守有关危险品运输的规定,按照合同中规定的时间和数量交付托运货物。

二、承运方的权利义务

1. 承运方的权利:向托运方、收货方收取运杂费用。如果收货方不交或不按时交纳规定的各种运杂费用,承运方对其货物有留置权。查不到收货人或收货人拒绝提取货物,承运方应及时与托运方联系,在规定期限内负责保管并有权收取保管费用,对于超过规定期限仍无法交付的货物,承运方有权按有关规定予以处理。

2. 承运方的义务:在合同规定的期限内,将货物运到指定的地点,按时向收货人发出货物到达的通知。要负责托运货物的安全,保证货物无短缺、无损坏、无人为的变质,如有上述问题,应承担赔偿义务。在货物到达以后,按规定的期限,负责保管。

三、收货人的权利义务

1. 收货人的权利:在货物运到指定地点后有以凭证领取货物的权利。必要时,收货人有权向到站或中途货物所在站提出变更到站或变更收货人的要求,签订变更协议。

2. 收货人的义务:在接到提货通知后,按时提取货物,缴清应付费用。超过规定期限提货时,应向承运人交付保管费。

第十条　违约责任

一、托运方责任

1. 未按合同规定的时间和要求提供托运的货物,托运方应按其价值的____%偿付给承运方违约金。

2. 由于在普通货物中夹带、匿报危险货物,错报笨重货物重量等招致吊具断裂、货物摔损、吊机倾翻、爆炸、腐蚀等事故,托运方应承担赔偿责任。

3. 由于货物包装缺陷产生破损,致使其他货物或运输工具、机械设备被污染腐蚀、损坏,造成人身伤亡的,托运方应承担赔偿责任。

4. 在托运方专用线或在港、站公用线、专用铁道自装的货物，在到站卸货时，发现货物损坏、缺少，在车辆施封完好或无异状的情况下，托运方应赔偿收货人的损失。

5. 罐车发运货物，因未随车附带规格质量证明或化验报告，造成收货方无法卸货时，托运方应偿付承运方卸车堆存费及违约金。

二、承运方责任

1. 不按合同规定的时间和要求配车（船）发运的，承运方应偿付托运方违约金_____元。

2. 承运方如将货物错运到货地点或接货人，应无偿运至合同规定的到货地点或接货人。如果货物逾期到达，承运方应偿付逾期交货的违约金。

3. 运输过程中货物灭失、短少、变质、污染、损坏，承运方应按货物的实际损失（包括包装费、运杂费）赔偿托运方。

4. 联运货物发生灭失、短少、变质、污染、损坏，应由承运方承担赔偿责任，由终点阶段的承运方向负有责任的其他承运方追偿。

5. 在符合法律和合同规定条件下的运输，由于下列原因造成货物灭失、短少、变质、污染、损坏的，承运方不承担违约责任：

（1）不可抗力；

（2）货物本身的自然属性；

（3）货物的合理损耗；

（4）托运方或收货方本身的过错。

第十一条 本合同正本一式两份，合同双方各执一份。

托运方（盖章）：	承运方（盖章）：
代表人（签字）：	代表人（签字）：
地址：	地址：
电话：	电话：
签约时间：	签约时间：
签订地点：	签订地点：

2. 货物委托运输合同(通常版本二)

第一条 托运货物信息

1.1 货物名称:____。

1.2 货物规格:____。

1.3 货物数量:____。

1.4 货物金额:____。

第二条 包装要求

2.1 按照国家标准/行业标准/企业标准/协议标准对货物进行包装。

2.2 如果没有统一包装标准,应根据保证货物运输安全的原则进行包装。

第三条 货物运输起止地点

3.1 货物起运地点:____________________。

3.2 货物到达地点:______________或甲方指定的其他地点,该地点应在______________前确定。

3.3 收货人名称:________________________或凭甲方指示确定,收货人应在______________前确定。

第四条 货物承运日期

4.1 托运货物起运时间:________年______月______日。

4.2 托运货物交付时间:________年______月______日前。

第五条 托运货物装卸

托运货物由甲方/乙方负责装卸。由乙方负责装卸的,如果因乙方原因在装卸过程中给托运货物造成损失的,乙方应承担赔偿责任。

第六条 货物领取及验收办法

由实际收货人按照托运货物清单对货物包装、数量、质量等进行验收。

第七条 运输费用、结算方式

7.1 本合同项下的运输费用为________元。

7.2 运费结算方式:____________________。

第八条 双方的权利义务

8.1 甲方的权利义务

8.1.1 甲方有权要求乙方按照合同规定的发运时间、发运地点把约定货物运输到本合同约定的货物到达地点。

8.1.2 乙方将货物交付收货人之前,甲方有权要求乙方中止运输、返还货物、变更货物到达地点或收货人或者取消托运，但应当赔偿乙方因此受到的损失。

8.1.3 甲方或收货人有权在货物运到本合同约定的货物到达地点后，凭有效凭证领取货物。

8.1.4 甲方或收货人在接到提货通知后，按时提取货物。

8.1.5 甲方有义务按约定向乙方支付运输费。

8.1.6 甲方应按照合同中规定的时间和数量交付托运货物。

8.2 乙方的权利义务

8.2.1 乙方接受甲方的委托以后应及时操作转运货物，保证安全、准时、准确地将货物运至甲方指定目的地。

8.2.2 乙方必须严格按照合同约定的运输时间执行，若因特殊情况，货物没有按预订时间运至目的地，乙方应及时与甲方取得联系，向甲方汇报并进行处理。但甲方保留要求乙方承担相应违约责任的权利。

8.2.3 乙方有权要求甲方支付运输费用。但是，甲方因故未能按时支付的，乙方不得对运输货物行使留置权。

8.2.4 承运过程中发生的货物被盗、被抢、丢失、淋湿、货损、交货不清、货物破损等，概由乙方负责。

8.2.5 由于自然灾害或交通事故造成货物无法准时到达，乙方必须及时通知甲方，由双方共同协商解决，若由于未及时通知甲方而造成货物迟延到达，给甲方造成的直接和间接损失应由乙方负责赔偿。

8.2.6 乙方应采取有效措施，确保不对运输沿途环境和收货人造成不良影响。由于乙方的原因对沿途环境和收货人造成不良影响而产生的经济损失，由乙方承担。

8.2.7 乙方应及时向收货人发出货物到达的通知，并在收货人实际接收货物前负责货物的保管。

8.2.8 运输过程中发生交通事故产生的车辆及人员责任及损失，均由乙方承担。

第九条 违约责任

9.1 甲方违约责任：

9.1.1 甲方未按合同规定的时间和要求提供托运的货物的，托运货物交付时间相应顺延。

9.1.2 因甲方提供资料不齐全而导致乙方无法送达或者延误送达，损失由甲方负责。乙方在运输过程中如果发现甲方所提供的收货人联系电话、地址有误，必须及时与甲方联系寻求解决办法，否则损失由乙方负责。

9.1.3　甲方迟延提货或不提货的，乙方有权将货物提存或采取其他必要措施，由此造成的一切损失由甲方承担。

9.2　乙方违约责任：

9.2.1　乙方未按合同规定的时间和要求自起运地点提取托运货物或向收货人交付托运货物的，每迟延提取或交付一天，应向甲方支付____元人民币违约金。

9.2.2　由于不可抗力造成乙方交货延误，影响合同执行时，乙方应及时通知甲方并采取有效措施防止损失的扩大。

9.2.3　乙方如将托运货物错运到货地点或收货人，应无偿将托运货物运至合同规定的货物到达地点或收货人，由此增加的费用由乙方自行承担。错运导致延期交付托运货物的，按托运货物延期交付处理。如果造成货物误收而丢失，乙方应照价赔偿。

9.2.4　运输过程中托运货物发生毁损、灭失、短少、变质或污染的，乙方应按货物的实际损失（包括包装费、运杂费等）赔偿甲方。

9.2.5　由于下列原因造成货物的毁损、灭失、短少、变质或污染的，乙方不承担违约责任：① 不可抗力。② 货物本身的自然属性。③ 货物的合理损耗。④ 甲方自身的过错。

9.2.6　因乙方迟延提取或交付托运货物，或者因乙方违反本合同的其他条款导致甲方对第三方违约而产生相关损失或违约责任，则乙方应承担该等损失或责任。

第十条　纠纷解决方式

10.1　若合同在履行中产生纠纷，双方应及时协商解决。

10.2　如果通过协商仍不能解决纠纷，则任何一方均有权向甲方所在地有管辖权的人民法院提起诉讼。

第十一条　保险

11.1　若需要办理货物在托运期间的保险事宜，由____方向____方办理，保险费由____方承担。

第十二条　其他

12.1　本合同经双方签字盖章后生效。

12.2　本合同一式_____份，甲方执_____份，乙方执_____份。

（以下无正文，为签署页，略。）

3. 铁路货物运输合同

铁路货物运输合同

甲方(托运人):
地址:
乙方(承运人):
地址:

为确保甲方的______货物能安全、快捷、准确地通过铁路运输发至目的地。甲、乙双方本着真诚合作、互惠互利的精神,经友好协商,甲方同意将铁路运输业务委托乙方办理,并签订本合同。

一、甲方的责任及义务

1. 甲方负责以互联网(电话或传真)的方式将铁路运输计划通知乙方,包括:货物品种、数量、体积、重量、提货时间、到货时间要求以及收货人、地址、电话等相关资料;

2. 甲方负责发货地点、交货地点的装卸;

3. 甲方提供货物运输途中需要的相关证明文件,如《货物送货单》、《货物调拨单》等;

4. 甲方委派专人负责相关业务协调,便于与乙方联系、沟通,解决日常往来业务问题。

二、乙方的责任及义务

1. 乙方必须按甲方的指令要求到指定的发货仓库提货,并及时将货物送到指定的收货地址及收货单位;

2. 乙方须满足甲方提出的要车计划,并按甲方的时间要求准时把货物送抵目的地;

3. 乙方将货物送达目的地后,必须将《产品送货单》交收货方进行签收;

4. 如因政策性原因导致铁路出现停装、限装等情况,乙方必须及时通知甲方并提供铁路部门的证明材料;

5. 甲方的货物在发货仓库交付给乙方验货、签收后,货物的安全风险责任由乙方负责,直至终点交付货物为止;

6. 乙方须书面委托1至两名业务代表负责甲方业务的协调,保证日常的联系、沟通,出现问题及时解决。

三、具体操作方式

1. 甲方在货物发运前以互联网(电话或传真)的方式或其他适当的方式

将铁路运输计划通知乙方；

2. 乙方收到指令后根据指令要求安排车辆到甲方指定的仓库提货、中转，并安排和办理车皮发货等一切相关手续；

3. 乙方持《产品送货单》到甲方指定的收货地点办理货物签收手续；

4. 乙方整理签收后的《产品送货单》到甲方办理运费结算手续。

四、铁路货运事故的处理及保险

1. 甲方货物的运输保险由乙方负责，保险索赔具体事宜由乙方负责；运输途中一切货损由乙方承担并按照甲方出厂价进行赔偿；

2. 铁路运输保价费用由乙方自行承担；

3. 在运费结算时乙方必须对运输途中造成的短少、货损等一切在途损失按照甲方出厂价进行赔偿；

4. 对于重大事故（如整车丢失、损坏等）造成的损失，乙方必须在定损后______周内以现金的方式赔付。

五、运输费用的结算

1. 乙方凭收货方签收的《产品送货单》，按合同的铁路运输价格表向甲方申报结算运费；

2. 乙方按甲方核实后的费用开具正式发票送交甲方，甲方根据发票及验货记录原件及时向乙方支付运费；

3. 甲方用支票形式向乙方承付费用。

六、违约保证金的收取及违约责任

1. 在合同签订后的______天内，乙方必须向甲方支付__________元保证金；

2. 在合同有效期内，如乙方单方面提出终止合同时，甲方将不予返还保证金；

3. 双方将《运输管理考核办法》作为本协议附件。

七、合同期限

1. 本合同自______年____月____日至______年____月____日；

2. 本合同一式______份，甲、乙双方各执______份；

3. 如合同有未尽事宜，经双方协商解决，协商不成，由______铁路运输法院裁决。

甲方：　　　　　　　　　　乙方：

授权代表：　　　　　　　　授权代表：

日期：　　　　　　　　　　日期：

（附件略）

铁路局货物运单(供参考)①

领货凭证
计划号码或运输号码:
货位:
货物指定于　　月　　日搬入

承运人/托运人装车
承运人/托运人施封

车种　　车号
货票第　　号
运到期限　　日

运到期限　　日

货票第　　号
托运人→发站→到站→收货人

<table>
<tr><td colspan="5">托运人填写</td><td colspan="5">承运人填写</td><td rowspan="10"></td><td>发站</td><td colspan="2"></td></tr>
<tr><td>发站</td><td></td><td>到站(局)</td><td colspan="2"></td><td>车种车号</td><td colspan="2"></td><td>货车标重</td><td></td><td>到站</td><td colspan="2"></td></tr>
<tr><td colspan="2">到站所属省(市)自治区</td><td colspan="3"></td><td>施封号码</td><td colspan="4"></td><td>托运人</td><td colspan="2"></td></tr>
<tr><td rowspan="2">托运人</td><td>名称</td><td colspan="3"></td><td>经由</td><td colspan="2">铁路货车篷布号码</td><td colspan="2"></td><td>收货人</td><td colspan="2"></td></tr>
<tr><td>住址</td><td></td><td>电话</td><td></td><td></td><td colspan="2"></td><td colspan="2"></td><td>货物名称</td><td>件数</td><td>重量</td></tr>
<tr><td rowspan="2">收货人</td><td>名称</td><td colspan="3"></td><td>运价里程</td><td colspan="2" rowspan="2">集装箱号码</td><td colspan="2" rowspan="2"></td><td rowspan="2"></td><td rowspan="2"></td><td rowspan="2"></td></tr>
<tr><td>住址</td><td></td><td>电话</td><td></td><td></td></tr>
<tr><td>货物名称</td><td>件数</td><td>包装</td><td>货物价格</td><td>托运人确定重量(公斤)</td><td>承运人确定重量(公斤)</td><td>计费重量</td><td>运价号</td><td>运价率</td><td>运费</td><td></td><td></td><td></td></tr>
<tr><td></td><td></td><td></td><td></td><td></td><td></td><td></td><td></td><td></td><td></td><td></td><td></td><td></td></tr>
<tr><td>合计</td><td></td><td></td><td></td><td></td><td></td><td></td><td></td><td></td><td></td><td></td><td></td><td></td></tr>
<tr><td>托运人记载事项</td><td colspan="4"></td><td>承运人记载事项</td><td colspan="4"></td><td></td><td colspan="3">发站承运日期戳</td></tr>
<tr><td colspan="2">注:本单不作为收款凭证,托运人签约须知见第243页。</td><td colspan="3">托运人盖章或签字
年　月　日</td><td colspan="5">到站交付日期戳　　发站承运日期戳</td><td></td><td colspan="3">注:收货人领货须知见第243页</td></tr>
</table>

颁布单位:国家工商管理局经济合同司
颁布日期:1991

---

① 该文本为铁路局颁布的标准版本之铁路局运单,编号为:示范文本 GF-91-0402。

4. 公路货物运输合同

公路货物运输合同

托运方(甲方):
地　址:
法定代表人:
电　话:

承运方(乙方):
地　址:
法定代表人:
电　话:

甲方现委托乙方承运甲方的运输业务,乙方同时具备相应能力完成甲方的运输业务。根据国家的有关运输法律规定,经甲、乙双方充分协商,在平等自愿的基础上达成如下协议:

第一条　甲方委托乙方运输的货物为:______。甲方应保证委托承运的货物不含有任何违法物品,甲方委托运输货物属易燃易爆、易挥发、有毒、易碎商品时,甲方应在委托单中明确注明。

第二条　货物起运地、到达地

乙方根据甲方委托单的指令将货物从甲方指定地点运送至甲方指定的目的地。若起运地和目的地有变更的,甲方应在货物起运前书面通知乙方。

(货运委托单见附件)。

第三条　领取货物及验收方法

乙方承运货物到达目的地经甲方指定验收人验收后,乙方应要求收货人在甲方的货物验收单上注明验收完毕字样,加盖收货单位公章并签字,填写收货数量及收货日期。

乙方应将上述货物验收单提交给甲方,甲方凭乙方提交的货物验收单与乙方结算运费,如发生货物验收单丢失应及时补回,否则甲方除可以拒付运费外,并可以要求乙方赔偿货物损失。

第四条　运输费用

1. 运输价格按整车计算,具体价格参见合同附件:公路货运价格表。①
2. 在合同有效期内如变动价格,需经双方协商确定。

---

① 该附件略,实践中根据实际情况作调整或增减。

3. 上述价格均含保险费。乙方接受甲方委托应及时投保。

第五条　结算方式

1. 乙方应根据合同第三条规定将货物签收单提交甲方，并凭货物签收单原件结算运费。

2. 双方在每月20日结算前一个月财务已入账的运输费(例如:2月20日结算1月份财务已入账的运输费)，乙方应开具运输专用发票给甲方。

第六条　运输通知

每次托运前，甲方提前24小时用电话或传真通知乙方备车(特殊情况除外)，乙方应按甲方要求准时提供合适的车辆。

第七条　运输期限

甲方委托乙方承运每批货物，乙方应按约定期限到达。具体运输期限以货物托运单中的指令为准。

第八条　运输方式

甲方托运的每一批货物乙方不得中转和配运第三方货物。中途不允许出现货物换车现象，否则发生的损失由承运方负全部责任。运输方式为汽车陆地运输。

第九条　风险抵押金

1. 乙方将风险抵押金用现金形式交至甲方的指定账户。风险抵押金作为甲方货物损失风险抵押，若由于乙方原因导致甲方货物损失或第三方索赔的，甲方从风险抵押金中优先扣除货物损失及支付第三方索赔，不足部分甲方另行向乙方追偿。

2. 乙方交至甲方的风险抵押金为______(人民币)。风险抵押金应在本合同签订后5日内支付。

3. 甲方违反本合同约定，致使乙方利益遭到损害的，乙方有权提出终止本运输合同，并要求甲方归还风险抵押金。

4. 本合同到期或满期后，如不再继续合作，甲方应在1个月之内归还乙方风险抵押金；如果继续合作，则转为下一年度的风险抵押金。

5. 甲方收到乙方的风险抵押金后应开具单据给乙方。

第十条　货物防护

1. 货物装卸过程必须轻拿轻放，不得倾倒，不得在包装箱上踩踏、蹬跳，不得在货物上坐、躺或放置其他重物。

2. 装卸过程，发生货物跌落现象，搬运人员应及时报告相关部门并由货管部门对跌落货物进行重新验证。

3. 承运人必须做好货物的防雨、防潮措施，并根据货物实际情况做好防护措施。

第十一条　托运方责任

1. 甲方未按合同规定期限向乙方支付运输费用，应向乙方按同期银行贷款利率支付运费利息损失。

2. 甲方违反本合同第九条第四款的规定，甲方应按同期银行贷款利率向乙方支付风险抵押金的利息损失。

第十二条　承运方责任

1. 乙方如违反合同第六条规定，应按每车总运价的10%向甲方支付违约金。

2. 乙方如将货物运错地点或交错收货人，应无偿将货物运到合同约定的目的地或应交收货人。如果货物逾期未到达，乙方除应向甲方按这批货物运费的10%支付违约金外，并应承担由此给甲方造成的相应经济损失。

3. 乙方在运输过程中导致货物污染、受潮、包装损坏、货物短少、变质、货物非自然损伤以及货物灭失的，乙方除百分之百赔偿甲方的实际损失外，还应承担运输货物价格10%的违约金。

4. 乙方在承运过程中，出现交通事故或者其他工伤等事故，由此引起的损失及相应的赔偿责任，均由乙方独立承担，与甲方一概无涉。

5. 乙方在承运过程中，未按甲方托运单要求的期限送达货物，导致收货方索赔或引起其他损失的，乙方应赔偿甲方的实际损失，并承担运输货物价值10%的违约金。

6. 以上事项，若由于不可抗力而发生的，可减轻或免除乙方责任。

第十三条　其他

1. 本合同未尽事宜，由双方共同协商签订补充协议，补充协议及本合同附件与本合同具有同等法律效力。

2. 本合同若发生争议，双方应友好协商解决；若协商不成发生诉讼的，双方约定由被告所在地人民法院管辖。

3. 合同一式两份，甲、乙双方各持一份。

4. 合同经双方签字或盖章后生效，有效期一年。

托运方：	承运方：
授权代表：	授权代表：
签字/盖章：	签字/盖章：
签约时间：　　年　月　日	签约时间：　　年　月　日

附　公路货物包装转运合同单

年　月　日

<table>
<tr><td>货主单位</td><td colspan="2"></td><td colspan="2">装货地点</td><td></td><td colspan="2">装货时间</td><td colspan="2"></td></tr>
<tr><td>货物名称</td><td colspan="2"></td><td colspan="2">件数</td><td></td><td colspan="2">重量（公斤）</td><td colspan="2"></td></tr>
<tr><td>包装转运费</td><td colspan="2"></td><td colspan="2"></td><td>包装材料费</td><td colspan="2"></td><td colspan="2"></td></tr>
<tr><td>承运日期</td><td colspan="2"></td><td colspan="2">运到期限</td><td></td><td colspan="2">货物保价</td><td colspan="2"></td></tr>
<tr><td rowspan="2">收费项目</td><td>单位</td><td>规格</td><td>数量</td><td>金额</td><td rowspan="2">材料名称</td><td>单位</td><td>数量</td><td>单价</td><td>金额</td></tr>
<tr><td></td><td></td><td></td><td></td><td></td><td></td><td></td><td></td></tr>
<tr><td>小计</td><td colspan="2"></td><td colspan="2"></td><td>小计</td><td colspan="2"></td><td colspan="2"></td></tr>
<tr><td colspan="10">合计金额（大写）　万　千　百　拾　元　角　分
¥________________</td></tr>
<tr><td>附件</td><td colspan="2"></td><td colspan="2">备注</td><td></td><td colspan="2"></td><td colspan="2"></td></tr>
</table>

发货地：　　　　　　　　　　　　　　到达地：

发货人：　　　　　　　　　　　　　　收货人：

出纳：　　　　　　　　　复核：　　　　　　　　　制表：

（注：此合同单一式四份：一、存根；二、交款凭证；三、收据；四、结算凭证或回单。）

5．水路货物运输合同

水路货物运输合同

托运方（甲方）：　　　　　　　　　　承运方（乙方）：

地　址：　　　　　　　　　　　　　　地　址：

法定代表人：　　　　　　　　　　　　法定代表人：

电　话：　　　　　　　　　　　　　　电　话：

甲乙双方经充分协商，就甲方委托乙方承运甲方货物事项，达成如下协议：

第一条　运输货物

货物名称：______，件数：______，重量：______，体积：______。

包装方法：__________。

第二条　运输方法

乙方调派______吨位船舶一艘（船舶有/无吊货设备），应甲方要求由______港运至______港，按现行包船运输规定办理。

第三条　货物集中

甲方应按乙方指定时间，将所承运货物于______天内集中于_____港，货物集齐后，乙方应在_____天内派船装运。

第四条　装船时间

甲方联系到达港同意安排卸货后，经乙方落实并准备接送集货（开集日期由乙方指定）。装货作业时间，自船舶抵港已靠好码头时起，于______小时内装完货物。

第五条　运到期限

船舶自装货完毕办好手续时起于________小时内将货物运到目的地。

第六条　起航联系

乙方在船舶装货完毕起航后，即发报通知甲方做好卸货准备，如需领航时亦通知甲方按时派引航员领航，费用由______方承担。

第七条　卸船时间

甲方保证乙方船舶抵达目的港锚地，自下锚时起，于______小时内将货卸完。否则甲方按超过时间向乙方交付滞纳金每吨时_____元。

第八条　运输质量

乙方装船时，甲方应派员监装，指导工人按章操作，装完船封好舱，甲方可派押运员（免费一人）随船押运。乙方保证原装原运，除因船舶安全条件所发生的损失外，对于运送货物的数量和质量均由甲方自行负责。

第九条　双方权利义务

1. 甲方的基本义务为：

（1）办理相关运输手续；

（2）按照合同约定提供货物；

（3）妥善包装货物；

（4）支付运费和其他费用；

（5）必要时，提供押运人员；

（6）托运特殊货物时，应承担相应的特殊义务，具体根据实际情形由双方在托运单中详细列举。

2. 乙方的基本义务

(1) 提供适航船舶;

(2) 及时接受货物和妥善保管货物;

(3) 乙方应当按照约定的或习惯上的或地理上的航线将货物运送到约定的到达港,但承运人为救助或企图救助人命或财产而发生的绕航或其他合理绕航除外;

(4) 乙方应当在约定期间内将货物及时安全送达约定地点;

(5) 因不可抗力致使不能在合同约定的到达港卸货的除另有约定外,乙方可以将货物在到达港临近的安全港口或地点卸载,应尽力保护甲方利益,把不可抗力造成的损失减至最小;

(6) 通知和及时交付货物;

(7) 接受甲方验舱的要求;

(8) 在舱面装载货物时应当符合约定或者规定,并妥善配载货物;

(9) 乙方运输特殊货物时,应承担相应义务。

3. 乙方的基本权利:

(1) 对于甲方没有按规定妥善包装的货物和违反规定托运的危险品,承运人可以拒绝运输;

(2) 当甲方托运危险品时,若甲方未按照规定通知乙方或通知有误,乙方有权采取适当措施处理危险品;

(3) 收取运输费用;

(4) 行使留置权;

(5) 其他权利。

4. 甲方指定的收货方的基本义务

(1) 收货人接到到货通知后,应当及时收货,不得因对货物进行检验而滞留船舶;

(2) 若甲方和收货人约定在提货时支付运费、滞期费和包装整修、加固费用以及其他中途垫款的,收货人应当于办理提货手续时付清有关费用;

(3) 收货人提取货物时,应当验收货物,并签发收据,发现货物损坏、灭失的,交接双方应当编制货运记录。

(4) 其他义务。

第十条　运输费用

按_____运价率以船舶载重吨位计货物运费_____元,空驶费按运费的_____%计_____元,全船运费为_____元,一次计收。

港口装船费用,按_____港口收费规则有关费率计收。卸船等费用,由甲方直接于到达港办理。

第十一条 费用结算

本合同经双方签章后，甲方应先付给乙方预付运费______元。乙方在船舶卸完后，以运输合同凭据与甲方一次结算，多退少补。

第十二条 甲方违约责任

1. 甲方未按时集中货物，造成乙方船舶不能按时起航，每延误一小时应向乙方偿付违约金______元。

2. 甲方未能按时装货和卸货，每延迟一小时应向乙方偿付违约金______元。

3. 甲方未按时付清运输费用，每逾期一天，应向乙方偿付未付部分运输费用______%的违约金。

4. 甲方如不履行合同或擅自变更合同，应偿付乙方______元违约金。

第十三条 乙方违约责任

1. 乙方未按期将货物运达目的港码头，每逾期一天，应偿付甲方违约金______元。

2. 乙方船舶起航后未电报通知甲方准备卸船时间，所造成损失由乙方负责。

3. 乙方不履行合同或擅自变更合同，应偿付甲方______元违约金，并退还甲方的预付款。

第十四条 不可抗力

1. 在装、卸货物过程中，因气候影响装、卸作业时间，经甲、乙双方签证，可按实际时间扣除。

2. 因_____级以上风暴影响，不能按期履行合同，双方均不负违约责任。

第十五条 争议解决

本合同执行中如发生争议，先由双方协商解决，协商不能解决的，双方可按下列第______项解决：

1. 申请______仲裁机关裁决；

2. 向有管辖权的人民法院起诉。

第十六条 附则

本合同一式______份，甲乙双方各执正本一份，副本______份。

甲方(盖章)：	乙方(盖章)：
法定代表人(签字)：	法定代表人(签字)：
签订日期：	签订日期：

附　水路货物运单①

本运单经承托双方签订后，具有合同效力，承运人与托运人、收货人之间的权利、义务关系和责任界限均按《水路货物运输规则》及运杂费用的有关规定办理。

货物于______月____日，集中于______________________________

交接清单号码______________　　运单号码______________

船名： 航次：			起运港				到达港					到达日期	收货人	
托运人	全称				收货人	全称						承运人 （盖章）	收货人 （盖章）	
	地址电话					地址电话								
	银行账号					银行账号								
发货符号	货名	件数	包装	价值	托运人确定		计费重量		等级	费率	金额	应收费用		
					重量 吨	体积 m^3	重量 吨	体积 m^3				项目	费率	金额
												运费		
												装船费		
合计														
运到期限（或约定）					托运人 （盖章）　年　月　日							总计		

① 该运输单来自工商局网站，编号为 GF-91-04-06。

特约事项	承运日期： 年 月 日 起运港承运人(章)	核算员	
		复核员	

说明：

1. 此货物运单主要适用于江、海干线和跨省运输的水路货物运输。

2. 水路货物运单、货票一式六份。顺序如下：

第一份：货票(起运港存查联)。

第二份：货票(解缴联)起运港→航运企业。

第三份：货票(货运人收据联)起运港→托运人。

第四份：货票(船舶存查联)起运港→船舶。

第五份：货票(收货人存查联)起运港→船舶→到达港→收货人。

第六份：货物运单(提货凭证)起运港→船舶→到达港→收货人→到达港存。

3. 除另有规定者外，属于港航分管的水路运输企业，由航运企业自行与托运人签订货物运输合同的，均使用航运企业抬头的水路货物运单。

4. 货物运单联需用厚纸印刷，货票各联用薄纸印刷，印刷墨色应有区别：解缴联为红色，收据联为绿色，其他各联为黑色。

5. 要印控制号码或固定号码。

6. 到达港收费，另开收据。

7. 规格：长 19 cm，宽 27 cm。

6. 航次租船合同

航次租船合同

甲方(出租方)：

地址： 传真： 电话：

乙方(承租方)：

地址： 传真： 电话：

双方协商一致，就乙方承租甲方船舶运输货物事宜，按下列条款和条件履行本合同：

第一条 承运船舶的规范

船名：________________船旗国：__________建造时间：__________

船级：______________________

登记船东：____________________

总吨/净吨/载重吨：__________/__________/__________吨

夏季干舷：__________米

总长/型宽：________米/______米

散装舱容/包装舱容：__________立方米/__________立方米

舱/舱口：____________________/____________________

吊杆：______________________

二层甲板：____________________

其他：__________________

（可根据需要增加或删减项目）

第二条 货物和数量：[使用√标明选择（A）或（B）]

[ ]（A）__________公吨______袋装或散装货物____________，增加或减少______%，由__________出租人或承租人选择；包装__________。

[ ]（B）________立方米货物__________，增加或减少______%，由__________（出租人或承租人）选择；包装__________。

第三条 受载期：

______年_____月______日/______年______月_____日。

第四条 装货/卸货港：[使用√标明选择（A）或（B）]

[ ]（A）在____________/____________的______个安全港口。

[ ]（B）在____________港/____________港的______个安全泊位。

第五条 装货/卸货率：[使用√标明选择（A）或（B）或（C）]

[ ]（A）每晴天工作日________公吨/_____公吨，星期日、节假日除外，除非已经使用（PWWD SHEX UU）。

[ ]（B）每晴天工作日________公吨/__________公吨，星期日、节假日除外，即使已经使用（PWWD SHEX EIU）。

[ ]（C）在__________________装货港或卸货港按港口习惯快速装/卸货（CQD）。

第六条 装卸时间的计算方法：[使用√标明选择（A）或（B）]

[ ]（A）装货时间与卸货时间分别计算。

[ ]（B）装货时间与卸货时间合并计算。

第七条 运费率：[使用√标明选择（A）或（B）或（C）或（D）]

[ ]（A）包干运费__________，出租人不负担装卸、堆舱及平舱费。

[ ]（B）每_____[净重或毛重]公吨______，出租人不负担装卸、堆

舱及平舱费。

[ ] (C) 每_____[净重或毛重]公吨 ______,出租人不负担装货费,卸货费按班轮条件。

[ ] (D) 每_____[净重或毛重]立方米______,出租人不负担装卸、堆舱及平舱费。

第八条 运费的支付:[使用√标明选择(A)或(B)或(C)]

[ ] (A) 运费应于装货结束后______个银行工作日内支付。

[ ] (B) 运费应于装货结束后________个银行工作日内支付,但至迟应在开舱卸货以前。

按照以上(A)或(B)已收取或应收取的运费,在货物装上船后即为出租人所赚取;不论船舶/货物灭失与否,承租人必须支付,无需返还,不得扣减。

[ ] (C) 运费应于卸货结束后______个银行工作日内支付。

第九条 滞期费/速遣费:

滞期费/速遣费为每天________/________,不足一天按比例计算,于卸货结束后____天内结算,但出租人如有留置货物的权利,不受本条规定的影响。

第十条 税费/规费/费用:

船舶/运费的税费/规费/费用由出租人负担,不论其计算方法如何。货物的税费/规费/费用由承租人负担,不论其计算方法如何。

第十一条 代理:[使用√标明选择(A)或(B)]

[ ] (A) 装卸港均为出租人的代理。

[ ] (B) 装货港为出租人的代理,卸货港为承租人的代理。

第十二条 佣金:[使用√标明选择(A)或(B)]

[ ] (A) 运费、亏舱费和滞期费的佣金包括洽租佣金合计______%。

[ ] (B) 运费、亏舱费和滞期费佣金合计_____%,另加 _____%付给______。

第十三条 法律和仲裁:

本确认书适用中国法律并根据中国法律解释,自签订之日起租船合同成立。本确认书产生的或与本确认书有关的任何争议均应提交中国海事仲裁委员会在北京仲裁。仲裁裁决是终局的,对当事人均有约束力。

第十四条 金康租船合同:[使用√标明选择(A)或(B)]

[ ] (A) 其他条款和条件按 1994 年金康租船合同,但第二条除外。

[ ] (B) 其他条款和条件按 1976 年金康租船合同,但第________条除外。

第十五条 特别条款:

____

____

第十六条 其他事项

1. 本合同经双方当事人签字盖章后生效。如有未尽事宜,双方协商签订补充合同,作为本合同附件,为本合同不可分割的组成部分。

2. 本协议有效时间______年____月____日起至______年____月____日止。

3. 本合同一式二份,甲、乙双方各执一份。

出租人(签章):
承租人(签章):
签约日期:
签约地点:

附 航次租船合同单

(本合同经承租人与出租人签章后即行生效,有关承租人与出租人之间的权利、义务和责任界限,适用于有关法律规定。)

<table>
<tr><td rowspan="3">承租人</td><td colspan="2">全称</td><td colspan="2"></td><td rowspan="3">出租人</td><td colspan="2">全称</td><td></td></tr>
<tr><td colspan="2">地址、电话</td><td colspan="2"></td><td colspan="2">地址、电话</td><td></td></tr>
<tr><td colspan="2">银行、账号</td><td colspan="2"></td><td colspan="2">银行、账号</td><td></td></tr>
<tr><td rowspan="3">船舶资料</td><td colspan="2">船名</td><td></td><td>总舱容</td><td></td><td colspan="2">吊杆数/负荷</td><td></td></tr>
<tr><td colspan="2">船籍港</td><td></td><td>载货吨</td><td></td><td colspan="2">空载吃水</td><td></td></tr>
<tr><td colspan="2">总吨/净吨</td><td></td><td>舱口数</td><td></td><td colspan="2">满载吃水</td><td></td></tr>
<tr><td colspan="3">货名</td><td>件数</td><td>包装</td><td>重量
(吨)</td><td colspan="2">体积
(立方米)</td><td>价值
(元)</td></tr>
<tr><td colspan="3"></td><td></td><td></td><td></td><td colspan="2"></td><td></td></tr>
<tr><td colspan="3"></td><td></td><td></td><td></td><td colspan="2"></td><td></td></tr>
<tr><td colspan="3"></td><td></td><td></td><td></td><td colspan="2"></td><td></td></tr>
<tr><td>起运港</td><td></td><td>受载
期限</td><td></td><td>装船
期限</td><td></td><td colspan="2">滞期费率</td><td></td></tr>
<tr><td>到达港</td><td></td><td>运到
期限</td><td></td><td>卸船
期限</td><td></td><td colspan="2">速遣费率</td><td></td></tr>
</table>

运费		费用结算方式		
特约事项和违约责任				
托运人签章 年　月　日			承运人签章 年　月　日	

说明：

1. 本合同正本一式两份，承租双方各执1份，副本若干份。
2. 规格：长17厘米，宽27厘米。

7. 航空货物运输合同

（1）航空货物运输合同

航空货物运输合同

托运人：
地址：
电话：
法定代表人：
职务：

承运人：
地址：
电话：
法定代表人：
职务：

第一条 托运人于___月___日起需用___型飞机___架次运送_______（货物名称），其航程如下：

______月____日自____至____，停留____日；

______月____日自____至____，停留____日；

运输费用总计人民币_______元。

第二条 根据飞机航程及经停站，可供托运人使用的载量为___公斤（内含客座）。如因天气或其他特殊原因需增加空勤人员或燃油时，载量照减。

第三条 飞机吨位如托运人未充分利用，民航可以利用空隙吨位。

第四条 承运人除因气象、政府禁令等原因外，应依期飞行。

第五条 托运人签订本合同后要求取消飞机班次，应交付退机费___元。如托运人退机前承运人为执行本合同已发生调机费用，应由托运人负责交付此项费用。

第六条 托运方负责所运货物的包装。运输中如因包装不善造成货物损毁，由托运方自行负责。

第七条 运输货物的保险费由承运方负担。货物因承运方问题所造成的损失，由承运方赔偿。

第八条 在执行合同的飞行途中，托运人如要求停留，应按规定收取留机费。

第九条 由于下列原因造成货物灭失、短少、变质、污染、损坏的，承运人不承担责任：

1. 不可抗力；
2. 货物本身性质所引起的变质、减量、破损或灭失；
3. 包装方法或容器质量不良，但从外部无法发现；
4. 包装完整，封志无异状而内件短少；
5. 货物的合理损耗；
6. 托运人或收货人的过错。

第十条 本合同一式两份，双方各执一份。如有其他未尽事宜，应由双方共同协商解决。凡涉及航空运输规则规定的问题，按运输规则办理。

托运人：	承运人：
开户银行：	开户银行：
银行账号：	银行账号：
签订时间：　　年　　月　　日	签订时间：　　年　　月　　日

附 中国民用航空货运单

<table>
<tr><td>出发站</td><td></td><td colspan="2">到达站</td><td></td></tr>
<tr><td>收货人名称</td><td></td><td colspan="2">电话</td><td></td></tr>
<tr><td>收货人地址</td><td colspan="4"></td></tr>
<tr><td>发货人名称</td><td colspan="4"></td></tr>
<tr><td>发货人地址</td><td colspan="4"></td></tr>
<tr><td>空陆转运
(如适用)</td><td>自________至
__________</td><td colspan="2">运输方式</td><td></td></tr>
<tr><td></td><td></td><td colspan="2"></td><td></td></tr>
<tr><td rowspan="2">货物品名</td><td rowspan="2">件数及包装</td><td colspan="2">重量</td><td rowspan="2">价值</td></tr>
<tr><td>计费</td><td>实际</td></tr>
<tr><td></td><td></td><td></td><td></td><td></td></tr>
<tr><td>航空运费</td><td>¥</td><td colspan="2">储运注意事项</td><td>收运站</td></tr>
<tr><td>地面运输费</td><td>¥</td><td colspan="2" rowspan="5"></td><td></td></tr>
<tr><td>空陆运转费</td><td>¥</td><td>日期</td></tr>
<tr><td>中转费</td><td>¥</td><td></td></tr>
<tr><td>其他费用</td><td>¥</td><td>经手人</td></tr>
<tr><td>合计</td><td>¥</td><td></td></tr>
</table>

(货物运费总数以角为单位,角以下四舍五入)

<table>
<tr><td colspan="5">货物到达处理记录</td><td rowspan="2"></td></tr>
<tr><td>到达日期</td><td>通知</td><td>提货日期</td><td>交件人</td><td>收货人</td></tr>
<tr><td></td><td></td><td></td><td></td><td></td><td></td></tr>
</table>

(2)航空货运代理协议书

航空货运代理协议书

合同号:( )

甲方: 乙方:

地址: 地址:

电话: 电话:

传真: 传真:

甲方系专业国际货运代理公司，乙方系货主或货主的代理人，为有利于双方之间进行长久、稳定和便捷的业务关系，特制定本协议书，并共同遵守如下条款。

一、委托

1. 乙方委托甲方办理国际及地区航线的航空货物国际运输业务。乙方在出货前送交（或传真）国际货物空运委托书，应在委托书上加盖公章或业务人员签名。没有乙方盖章或签名的，甲方有权拒收。但没有乙方盖章或签名，仅有乙方打印或书写的委托书（或类似文书），在没有相反证据的前提下，从客户服务的宗旨，可视为乙方委托成立，甲方可酌情接受。乙方如变更业务人员或传真号码的，应及时以正式的书面形式告知甲方。否则，以原业务人员或以传真号码出具的委托书视为乙方的行为。

二、职责

2. 乙方在提供货源的同时，提供有关进出口报关所需的全套正确单据，同时说明货物交货情况、对航班之要求。货物运达甲方指定仓库之前必须将货物的品名、件数、体积、重量、目的港和货到仓库的时间以及成交运价标明在委托书上通知甲方，以便及时安排甲方订舱、收货。因乙方提供单证不全或错误所形成的后果由乙方承担。

3. 乙方按甲方要求将货物运达指定仓库，甲方收到货物后，负责验收、签收、复磅物的体积重量按仓库交接时所示，作为计费重量，甲方于货走前告之乙方，待乙方确认后方可发货。

4. 甲方收到乙方的货物及其报关单据后，负责承担乙方交送货物的空运业务，及时安排订舱，制单，报关，报验等出运事宜。按乙方提供的委托书，甲方根据乙方的要求正确地制作运单。货物出运后及时将正本提单和运费发票寄送乙方并随时追踪航班信息，做好售后服务。因乙方提供的信息错误造成的任何损失均由乙方承担。

5. 在办理国际货运业务中，双方必须遵守我国及过境国（地区）、到达国（地区）政府的法令等有关规定。

6. 退税单和外汇核销单等在甲方收到全部运费后移交给乙方或乙方指定的第三方。

7. 如乙方未指定出口货物目的地货运代理人，则由甲方酌情代乙方指定。

8. 在甲方订妥舱位后，乙方突然在飞机起飞前取消的，乙方应承担由于撤销委托行为而引起的甲方的损失。乙方在支付相关费用（包括但不限于甲方的仓储和人员操作费用以及航空公司的舱位费）后可取回货物。

9. 运价以双方确定的价格结算。一般情况下,双方成交运价标明在委托书上予以确认。未标明运价的,则以空运单上注明的运价为准(分单运价与主单运价不一致时,以分单为准。)

三、结算

10. 运费结算:除了双方具体个案另有约定外,货出运后30天内付款。延期付款的,比照银行贷款利率标准支付滞纳金。

四、索赔

11. 由于承运人的责任或有关操作过程中的某些不可抗力因素导致货失、货损或航班调整等情况,甲方作为货运代理人应积极协助乙方处理有关善后事宜。若由于甲方操作失误造成乙方损失,则由甲方负责按有关运输法规作出赔偿。但任何索赔行为或主张,均应在支付全部运费后方可进行。

12. 因货物运输而引起的任何索赔,乙方应根据《中华人民共和国民用航空法》的规定,在法定的时效内向甲方提交书面报告,由甲方代表乙方向航空承运人提出索赔。否则,甲方不承担任何法律责任。

13. 甲方作为货运代理人,依法系缔约承运人,与实际承运人同样享有赔偿责任限制。甲方的赔偿将根据《中华人民共和国民用航空法》的规定处理。

14. 甲乙双方之间的任何索赔,应作为个案以书面形式解决。

15. 对货物损失的索赔,索赔方应提供相关的法定证据,如目的港权威验货机构出具的查验证据等,否则另一方有权拒绝接受索赔。

16. 各种情形的索赔期限以航空货运单(主单或分单)的背面条款为准,没有或不适用背面条款的,则以国际货运代理协会(即"IATA")的相关规则办理。

五、仲裁

17. 本协议适用中华人民共和国的法律和中华人民共和国政府参加的国际公约,条约,惯例等。

18. 协议双方在执行协议时发生争议,应协商解决;协商不成,除双方达成仲裁协议提交仲裁外,提交甲方法人所在地法院管辖。

六、生效

19. 本协议自双方签字之日生效,有效期一年。期满后如双方均未提出异议,则自动延长一年;未尽事宜,由双方协商解决。本协议一式两份,双方各保留一份。

甲方(盖章): 乙方(盖章):
授权代表人(签字): 授权代表人(签字):
日期: 日期:

8. 多式联运合同

甲方（托运人）：
法定代表人：
法定地址：
经办人：　　　　　联系电话：　　　　　　　传真：

乙方（承运人）：
法定代表人：
法定地址：
经办人：　　　　　联系电话：　　　　　　　传真：

甲、乙双方经过友好协商，就办理甲方货物多式联运事宜达成如下合同：

第一条　甲方应保证如实提供货物名称、种类、包装、件数、重量、尺码等货物状况，由于甲方虚报给乙方或者第三方造成损失的，甲方应承担损失。

货物情形如下表所示：

货物名称	
种类	
件数	
重量	
体积	
包装	

第二条　甲方应按双方商定的费率在交付货物________天之内将运费和相关费用付至乙方账户。甲方若未按约定支付费用，乙方有权滞留提单或者留置货物，进而依法处理货物以补偿损失。

第三条　托运货物为特种货或危险货时，甲方有义务向乙方作详细说明。未作说明或说明不清的，由此造成乙方的损失由甲方承担。

第四条　乙方应按约定将甲方委托的货物承运到指定地点，并应甲方的要求，签发联运提单。

第五条　乙方自接货开始至交货为止，负责全程运输，对全程运输中乙方及其代理或者区段承运人的故意或者过失行为而给甲方造成的损失负赔偿责任。

第六条　乙方对下列原因所造成的货物灭失和损坏不负责任：

1. 货物由甲方或者代理人装箱、计数或者封箱的，或者装于甲方的自备箱中；

2. 货物的自然特性和固有缺陷；

3. 海关、商检、承运人行使检查权所引起的货物损耗；

4. 天灾，包括自然灾害，例如但不限于雷电、台风、地震、洪水等，以及意外事故，例如但不限于火灾、爆炸、由于偶然因素造成的运输工具的碰撞等；

5. 战争或者武装冲突；

6. 抢劫、盗窃等人为因素造成的货物灭失或者损坏；

7. 甲方的过失造成的货物灭失或者损坏；

8. 罢工、停工或者乙方雇用的工人劳动受到限制；

9. 检疫限制或者司法扣押；

10. 非由于乙方或者乙方的受雇人、代理人的过失造成的其他原因导致的货物灭失或者损坏，对于第7项免除责任以外的原因，乙方不负举证责任。

第七条 货物的灭失或者损坏发生于多式联运的某一区段，乙方的责任和赔偿限额，应该适用该区段的法律规定。如果不能确定损坏发生区段的，应当使用调整海运区段的法律规定，不论是根据国际公约还是根据国内法。

第八条 对于逾期支付的款项，甲方应按每日0.05%的比例向乙方支付违约金。

第九条 由于甲方的原因（如未及时付清运费及其他费用而被乙方留置货物或滞留单据或提供单据迟延而造成货物运输延迟）所产生的损失由甲方自行承担。

第十条 合同双方可以依据《合同法》的有关规定解除合同。

第十一条 乙方在运输甲方货物的过程中应尽心尽责，对于因乙方的过失而导致甲方遭受的损失和发生的费用承担责任，以上损失不包括货物因延迟等原因造成的经济损失。在任何情况下，乙方的赔偿责任都不应超出每件_____元人民币或每公斤_____元人民币的责任限额，两者以较低的限额为准。

第十二条 本合同项下发生的任何纠纷或者争议，应提交中国海事仲裁委员会，根据该会的仲裁规则进行仲裁。仲裁裁决是终局的，对双方都有约束力。

本合同的订立、效力、解释、履行、争议的解决均适用中华人民共和国法律。

第十三条 本合同从甲乙双方签字盖章之日起生效，合同有效期为______天，合同期满之日前，甲乙双方可以协商将合同延长______天。合同期满前，如果双方中任何一方欲终止合同，应提前______天，以书面形式通知另一方。

第十四条 本合同经双方协商一致可以进行修改和补充，修改及补充的内容经双方签字盖章后，视为本合同的一部分。

本合同正本一式________份，双方各执______份。

甲方（盖章）： 乙方（盖章）：

代表人（签字） 代表人（签字）

年 月 日

签订地点：

附　水陆联运货物运输合同①(供参考)

国家计划＿＿＿＿＿＿＿＿＿＿＿＿＿＿号

经由站名及线名:＿＿＿＿＿＿＿＿＿＿＿

货物准于＿＿＿月＿＿＿日搬入

水陆联运货物运单＿＿＿＿＿＿承运

日期＿＿＿＿＿＿＿＿＿＿＿＿＿＿

地点＿＿＿＿＿＿＿＿＿＿＿＿＿＿

运单(　)字第＿＿＿号＿＿＿＿

＿＿＿＿＿指定于＿＿＿＿月＿＿＿日装车或船

托运人→起运站港　　换装清单顺序号码:＿＿＿＿＿＿＿

＿＿＿＿＿→到达站港→收货人＿＿＿＿＿＿＿＿＿

车种	车号	标记载重	整车或零担	承运船名		第一转出船名		第二转出船名	
				航次		航次		航次	
				航线		航线		航线	

发站(局)或		到站(局)或		第一换装地	(港名)	第二换装地	(港名)	第三换装地	(港名)
					(站名)		(站名)		(站名)

托运人	名称		开户银行		换装站、港日期戳	换装站、港日期戳	换装站、港日期戳
	地址电话		账号				
承运人	名称		开户银行				
	地址电话		账号				

---

① 该合同文本为国家工商总局示范格式文本,适用于水陆联运货物运输,编号为:示范文本 GF-91-0401。

托运人标记	货物名称	包装	件数	货物重量的确定		计费重量		费率记载							
				托运人	承运人	铁路	水路	铁路		水路					
				公斤	公斤	公斤	公斤	运价	费率	等级	费率（海）	等级	费率（江）	等级	费率（河）
合计件数		合计重量		货物分次搬入记载						费用项目		铁路	海运	江运	河运

托运人记载事项		月	日	货名	件数	重量	经办人签章			公里	公里	公里	公里
								承运时核收	运费				
									装（卸）费				
									换装费				
运单提出时间 年 月 日 发货人（盖章）									港务费				
托运人记载事项													
									合计				

货物变更记载	受理港站	电报号	变更事项	费用处理	货物分次交付记载					交付时核收					
					月	日	件数	重量	经办人签章		运费				
											装（卸）费				
	处理站港日期戳		（经办人签章）								换装费				
											港务费				
记载事项	编制站港		记录号码		内容摘要						合计				
										货物于　月　日到达			货物交付日期		
										货物于　月　日卸下					
										货物于　月　日通知					

注意事项：1. 本运单应用钢笔、毛笔填写或加盖戳记代替，不得使用铅笔填写；

2. 粗线内由托运人填写。

水陆联运货物承运收据

________局　　起运港站→托运人　　　　运单(　　)字第____号

发站或起运港		托运人名称			到站或到达港		收货人名称		
货物名称	种类	件数	重量		费用项目	铁路	海运	江运	河运
			实际重量	计费重量		公里	公里	公里	公里
					运费				

					装(卸)费				
					换装费				
					港务费				
合计									
承运时核收									
支票号　收款人(盖章)					合计				

9. 快递服务合同

快递服务合同

甲方(托运方):
乙方(承运方):

一、协议说明

甲、乙双方本着互惠互利、共同发展的原则,经双方友好协商达成共识,就甲方委托乙方提供文件物的收取、派送等服务达成如下协议。

协议双方基本情况如下:

甲方:____

名称:____

地址:____

法人代表:____________________________________

传真:____

开户银行:____________________________________

账号:____

乙方:____

名称:____

地址:____

法人代表:____________________________________

电话:____

传真：______________________________

1. 除双方另有约定外、任何与本协议相关的信函及费用结算，均使用本协议中甲、乙双方指定的地址和开户银行账号。

2. 本协议一、二条中，甲、乙任何一方的名称、法定地址、开户银行、账号若有变更，变更一方应提前十五天以书面文件通知另一方，该书面通知经加盖公章并经双方业务代表签字确认方有效。

3. 本协议须双方业务代表签印，并加盖公司印章方可有效。

4. 本协议的所有附件是本协议不可分割的一部分，附件内容是协议主体的补充；经双方协商，附件可以在不更改协议本体的情况下独立增删、变更、修改，并具有同样的法律效力及有效期。

二、协议标的

1. 本协议标的：乙方为甲方提供门到门快件及包裹派送服务。

2. 乙方承运甲方快件到指定地点，该指定地点由甲方在托运书中具体指明。

3. 乙方承诺有合法的经营资质和充足的运力资源，并有义务保证甲方快件安全、准时送达指定地点。

三、协议价格及费用结算

1. 协议价格依本协议的所属附件为准。（附件略）

2. 根据本协议，甲、乙双方之间发生的一切费用均以人民币结算。

3. 本协议涉及的运输费用采用月结方式结算，乙方每月 10 号前向甲方提供上一个月发生的费用清单及货运签收联等相关单证，甲方收到乙方提供的费用结算账单明细和相关单证后，甲方进行核对和确认（甲方于 10 日内审核完毕），审核确认无误后，甲方应于 20 个工作日内通过现金或支票方式向乙方支付服务费用，不得拖欠。因乙方原因造成的快递服务费用支付延误，甲方不承担任何责任。

四、甲方权利、义务

1. 甲方有权获知快件在途情况信息和每单快件到货时间及收货情况信息。

2. 快件交接以后，甲方有随时对交付承运快件进行跟踪查询的权利。

3. 甲方有权对甲方快件在乙方的运作过程进行监督，对存在的事故隐患有权提出书面意见。

4. 甲方有通知乙方提货的义务。同时，甲方应准确给乙方提供提货地点、提货时间、快件数量、目的地等货运信息。

5. 甲方有义务按照协议规定及时支付乙方运输的服务费用。

五、乙方权利、义务

1. 乙方有按时确认运输费用结算单据的义务和要求按协议规定及时支付运输费用的权利。

2. 乙方有要求甲方在快件交接时提供准确、完备的快件交接单据的权利。

3. 乙方有拒绝承运不符合运输规则快件的权利。如甲方刻意隐瞒其交付的违禁物品,乙方有权向甲方索取由此给乙方带来的直接经济损失和间接社会负面影响的损失。

4. 甲方交付乙方托运的快件,乙方应在承运过程中将准确的货运信息告知甲方指定人员。因特殊情况而发生变化的,乙方须把变化后的信息及时告知甲方,以便甲方作出安排。

5. 乙方有解决和答复甲方对快件查询跟踪的义务。

六、免责条款

若在快递服务过程中存在以下情形,则乙方免于承担赔偿责任:

1. 托运人错误填写地址、姓名、电话等信息,导致货损、误送或迟送;

2. 不可抗力造成的货损;

3. 货物本身的自然属性所致的损失;

4. 托运人的包装所致损失;

5. 因收货人迟延或拒绝收货所致;

6. 因为货损而导致的其他间接损失。

七、保险及赔偿

1. 经甲、乙双方一致确认,若商品需要保价,则按申报的实际价值加收5%的保价费。

2. 对于甲方所托之物品、文件,因乙方之过失而造成遗失、损坏所衍生出之直接费用,含甲方客户因托运物品、文件的丢失、损坏而向甲方索赔的费用包括但不限于刊登遗失广告及补办该文件所发生的交通、通讯费用(甲方需提供相应的票据)并提供免费的补寄等,乙方须无异议赔偿给甲方,赔偿数额双方协商。

3. 因上述原因给甲方造成的损失而产生的费用,乙方应于30个工作日内按上述标准给予甲方赔偿。

八、保密条款

1. 合作期间,甲、乙双方应严守对方的一切相关秘密,包括商业、技术、公司政策、运价、客户名录、发货情况等,任何一方如违反上述条款并给对方造成不良影响的,违反方必须承担相关法律责任,并赔偿由此给对方带来的一切损失。

2. 本协议终止以后，在三年时间内，该保密条款对甲、乙双方仍然有效。

九、协议终止

1. 本协议在出现下列情况时终止：

(1) 本协议期满。

(2) 双方一致同意终止本协议。

(3) 由于不可抗力致使本协议无法继续履行，本协议另有规定的除外。

(4) 一方根据本协议构成违约，而履约方选择终止本协议。

2. 在出现以下情况时，乙方可以单方面终止本协议：

(1) 甲方连续两次付款超过乙方要求时间(30 天以上)。

(2) 甲方交付乙方承运有违禁物品并有刻意隐瞒行为。

3. 任何一方因内部原因欲终止本协议均须以书面形式提前一个月通知对方，经双方同意方可结束本协议。

4. 在协议执行过程中发生争议的，经双方协商不能解决，可以向______仲裁委员会申请仲裁。

5. 处理争议期间，除有争议或必须仲裁的部分外，协议其余部分应继续履行。

十、其他事项

1. 本协议自____年____月____日起生效，有效期至____年____月____日。本协议自生效之日起一个月为协议试行期，试行期间如对合作不满，双方均有权终止本协议，但需提前五个工作日通知对方。

2. 本协议有效期一年，协议期满后如双方无异议，重新续签本合同。

3. 本协议未尽事宜，双方可在协议执行期间协商解决，并依书面形式签订补充合同。

4. 本协议一式两份，甲方一份，乙方一份，并对外保密。

甲方：	乙方：
代表人：	代表人：
日期：　年　月　日	日期：　年　月　日

附　某公司的快递单样本(供参考和对比)

1. 填写详情单前,务请认真阅读该单后面的“用户须知”。

2. 请详细如实填写详情单内填写项目。

3. 为便于快件的迅速投递和联系,务请提供收件人和领件人的电话号码。

4. 快件内请勿夹寄现金、危险品及任何禁寄物品。

5. 邮政法规定的:书信、各类文件、各类单据、证件、各类通知、有价证券等,请勿交本公司寄递。

契约条款

由__________快递作为货运代理的发运人承认以下各条背书条款,作为共同遵守,并具有法律效力的约定条件,本条款自发运人和承运人双方签字之日起确认生效。

一、运单

______快递的运单是为发货人准备的、具有契约性质的、不可转让的运单。当发货人以物品所有人或代理人的名义填写本运单,并签字署名后即表示接受和遵守本运单背书条款的各项内容,并受法律保护。

二、发运人和承运人的责任及承诺

1. 发运人及其委托的代理人保证所委托发运的物品符合国家法律及运输部门能接受的,不违背承运人意志的物品。

2. 对委托承运的物品应妥善包装,且必须符合物品安全运输的要求,对特殊性质的物品(如重要物品,易损坏的物品等)。发运人应做好特殊包装,并向承运人作出特别声明,或实行保价措施。

3. 发运人必须在《______快递详情单》上用正楷汉字(国际件以英文)详细填写发运人及收货人的全称姓名、部门地址、联系电话等要件。

4. 发运人承认______快递有权放弃或拒绝不适宜快运方式运输的,有意或无意隐瞒物品真实品名及价值及国家法律明令禁止携带、邮寄、运输的物品,一旦违反,发运人愿意承担由此而产生的一切法律及经济赔偿责任。

5. 发运人及其委托代理人保证接受和支付××快递所公布的物品运价及其相关的包装、仓储和退运费用。

6. ______快递公司在原有收费标准基础上根据客户的要求,需要保价则按申报实际价值加收______%保价费,否则寄件人默认______快递公司为其保价最高限额______元。

三、被承运物品的知情权

______快递有权获知被承运物品的性质、品名、数量及重量等，协助有关政府部门和运输部门对承运的物品进行检查或查处。

四、被承运物品的置留权

发运人及其委托代理人未按承运合同规定支付应付运费及相关费用，则承运人在没有取得有效担保之前，有权留置所承运的物品，并保留对发货人及其委托代理人的追偿权，且对由此而产生的任何损失不负赔偿责任。

五、负责条款

1. ______快递对因不可抗力所造成的物品运送延误、遗失、毁灭或没收不负责任，如战争、暴乱、恶劣天气、航班延误、坠机、火灾、水灾及自然或人为的严重灾害及______无法控制的各种情况或由于发运人的原因造成的没收均不负任何责任。

2. ______快递对由于物品运送的延误或遗失所造成的间接损失或其他非主体性的损失不承担任何赔偿责任。

3. ______快递对由于下列原因所造成的物品运送延误、运送错误及损失不负任何责任：

(1) 由于发运人的原因，如地址填写错误或不全；收件人地址变更或无法送达的地域等。

(2) 由于发运人所委托运送的物品本身是国家有关政策、法令所明令禁止的，如易燃、易爆、易污染、易腐蚀、有毒的各类粉剂、水剂及其他违禁品。

(3) 由于发运人未经声明及包装不当所引起的各种损失。

六、赔偿限额

1. 对一般物品(未经保价)均按每件最高人民币______元赔偿。

2. 对保价的物品按实际金额赔偿。

3. 最高报价额限贰万元人民币。

4. 特殊物品(不包含其商业价值)，若国家有规定的按国家规定的赔偿，国家没有规定的，按物品的实际价值赔偿。

七、索赔

1. 任何索赔必须在交寄后______天内(以本单所填日期为准)，由发运人提出，并以书面形式通知承运人，同时必须出具此详情单第三联原始副本及支付的费用收据。索赔的要求只有在运费已支付的情况下方可被接受，超过规定期限将视为发运人已认可所委托运送的物品完成了全部程序而放弃追赔的权利。

2. 发运人在提出索赔的同时，有义务继续承担并偿付所欠承运人的运费，发运人无权从中扣除申请赔偿的款项。

八、适用范围

1. 以上所列条款适用于所有享有______注册商标使用权及经营代理权的公司或其他的指定代理人。

2. ______快递与发运人之间所签订的所有协议均应符合双方利益及国家的有关法律、法规，并接受所在地区仲裁机构的裁决。

二、保管类合同范本

1. 保管合同

保管合同

寄存人:(简称甲方)
住址或法定地址:
联系方式:

保管人:(简称乙方)
住址或法定地址:
联系方式:

为妥善保管________,经甲乙双方协商一致,达成本协议。

第一条 甲方因迁往外地居住,将下列动产目录中记载的物品寄托乙方保管,而乙方愿依约受寄保管。

第二条 本合同所称保管系不定期限,甲方可随时请求退还,而乙方亦得随时返还保管物。

第三条 甲方保证对保管物拥有全部合法权利,不存在任何权属瑕疵。如因任何保管物权属纠纷或法律行动造成乙方损失的,甲方应负赔偿责任。

除依法对保管物采取保全或者执行的以外,乙方应当履行向甲方返还保管物的义务。

第四条 寄存人交付保管物时,保管人应当验收,并给付保管凭证。

第五条 保管物中(是/否)有货币、有价证券或者其他贵重物品,具体如下:________。

第六条 本保管合同为下列第________种:

1. 无偿保管,乙方不得向甲方请求任何名义的费用或补偿。

2. 有偿保管,具体收费标准和支付方式为________。

第七条 乙方在本合同履行期间不得也不得许可他人使用保管物,否则引起的一切责任由乙方承担。

第八条　乙方应当妥善保管保管物。但是,由于保管物的自然属性导致保管物在保管期间发生的自然损耗,乙方不承担保管责任。

第九条　本件保管物乙方应存置于_____处所,非经甲方同意乙方不得变更保管处所。

第十条　保管人不得将保管物转交他人保管,否则应当对可能造成的保管物损失承担损害赔偿责任。

第十一条　寄存人未向保管人支付保管费的,保管人(是/否)可以留置保管物。

第十二条　保管人违约责任:________________________________

寄存人违约责任:________________________________

第十三条　本合同在签订和履行过程中发生的争议,由双方协商解决,协商不成的,按照下列第________种方式解决:

1. 提交________仲裁委员会裁决。

2. 依法向人民法院起诉。

第十四条　本合同自合同签署,并且保管物交付乙方接管时成立。保管物清单见本合同附件。

第十五条　本合同一式两份,甲、乙双方各执一份。

附件:保管物清单(略)

甲方:

乙方:

签约时间:

2. 车辆保管协议

车辆保管协议书①

停车场地点:__________市__________路______号。

① 合同范本来源:北大法意网 http://www.lawyee.net/。

甲乙双方经过友好协商，签订本车辆保管协议书。

一、甲方将其所有的汽车交由乙方保管。保管时间为______年____月____日至______年____月____日。

二、甲方所有的汽车的品牌是______，颜色为______，型号为______，车辆号为______，汽车购买时间为______年____月____日，汽车行驶里程（订合同日）为______公里。

三、甲方应将其停放在停车场的车辆上好保险锁（杆）。

四、乙方承担对甲方车辆的保管义务。

五、甲方支付的车辆保管费为每年__________元，车辆保管费每季度初三天内交一次，合同签订后交第一季度。

六、甲方如在应交保管费十天内未交清车辆保管费，合同终止，乙方不承担保管责任。

七、乙方对甲方车辆的被偷和被损坏承担赔偿义务。

八、如遇甲方的车辆出现被偷和被损坏的情况，甲方应在三天之内将其购车和上牌、年审等法律文件交给乙方，用于报案、赔偿、索赔与诉讼，纠纷解决后三天内将上述证件归还给甲方。

九、乙方承诺已经为停车场购买机动车车场责任保险。

十、甲方应保证其车辆为通过合法途径、履行了合法手续后购买的车辆。否则，乙方不承担损失赔偿责任。

十一、如双方争议不能协商解决，则应将纠纷交由停车场所在地法院通过诉讼解决。

十二、本协议一式两份，甲乙双方各执一份，经双方完成车辆交接并在本协议上签字盖章后生效。

甲方：

乙方：

签约时间：

签约地点：

3. 企业邮箱托管合同

企业邮箱托管合同[①]

甲方：
地址：
电话：
传真：
邮编：

乙方：
地址：
电话：
传真：
邮编：

甲、乙双方经过友好协商，本着平等互利、友好合作的意愿达成本合同，并郑重声明共同遵守。

一、定义

1.1　甲方指______________________。

1.2　乙方指______________________。

1.3　第三方指除甲方、乙方之外的任意一方。

1.4　甲方产品指甲方自行开发的，具有独立版权的电子邮件系统及产品的相关说明、文档、资料。

二、甲方的工作内容

甲方向乙方提供基于乙方的因特网域名____________为后缀的企业邮箱托管服务，负责该系统的日常维护，保障系统正常运转。甲方为乙方设立管理员信箱，乙方可自行管理其所有信箱。

三、甲方承诺尊重用户隐私，不公开、不泄露用户邮件内容。甲方不能公开用户的姓名、邮件地址、电子邮箱、账号和电话号码。除非：

① 合同范本来源：北大法意网 http://www.lawyee.net/。

1. 乙方特别要求、或者同意甲方向第三方通过电子邮件服务透露这些信息。甲方在诚信的基础上，维护用户的个人利益。

2. 根据公安部颁布的《计算机信息网络国际联网安全保护管理办法》规定，用户使用互联网络应登记备案。根据中华人民共和国国家安全机构、公安部门的要求及根据相应的法律程序要求，甲方会提供乙方的注册信息。

四、如果乙方的企业信箱发布的信息违反中华人民共和国有关法律规定，甲方有权终止企业信箱服务。甲方在乙方未提供详尽信息资料或资料不准确时，有权终止乙方使用甲方收费电子邮件服务。

五、乙方的义务：

5.1　乙方承诺不用该邮件系统传输任何非法信息，遵守所有邮件服务的协议规定。

5.2　为了得到甲方所提供的邮箱服务，乙方同意支付以下费用：邮箱服务费______年__________元人民币；其他费用（请列出项目，比如域名）：__________元人民币。两项合计__________元人民币。

5.3　乙方应在合同生效后______日内，一次性将第一年度的前述所有费用支付至甲方，其余年度的费用自第一次应付费用之日每满12个月支付一次。

六、服务条款

6.1　合同期限内，甲方提供一个技术服务信箱__________，接到用户信息后，两个小时内给出答复。非工作时间内可以通过语音邮件留言到__________中。

6.2　系统中相应软件的升级，甲方承诺给予乙方免费升级的优惠。新增软件功能另议。

七、误期及罚款

7.1　乙方未在合同规定时间向甲方付款（以银行汇出时间为准），每延期一周，支付年度合同总价的0.25%的违约金，违约金最高不超过每年度合同总价的5%。

7.2　由于甲方原因造成系统延期开通，每延期一周，支付相当于每年度合同总价0.25%的违约金，违约金最高不超过每年度合同总价的5%。

八、不可抗力

本合同任何一方因不可抗力不能全部或部分履行本合同时，应在不可抗力事件发生之日用电话、传真、电子邮件等合理方式向对方通报不能履行或不能完全履行的理由，并在不可抗力事件发生后10日内将有关机构出具的证明文件提交给对方。若因遭到不可抗力的一方未能及时通知对方，而使对方的损失扩大，则须对不可抗力给对方造成的损失承担责任。

九、仲裁

凡发生与合同有关的争执，甲乙双方通过友好协商解决，协商不成时，双方同意将争议提交______仲裁机构通过仲裁解决。

十、合同的生效及其他

10.1　本合同经签字并加盖公章后即时生效。合同正本一式______份，甲乙双方各执______份，各份具备同等法律效力。

10.2　本合同有效期______年，自本合同生效之日起算。

10.3　本合同未尽事宜由甲乙双方另行协商。

甲方（盖章）：

法定代表人（签字）：

年　　　月　　　日

签订地点：

乙方（盖章）：

法定代表人（签字）：

年　　　月　　　日

签订地点：

三、仓储类合同范本

1. 北京市仓储合同（通用范本一）

北京市仓储合同[①]

合同编号：______

保管人：　　　　签订地点：

存货人：　　　　签订时间：

第一条　仓储物

仓储物名称	品种规格	性质	数量	质量	包装	件数	标记	仓储费
合计人民币金额（大写）：				¥：				

（如表格不够用，可以另接）

第二条　储存场所、储存物占用仓库位置及面积：

第三条　仓储物：______________，规格为：______________。

（是/否）有瑕疵，瑕疵是：______________。

第四条　仓储物（是/否）需要采取特殊保管措施。特殊保管措施是：__________。

第五条　仓储物入库检验的方法、时间与地点：______________。

---

① 该合同为北京市工商局制定并在工商网站上公布的示范文本，合同编号为：BF-2001-0901。

第六条 存货人交付仓储物后,保管人应当给付仓单。

第七条 储存期限:从______年____月____日至______年____月____日。

第八条 仓储物的损耗标准及计算方法:______________。

第九条 保管人发现仓储物有变质或损坏的,应及时通知存货人或仓单持有人。

第十条 仓储物(是/否)已办理保险,险种名称:______________;保险金额:__________;保险期限:__________;保险人名称:______ 。

第十一条 仓储物出库检验的方法与时间:______________。

第十二条 结算方式与时间:______________。

第十三条 储存期间届满,存货人或者仓单持有人应当凭仓单提取仓储物。存货人或者仓单持有人逾期提取的,应当加收仓储费,具体如下:__________;提前提取的,不减收仓储费。

第十四条 存货人未向保管人支付仓储费的,保管人(是/否)可以留置仓储物。

第十五条 存货人违约责任:____________________________________。

保管人违约责任:____________________________________。

第十六条 合同争议的解决方式:本合同项下发生的争议,由双方当事人协商解决或申请调解解决;协商或调解不成的,按下列第______种方式解决(只能选择一种):

(一)提交__________仲裁委员会仲裁;

(二)依法向__________人民法院起诉。

第十七条 其他约定事项:____________________________________。

存货人	保管人
存货人(章):	保管人(章):
住所:	住所:
营业执照号码:	营业执照号码:
身份证号:	身份证号:
法定代表人:	法定代表人:
委托代理人:	委托代理人:
电话:	电话:
传真:	传真:
开户银行:	开户银行:
账号:	账号:
税号:	税号:
邮政编码:	邮政编码:

北京市工商行政管理局制定

附件 通用仓储仓单示例

仓单正面（此仓单背面无内容）

GB/T 18354

凭单提货

×××公司仓单

填发日期（大写）　　年　　月　　日　　　　NO.

存货人:________________　账号:____________________

储存期:________至________　仓库地址:____________________

仓储物名称	规格	单位	数量	包装	体积	重量	备注
货值合计金额（大写）				¥（小写）			

正本提货联

注:仓储物（已/未）办理保险

保管人:（签章）________　　保险金额:¥________元

保险期限________,保险人:________

记账:　　复核:

----------骑缝章加盖处----------

（附件粘贴处）

2. 仓储合同（通用范本二）

仓 储 合 同

合同编号：________

甲方：
地址：
邮编：
电话：
传真：

乙方：
地址：
邮编：
电话：
传真：

经双方协商，甲方委托乙方代为仓储________（下称仓储物）。为明确双方的权利和义务，拟定如下条款共同遵守：

第一条　仓储物

编号	仓储物名称	包装	品种规格	数量	质量

第二条　储存地点：____________________________________

第三条　储存方法：____________________________________

第四条　储存期限：____________________________________

第五条　特殊仓储物的保管

如果仓储物属于易燃、易爆、有毒、有腐蚀性、有放射性等危险物品或者易变质物品，甲方应当说明该物品的性质，提供有关资料。甲方违反前款规定的，乙方可以拒收仓储物，也可以采取相应措施以避免损失的发生，因此产生的费用由甲方承担。乙方储存易燃、易爆、有毒、有腐蚀性、有放射性等危险物品的，应当具备相应的保管条件。

第六条　仓储物入库、验收及出库手续

1. 甲方应在仓储物到达前______个工作日及时通知乙方车号、数量等有关信息，以便乙方安排劳务计划，及时做好接货工作。

2. 乙方应按照合同规定的包装外观、仓储物品种、数量和质量，对入库物进行验收，如果发现入库仓储物与合同规定不符，应及时通知甲方。乙方验收后，发生仓储物的品种、数量、质量不符合约定的，乙方应当承担损害赔偿责任。

3. 甲方应当向乙方提供必要的仓储物验收资料，如未提供必要的仓储物验收资料或提供的资料不齐全、不及时，所造成的验收差错及贻误索赔期或者发生仓储物品种、数量、质量不符合合同规定时，乙方不承担赔偿责任。

4. 验收期限：国内仓储物不超过______天，国外到货不超过______天。超过验收期限所造成的损失由乙方承担。仓储物验收期限，自仓储物和验收资料全部送达乙方之日起，至验收报告送出之日止。日期均以运输或邮电部门的戳记或直接送达的签收日期为准。

5. 乙方应按甲方的出库单安排仓储物出库，否则不予办理。

6. 出入库运输方式为铁路运输或汽运。

第七条　甲方的责任和义务

1. 甲方不能按期存货，应承担乙方相应的空仓损失。

2. 甲方超出本合同约定的储存量储存或逾期不提取仓储物时，应向乙方支付相应的超出部分或逾期部分的保管费。

第八条　乙方的责任和义务

1. 因乙方原因在仓储物装卸和运输过程中造成的损失，由乙方负责赔偿。

2. 乙方对入库仓储物发现有变质或者其他损坏的，应当及时通知甲方或者仓单持有人。若乙方怠于行使危险通知义务致使甲方或仓单持有人遭受损失的，乙方应承担赔偿责任。

3. 乙方对入库仓储物发现有变质或者其他损坏，危及其他仓储物的安全和正常保管的，应当催告甲方或者仓单持有人做出必要的处置。因情况紧急，乙方可以做出必要的处置，但事后应当将该情况及时通知甲方或者仓单持有人。

4. 乙方承担库内仓储物管理、安全保障、库内过磅、仓储物的数量盈亏责任及出入库作业。在储存期间，由于乙方保管不善而发生仓储物灭失、短少、变质、污染、损坏的，乙方应承担违约赔偿责任，因不可抗力造成的除外。

5. 甲方交付仓储物时乙方应填发仓单交付甲方收执。仓单应包括下列事项：(1) 存货人的名称或者姓名和住所；(2) 仓储物的品种、数量、质量、包装、件数和标记；(3) 仓储物的损耗标准；(4) 储存场所；(5) 储存期间；(6) 仓储费；(7) 仓储物已经办理保险的，其保险金额、期间以及保险人的名称；(8) 填发人、填发地和填发日期。

6. 乙方根据甲方或者仓单持有人的要求，应当同意其检查仓储物或者提取样品。

7. 由于乙方的责任，造成退仓或不能入库时，应按合同规定赔偿甲方运费和支付违约金。

8. 乙方对危险物品和易腐仓储物，不按规程操作或妥善保管，造成毁损的，负责赔偿损失。

9. 乙方承诺：不泄露甲方的任何商业秘密，否则承担相应的法律责任。

第九条 损耗标准和损耗处理

在仓储物装卸车皮及仓储物入库仓储工作中，甲方承担______‰的库耗。

第十条 合同费用计算及支付

1. 仓储物的装卸及短途运输包干费________元/吨，过磅费________元/吨，仓储费________元/吨/天。

2. 乙方在每月末提出各项应收费用的结算清单，甲方在次月____日前向乙方支付应结款项。

3. 甲方应保证按时、按合同金额结算。由于甲方的责任造成逾期付款的，甲方应向乙方支付相当于从到期日起至实际付款日期间银行同期利息的违约金。

第十一条 违约金和赔偿方法

1. 甲乙双方违反本合同项下仓储物入库、仓储、出库相关约定给对方造成损失的，应向对方承担相应的违约责任。

2. 赔偿仓储物的损失，一律按照甲方进货价及相应的运费、保险费及其他成本计算。

第十二条 不可抗力

本合同任何一方因不可抗力不能全部或部分履行本合同时，应在不可抗力事件发生之日起三(3)日内用电话、传真、电子邮件等合理方式向对方通报不能履行或不能完全履行的理由，并在不可抗力事件发生后十(10)天内将有关机构出具的证明文件提交给对方。若因遭到不可抗力的一方未能及时通知对方，而使对方的损失扩大，则须对不可抗力给对方造成的损失承担责任。

第十三条　合同有效期

本合同有效期自______年____月____日至______年____月____日止。

第十四条　通知

1. 本合同项下甲乙双方的联系信息：

甲方：____

乙方：____

2. 甲乙双方的任何一方如更改其名称、地址、开户银行、银行账号、联系人及联系方式时均应及时通知对方。否则，责任方须承担由此给对方造成的损失。

第十五条　争议的解决

因本合同的签署、生效及履行而产生的所有争议双方应通过友好协商解决，如协商不成，双方同意提交________法院通过诉讼解决。

第十六条　合同的生效

本合同一式____份，甲乙双方各执____份，自甲乙双方签字并盖章之日起生效。

（签署页略）

附件：提货单（供参考）

____________________公司提货单

电话：　　　　　　　　　　　　　　　　传真：

提货单位：　　　　　　　　　　　　　　编号 NO：00-000

（盖章处）　　　　　　　　　　　　　　签发日期：

<table>
<tr><td>储存卡号</td><td colspan="2">货物名称
及型号</td><td colspan="2">应发重量
（大小写）</td><td>单位</td><td>应发件数
（件）</td><td>实发重量
（仓库填写）</td></tr>
<tr><td></td><td colspan="2"></td><td colspan="2"></td><td>吨</td><td></td><td></td></tr>
<tr><td></td><td colspan="2"></td><td colspan="2"></td><td>吨</td><td></td><td></td></tr>
<tr><td></td><td colspan="2"></td><td colspan="2"></td><td>吨</td><td></td><td></td></tr>
<tr><td></td><td colspan="2"></td><td colspan="2"></td><td>吨</td><td></td><td></td></tr>
<tr><td>合计</td><td colspan="4"></td><td>吨</td><td></td><td></td></tr>
<tr><td>提货
仓库</td><td></td><td>联系
电话</td><td></td><td colspan="2">仓库地址</td><td colspan="2"></td></tr>
<tr><td>提货人
姓名</td><td></td><td>身份
证号</td><td></td><td colspan="2"></td><td colspan="2"></td></tr>
</table>

<table>
<tr><td>车辆编号</td><td></td><td rowspan="6">发货单位盖章处</td><td rowspan="6"></td></tr>
<tr><td colspan="2">备注:本提单有效期三天,过期作废。</td></tr>
<tr><td colspan="2">发货要求说明:</td></tr>
<tr><td colspan="2"></td></tr>
<tr><td colspan="2"></td></tr>
<tr><td colspan="2"></td></tr>
</table>

3. 混藏仓储合同

混藏仓储合同

甲方(交易商):

乙方(交货仓库):

根据《中华人民共和国合同法》的有关规定,经甲乙双方友好协商,签订本合同。

第一条　甲乙双方同意遵守执行《__________玉米中心批发市场交易管理办法》及该文件、通知的有关规定。

第二条　玉米入库

1. 甲方玉米入库须持__________玉米中心批发市场(以下简称市场)批准的《__________玉米中心批发市场交货仓库入库通知单》(见附件一),并通知乙方,乙方应按《__________玉米中心批发市场交货仓库入库通知单》安排接收玉米事宜。

2. 玉米入库,甲方应到库监收。若甲方不到库监收,则认定甲方对乙方所收的实物重量、质量及包装没有异议。

第三条　入库验收

1. 重量验收:以乙方经计量检验合格的地磅为准,麻袋重量按0.9公斤/条计。

2. 质量检验:乙方负责对甲方货物是否有异味、活虫、结块发热、霉变及水分进行检验,确认是否符合仓储保管要求。按市场交货要求进行检验,检验内容包括:水分、容重、杂质、不完善粒总量、不完善粒中的生霉粒、色泽、气味。

3. 包装验收:麻袋包装,缝口、缝补必须用麻袋线。

标识的包装验收标准：

（1）麻袋规定为长 107 ±5 cm、宽 74 ±3 cm 不破、不漏的麻袋。麻袋卫生要求为无油污，无霉变，无严重的煤灰、石灰、铁锈、泥土、水渍等污染。包装物标准根据__________玉米中心批发市场最新公布文件为准。

（2）麻袋缝口可以是机器缝口或手工缝口。机器缝口必须达到两头锁紧双趟标准；手工缝口必须达到双线 16 针以上（含 16 针）标准。

标识麻袋验收标准：

（1）麻袋应不破、不漏。麻袋卫生要求为无油污，无霉变，无严重的煤灰、石灰、铁锈、泥土、水渍等污染。

（2）麻袋缝口可以是机器缝口或手工缝口。机器缝口必须达到两头锁紧双趟标准；手工缝口必须达到双线 14 针以上（含）标准。

4. 货物验收后，乙方须填写入库验收单。入库验收单包括以下内容：

（1）到货日期、货种、入库重量、入库件数、货位号、质量检验结果、包装、对货物质量处理意见通知、检验人及检验日期。

（2）如甲方货物存在有异味、发热、结块、霉变、活虫、水分过高或不均等不符合保管条件的货物及时建议甲方处理，如甲方没有给予明确的答复，乙方有权拒收。

5. 乙方须将验收结果（入库验收单加盖业务章）及时通知甲方，如甲方对乙方质量检验结果有异议，双方派人重新抽样检验，以共同检验结果为准。水分检验结果作为本合同第五条第 5 款的计算依据。

第四条　仓单生成

1. 乙方根据验收结果可向甲方开具市场统一印制的用于抵顶分期货款的仓单（见附件二），加盖向市场预留的印鉴，注明用途为“抵顶分期货款”。

2. 乙方根据__________玉米中心批发市场指定的质检机构检验结果，对符合交货标准的玉米开具注册交货用的仓单，并注明为“交货用”，甲方向市场申请仓单注册。

3. 甲方用提货单重新开具仓单，应在扣减对应货物的损耗后，按第四条第 1、2 款重新检验开具仓单。

第五条　玉米保管要求

1. 乙方按国家和当地粮食主管部门仓储有关规定对甲方的玉米实施保管，以维护货物储存期间的质量安全。

2. 乙方不得将入库货物与其商品性能相抵触、污染、串味、养护措施和灭火方法不同的商品存放在同一仓间。

3. 乙方对入库货物须集中堆放，火车入库一车皮一个货位，汽车入库一般60吨一个货位，货位须有明显、不可移动的标识。

4. 仓单生成后，乙方不能移动、开包、调包甲方玉米。

5. ① 初始注册仓单的玉米，入库水分在14%以内(含)的玉米入库当月的损耗按2‰扣，入库水分在14%以上的玉米先将入库过地磅数折算成含14%水分玉米的重量，折算办法为：入库重量 = 过磅重量 ×［1 -（入库水分 -14%）］，损耗再按2‰扣，从第二个月起，每个月的损耗为1‰(不足半个月按0.5‰计，超过半个月按一个月计)。② 用提货单重新注册仓单的玉米，每个月损耗为1‰(不足半个月按0.5‰计，超过半个月按一个月计)。

6. 乙方在储存玉米的过程中发现非乙方管理原因出现的问题，应及时通知甲方采取措施，费用由甲方承担。交货仓库发现交易商所储存货物出现虫情，应及时通知货主，如货主在3日内不到场，则视为同意熏蒸，熏蒸费由货主承担。

第六条 玉米出库

1. 必须凭市场签发的提货单(见附件四)提货。

2. 提货人应出具单位介绍信和本人身份证，并在乙方登记、签字结清相应全部费用。

3. 出库重量以实际过乙方经计量检验合格的地磅为准，扣减损耗后，短缺重量由乙方承担。

4. 包装物数量按货位图标明的数量为准，重量以0.9公斤/条计算。

第七条 计费项目、标准

仓储等费用由甲方按市场最新公布已执行的标准向乙方支付。交货仓库杂项作业服务费由甲乙双方协商制定。

第八条 责任划分

1. 甲方责任

(1) 乙方严格按第五条的相关规定进行保管，储存过程中玉米质量出现变化时，甲方在接到乙方通知后应及时处理，否则，造成的损失由甲方自行承担。

(2) 按规定保管的玉米因储存时间过长引起质量自然变化，责任由甲方承担。

2. 乙方责任

(1) 乙方应按本合同第三条规定验收，在验收过程中发现与规定不符的情况，应及时以入库验收单形式通知甲方，要求其整理、调换，若乙方没及时通知甲方，造成甲方损失，由乙方赔偿；

(2) 乙方违反本合同第五条规定，造成甲方损失，由乙方赔偿；

(3) 乙方违反本合同第六条规定,造成的损失,由乙方赔偿;

(4) 乙方仓库必须保财产险,乙方若没保财产险,因此造成的损失由乙方负担。

(5) 储存期间,玉米超出规定储存损耗率以外的短缺,造成甲方损失,由乙方赔偿。赔偿为同质量的玉米或按同质量玉米现行市场价补其玉米款,方式由双方协商解决。

第九条 未尽事宜

本合同未尽事宜,双方友好协商解决。

第十条 其他约定

本合同一式两份,甲乙双方各执一份。甲乙双方签字盖章生效。

甲方:__________________(盖章)	乙方:__________________(盖章)
地址:__________________________	地址:__________________________
法定代表人:________(签字)	法定代表人:________(签字)
委托代理人:________(签字)	委托代理人:________(签字)
电话:__________________________	电话:__________________________
邮政编码:______________________	邮政编码:______________________
________年______月______日	__________年________月______日

(附件略)

4. 委托储存合同

委托储存合同

合同编号:

签约地点:

签订日期: 年 月 日

甲方(委托方):

乙方(受托方):

根据《中华人民共和国合同法》等有关法律、法规的规定,甲、乙双方经协商一致，就甲方租用乙方仓库存放货物、委托乙方储存等事宜，签署本合同。

第一条 租赁标的

1.1 本合同确定的货物存放、租赁标的为乙方仓库。

1.2 该出租仓库位于：________。面积为________平方米。

第二条 租赁目的

1.3 甲方租赁此仓库用于____________。

1.4 甲方存放在乙方仓库中的____________等货物的所有权属于甲方，未经甲方书面同意，乙方不得动用、处置或留置该货物，或在甲方货物上设定其他权利，并不得有其他损害甲方所有权的行为。

第三条 租赁时限

3.1 租赁期限为____个月，自______________至______________止。

3.2 该租赁期限到期后，是否续租，由双方另行协商，并通过书面方式确定。

第四条 租金标准及支付方式

4.1 仓租费用标准为：_____元/天。仓租费用从单仓实际入库当日起计算，至全部出库完毕当日停止计算。

4.2 仓租费用按月缴付，每月1日，乙方将仓租费用清单交付甲方，经甲方核对无误后，乙方向甲方开具相应金额发票，甲方收到发票后5日内支付上月的仓租费用，如最后一日适逢节假日，在节假日后3个工作日内支付。

4.3 甲方必须在首次货物入库前将______万元押金汇入到乙方指定账户。

4.4 乙方需在甲方汇入上述押金后两日内向甲方出具收条。在本合同履行期限截至最后一期时，由甲乙双方协商一致，根据最后一期实际结算金额冲抵最后一期租金，并多退少补。

4.5 除本合同明确约定应由甲方支付的费用外，乙方不得再向甲方主张其他费用。

4.6 甲乙双方的指定账户信息如下：

甲方指定账户信息如下：

开户人：____________________________

开户银行：__________________________

账号：______________________________

乙方指定账户信息如下：

开户人：____________________________

开户银行：______________________

账号：__________________________

第五条　货物保管及损失损耗处理

5.1　货物入库后甲方自行保管，质量和数量由甲方自负，与乙方无关。如甲方需要乙方协助，乙方应当配合，但有关如除虫会产生灭虫费，如倒包会产生装卸费等费用，由甲方负责。

5.2　货物进仓完毕后，由甲乙双方在储存货物的平房仓大门口加贴封条。未经甲方许可，乙方不得私自撕开封条（紧急情况下出于保护甲方利益考虑时除外，但须立即书面通知甲方）。

5.3　货物进出仓损耗由甲方承担。货物保险由甲方购买，发生保险理赔范围内货物损失时，乙方要及时向甲方报告，并配合甲方做好保险理赔工作。

5.4　在租赁期限内，甲方负责购买租赁仓库的保险，乙方负责购买租赁仓库内乙方的财产及其他必要的保险（包括责任险）。若甲乙各方未购买上述保险，由此而产生的所有赔偿及责任分别由甲、乙各方自行承担。

第六条　出入库手续和时间

6.1　甲方须在货物入库前5个工作日将入库计划通知乙方，乙方应及时安排接收事宜，准备仓房及其他设施设备、人力和运力等。

6.2　甲方须在货物出库前5个工作日通知乙方，告知出库具体货位、数量和时间，以便乙方做好相应准备。

第七条　管理与检查

7.1　甲方向乙方派驻一至两名驻库管理员，对乙方仓库存放的货物进行驻库管理，驻库管理员所有费用由甲方承担。甲方驻库人员必须遵守乙方仓库的有关规章制度。

7.2　甲方对仓库有随时检查监督的权利，乙方应配合甲方的检查，确保仓库适合存储本合同项下的货物。

第八条　违约责任

8.1　甲方违约责任

如甲方未按本合同约定向乙方支付仓租费，乙方有权要求甲方尽快支付；同时，每延迟1日，甲方按逾期支付仓租费用的3‰的比例按日向乙方支付滞纳金。

8.2　乙方违约责任

如乙方违反本合同第二条的约定，包括但不限于擅自处置甲方货物或在货物上设定担保等权利，或有其他损害甲方所有权的行为，甲方有权立即解除合同,乙方除应立即向甲方交付全部货物或支付该笔货物的全部货款外,还应向甲方支付相当于货物当时市场价值100%的违约金,不足弥补甲方损失的,另行赔偿。

因乙方原因导致甲方货物损失的,或乙方违反本合同约定的其他义务,给甲方造成损失的,应当予以全额赔偿甲方的直接和间接损失。

第九条　合同的生效、变更、终止与解除

9.1　本合同经双方法定代表人或其委托代理人签字,并加盖单位公章后生效。

9.2　由于不可抗力不能按约定条件履行合同时,任何一方应及时将事件情况书面通知对方,并在5个工作日内提供事件详情和事发地有关部门出具的有效证明文件,按照事件对履行合同影响的程度,由双方协商解决。

9.3　当发生解除合同事项时,要求解除合同的一方应及时书面通知对方。

第十条　争议的解决方式

双方因本合同发生争议的,应协商解决,也可请求双方上级单位进行调解,协商、调解不成的,任何一方均可向甲方所在地法院提起诉讼。

第十一条　其他

11.1　甲乙双方的任何一方如更改其在本合同中所列名称、地址、开户银行、银行账号时均应及时通知对方,否则应承担相应的不利后果。

11.2　本合同执行期内,甲乙双方均不得随意变更或者解除合同。合同未尽事宜,须由双方另行协商、签订补充协议确定。

第十二条　合同的生效

本合同一式______份,甲乙双方各执______份,自双方签字盖章之日起生效。

(签署页略)

5. 国家救灾备荒种子储备合同

国家救灾备荒种子储备合同

甲方：农业部种植业管理司

乙方：____________省（区、市）农业（牧）厅（委、局）

为保障农业生产救灾用种需求，严格落实国家救灾备荒种子储备任务，规范储备管理，经甲、乙双方协商一致，签订本合同。

第一条 乙方受甲方委托承担国家救灾备荒种子储备任务，承储单位、储备地点及储备种子的种类、品种、数量按照甲方下达的《______年国家救灾备荒种子储备任务》落实。

第二条 储备期限为______年____月____日至______年____月____日。

第三条 甲方将依照有关要求，根据乙方完成的国家救灾备荒种子储备任务，于______年____月底以前，按财政部有关规定拨付给乙方______年种子储备补助资金。除此之外，甲方不再负担其他费用。

乙方应按照储备任务将储备补助资金及时拨付给承储单位。种子储备补助资金为财政专项资金，必须专款专用。

第四条 乙方应与承储单位签订二级储备合同，确保储备种子的品种、数量、质量及储备时间，储备的种子要达到国家相关标准。

第五条 储备种子的调拨权在甲方，乙方不能擅自动用。若因受灾等特殊原因需要调拨救灾备荒种子的，必须由受灾省（区、市）农业行政主管部门向甲方提出调拨申请。

第六条 救灾备荒种子的调拨本着保本原则，调拨价格由调出和调入双方共同商定。

第七条 乙方接到甲方《同意动用国家救灾备荒种子通知书》后，应尽快组织储备种子调拨，并于调运之日起30日之内，将调拨种子的品种、数量、质量、调出（入）时间和地点及救灾面积、挽回经济损失等情况如实上报甲方。

第八条 乙方应于2010年9月30日之前，以正式文件向甲方报送本年度救灾备荒种子储备工作总结报告。主要内容包括：国家救灾备荒种子储备任务的落实情况，储备种子的调拨情况，储备种子在救灾中发挥的作用和效益，储备合同的执行情况，补助资金申请表，以及下一年度拟承担的国家救灾备荒种子储备计划。

第九条　甲方有权对乙方执行本合同的情况进行监督检查。对乙方执行不到位的，甲方有权提出整改要求。

第十条　合同签订后，甲、乙双方不得违约。乙方如有违反本合同规定，甲方有权收回全部储备补助资金，并取消乙方下一年度承储救灾备荒种子的资格，乙方还应承担相应的违约责任。涉及违法犯罪的，还应承担刑事责任。

第十一条　由于不可抗力原因，乙方需要改变储备计划的，必须报经甲方批准同意。

第十二条　本合同未尽事宜，由合同双方另行协商。

第十三条　本合同经双方签字后开始生效。

本合同一式两份，甲、乙双方各持一份。

甲　方：农业部种植业管理司（公章）

负责人：　　　　　　　　　　　　　　　　年　　月　　日

乙　方：＿＿＿＿＿＿（区、市）农业（牧）厅（委、局）（公章）

负责人：　　　　　　　　　　　　　　　　年　　月　　日

图书在版编目（CIP）数据

运输、保管、仓储类合同/张念春，邱娟编著. —北京：北京大学出版社，2013.1

（企业常用合同范本·律师批注版）

ISBN 978-7-301-21536-4

Ⅰ. ①运… Ⅱ. ①张… Ⅲ. ①运输合同-范文-注释-中国 ②物资管理-经济合同-范文-注释-中国 ③仓库-经济合同-范文-注释-中国 Ⅳ. ①D923.65

中国版本图书馆 CIP 数据核字（2012）第 265505 号

书　　　名：运输、保管、仓储类合同

著作责任者：张念春　邱　娟　编著

丛 书 策 划：陆建华

责 任 编 辑：陈　康

标 准 书 号：ISBN 978-7-301-21536-4/D·3204

出 版 发 行：北京大学出版社

地　　　址：北京市海淀区成府路 205 号　100871

网　　　址：http://www.yandayuanzhao.com

新 浪 微 博：@北大出版社燕大元照法律图书

电 子 信 箱：yandayuanzhao@163.com

电　　　话：邮购部 62752015　发行部 62750672　编辑部 62117788
出版部 62754962

印　刷　者：北京宏伟双华印刷有限公司

经　销　者：新华书店

730mm×980mm　16 开本　17.25 印张　300 千字

2013 年 1 月第 1 版　2013 年 1 月第 1 次印刷

定　　　价：39.00 元
